第四知识产权
美国商业秘密保护

王润华 著

知识产权出版社
全国百佳图书出版单位
—北京—

图书在版编目（CIP）数据

第四知识产权：美国商业秘密保护/王润华著. —北京：知识产权出版社，2021.4
（2022.10 重印）

ISBN 978-7-5130-7455-1

Ⅰ.①第… Ⅱ.①王… Ⅲ.①商业秘密—法律保护—研究—美国 Ⅳ.①D971.222.9

中国版本图书馆 CIP 数据核字（2021）第 051128 号

内容提要

本书结合美国商业秘密保护法的立法沿革、理论学说和知识产权法属性，详细介绍了相关的制度和政策，从商业秘密保护的法律效率到与其他知识产权类型的比较等多方面对美国商业秘密法作了全面的回顾与分析论述，力求从整体上反映美国商业秘密保护的布局和发展方向，为我国法律研究人员及企业相关从业人员提供参考。

责任编辑：王瑞璞　　　　　　　　　责任校对：谷　洋
执行编辑：章鹿野　　　　　　　　　责任印制：孙婷婷

第四知识产权
——美国商业秘密保护
王润华　著

出版发行：知识产权出版社有限责任公司	网　　址：http://www.ipph.cn
社　　址：北京市海淀区气象路50号院	邮　　编：100081
责编电话：010-82000860 转 8116	责编邮箱：wangruipu@cnipr.com
发行电话：010-82000860 转 8101/8102	发行传真：010-82000893/82005070/82000270
印　　刷：北京九州迅驰传媒文化有限公司	经　　销：新华书店、各大网上书店及相关专业书店
开　　本：720mm×1000mm　1/16	印　　张：16.25
版　　次：2021年4月第1版	印　　次：2022年10月第2次印刷
字　　数：290千字	定　　价：88.00元
ISBN 978-7-5130-7455-1	

出版权专有　侵权必究
如有印装质量问题，本社负责调换。

作者简介

王润华 法学博士，北京科技大学文法学院副教授，美国纽约州注册律师。主要研究方向为知识产权、创新政策和公司金融，主要采用的研究方法为法经济学与实证研究。2011年毕业于北京航空航天大学，获得管理科学与工程（工业工程）和法学双学士学位。先后就读于纽约哥伦比亚大学与伊利诺伊大学厄本那香槟分校。2013年与2016年分别获得伊利诺伊大学厄本那香槟分校法学院法学硕士（LL. M.）与法学博士（J. S. D.）学位。

2016~2018年，任伊利诺伊大学厄本那香槟分校法学院博士后助理研究员，进行美国专利法、科技法、网络安全法、技术转移转化等方面研究。2018年，受知识产权研究所（日）邀请与资助，赴日进行专利估值的研究。2018~2020年，任伊利诺伊理工大学芝加哥肯特法学院实证知识产权研究员，开设（美国）知识产权导论、（美国）公司金融、法学学术写作（国际知识产权LL. M. 项目）课程，并教授国际知识产权法与中美法律比较部分课程内容。其间，兼任乔治梅森大学法学院汤姆·爱迪生学者，开展中国指导案例与美国最高法院案例比较研究。

公众号"IP罗盘"创办者、主编。曾在 Minnesota Law Review、Journal of Small Business Management、Technical Forecasting and Social Change、Buffalo Law Review 等多项法学与管理学重要国际期刊及重要国际会议上发表学术成果，常年在北美创新与知识产权学术会议上发表论文或担任评审员，并担任多家SSCI、CSSCI经济、管理学类期刊审稿人。

序

近年来，我国商业秘密保护的立法和实践得到前所未有的发展，商业秘密保护受到空前重视，商业秘密理论研究日渐深入。继《民法总则》之后，《民法典》又将商业秘密规定为一类知识产权，至少在形式意义上将商业秘密上升为我国知识产权类型化体系中的一员。2017年和2019年先后两次修订《反不正当竞争法》，均对商业秘密保护制度进行完善。司法机关和行政执法机关不断完善司法解释和行政规章，对于商业秘密的民事、行政和刑事保护进行细化和补白，并加大相应的司法执法保护力度。全社会的商业秘密保护意识正在迅速提高。总之，我国商业秘密保护正处于高光时刻。

商业秘密保护法不是我国的固有法，而是西方知识产权制度的舶来品。当然，我国对于商业秘密保护制度从来都是自主接受，加强商业秘密保护首先是我国创新发展的内在要求，内因始终是推动商业秘密保护的根本动因。但我国商业秘密保护制度的具体起因和节点，又与中美经贸谈判直接相关。1993年《反不正当竞争法》规定商业秘密条款，涉及回应中美知识产权谈判的关切。2019年修订《反不正当竞争法》商业秘密条款，更是与中美经贸谈判直接相关。美国积极推动我国商业秘密保护，显然是出于保护其对华经贸利益的需要，同时在制度诉求上又与其保护商业秘密的固有观念息息相关。美国是现代商业秘密保护制度的重要策源地，其商业秘密保护制度源远流长，具有广泛的国际影响力。美国是TRIPS中商业秘密条款的重要推手，还推动了包括我国在内诸多国家的国内立法和实践。不论中美经贸关系未来的具体走向如何，我国对于商业秘密制度的继受毕竟已打上了中美经贸关系的烙印，深入研究美国商业秘密保护制度具有更为直接的参考价值。

尽管各国的商业秘密保护实践颇有差异，但在商业秘密的界定、侵权行为的类型以及救济制度的具体制度设计上，却有明显的国际共通性。这使得对于商业秘密保护法的比较研究更具有直接参考借鉴价值。而且，虽然我国愈加重视包括商业秘密在内的知识产权保护制度本土化，但比较研究仍将是深化商业秘密研究的重要路径。当前我国商业秘密保护实践的迅速发展，对于理论供给提出了更高的要求。加强商业秘密法的比较研究，显然对于深化和丰富我国商业秘密保护法的理论研究、加强保护实践的理论支撑，具有重要的意义。

我国理论界对于美国商业秘密保护有较多的关注和一定的研究，但总体上还缺乏全面深入系统的研究。王润华博士长期在美攻读学位，国际知识背景深厚，包括商业秘密在内的知识产权相关经历比较丰富，深谙美国商业秘密保护法，现其撰写的《第四知识产权——美国商业秘密保护》恰逢其时。该书对于美国商业秘密保护法的历史由来和发展历程，尤其是当今前沿动态以及制度背后的深层背景和精神，进行了客观全面的介绍和研究，资料翔实，论述准确，涵盖全面，在许多方面填补了国内研究的诸多空白，是研究美国商业秘密保护法的一部力作。相信本书的出版，对于深化我国商业秘密保护的理论研究和推动实务发展，都将具有积极的价值。鉴此，很乐意向读者推荐。

上海交通大学讲席教授、博士生导师、
知识产权与竞争法研究院院长

孔祥俊

二〇二一年四月三日

前　言

一、成书初衷

在美国，政府、立法和司法机关、企业及法律研究者均已认同商业秘密作为一类知识产权。美国企业在贸易过程中广泛使用各种法律救济手段用以保护企业创新，如各州的普通法（《统一/州商业秘密法》（［State］ *Uniform Trade Secrets Act*）、《不正当竞争法》、不可泄露合同条款、同行禁竞合同条款等）和联邦法［《经济间谍法》（*Economic Espionage Act*，EEA）、《保护商业秘密法》（*Defend Trade Secrets Act*，DTSA）］等。商业秘密法已成为知识产权法律救济的重要手段。在美国国内贸易中，特别在信息社会时代，商业秘密法越来越受到重视，并成为被频繁使用的诉讼手段之一。在国际贸易中，美国企业寻求法律救济的着眼点已经从传统上产品制造的成本竞争，转向到产品制造的全过程竞争，即救济手段从依靠美国贸易代表办公室对进口产品进行"301调查"转向进行"337调查"。同时，美国商业秘密保护也正在从美国国内走向国际。

商业秘密保护在美国发展历史长久，且正由法源和法理的不一致逐渐走向一致，并将进一步进行深化与改革。美国商业秘密保护及商业秘密法已有近150年的发展历史。其间，对于商业秘密保护法理的认识及所涉及法律概念的确定、司法实践与研究是伴随着商业秘密保护和商业秘密法移植、形成，持续不断地发展的。最终，美国确定了商业秘密的知识产权属性及商业秘密法在知识产权法属种的地位。今天，商业秘密已成为知识产权范畴重要的部分，与专利、著作权和商标并行，被称为"第四知识产权"。了解商业秘密保护在美国的发展、培育、实践过程，对于发展中国家，特别是新兴经济体在世界贸易新格局中健康可持续发展具有重要的战略意义。

本书从美国商业秘密法的历史形成、发展、变化，演进过程中的定义、范畴、理论学说到商业秘密的知识产权法属性，商业秘密法的复杂性、不确定性；从企业为什么使用商业秘密及商业秘密保护的措施选择到商业秘密诉讼中存在的问题;从美国商业秘密保护法律和保护效率到美国知识产权法长臂管辖等多方面对美国商业秘密法作了全面的回顾与分析论述。

美国既是世界知识产权的大国,也是知识产权保护的强国,在国际贸易格局中对世界各国的创新、贸易可持续发展均会产生重要影响。研究、分析美国商业秘密保护对我国同样有学习、借鉴作用,有利于我国创新和对商业秘密保护国际话语权的把握。本书可为立法者、司法者、学者、其他法律研究者及企业提供有益参考。

二、商业秘密保护的目的与意义

在当今竞争激烈的商业环境中,一家公司的成功在很大程度上取决于其获取和维护商业信息的能力。越来越多的公司,甚至那些国际声誉良好的公司,往往借助于雇用企业间谍或积极招揽竞争对手的员工保持自己的行业竞争力。对于许多公司来说,研发成本效益最高的方式就是窃取竞争对手的商业信息或秘密。这也体现了企业、社会和国家对商业秘密进行保护的意义。

从法律意义角度来看,美国知识产权的两大支柱——专利和著作权,都不能充分地保护商业信息。专利保护的门槛很高,要求技术公开且仅有20年的保护年限。著作权不保护思想或事实,只是保护作品中作者对思想和事实的特定表达。因此,许多商业意义重大的想法落入了专利和著作权之间的鸿沟,缺乏美国宪法和联邦法律对创新信息和知识的保护。

从商业意义角度来看,商业秘密在保护对象上没有一般限制。实际上,任何信息只要具有足够的经济价值并得到适当的保护,都有资格受到商业秘密保护。因此,商业秘密显然能够填补专利和著作权保护之间的空白。

从社会意义角度来看,如果没有对商业秘密的法律保护,企业则可能要花费高昂费用以加强安全措施,增加雇员补偿和奖励费用以保持忠诚度,提高技术授权许可的限制,继而减少对新技术的使用,从而降低了使用新技术的效率。

用以保护商业秘密的商业秘密法与专利法、著作权法具有相似的作用,并使商业秘密获得了知识产权法的属性。第一,商业秘密法可以鼓励发明创造。商业秘密法通过保护商业秘密,给予商业秘密持有人的排他物权,使其具有从商业秘密中获得巨大利润的前景。商业秘密相较专利具有更为广泛的保护范围,商业想法也可以受到保护,冒险先行者在他人未尝试的商业活动中的优势从而得到保障。第二,商业秘密法激励信息披露和共享。在商业秘密法的保护下，企业可以实现受保护信息的披露和使用，从而最大限度地商业化这些信息的价值。

三、商业秘密的保护与使用

通常，拥有知识产权的公司管理者认为，使用知识产权的最佳结果是抑制竞争。换句话说，就是防止潜在的竞争对手向顾客提供相同或相似的产品或服务。知识产权法所产生的排他性权利及相应的市场力量将使公司能够提高其自身产品或服务的价格，从而增加其利润。

企业是否进行知识产权保护，尤其是商业秘密保护，主要是基于以下几个具体原因考虑：①保持领先优势，防止竞争；②专利保护不可用；③专利保护过于昂贵，保护力度薄弱或难以实施；④在申请专利之前提供保护，并与之相互补充；⑤协助企业打开融资渠道；⑥防止员工加入竞争对手公司；⑦创造授权收入；⑧提升战略性的谈判筹码；⑨保障企业内外部的技术使用和外部商业合作。

从商业秘密信息的产生、分类及掌握信息者的情况来看，企业保护商业秘密信息主要有两种手段，一种是法律手段，另一种是非法律手段（或称为物理手段或计算机手段）。两种保护手段相辅相成。保护商业秘密的法律有联邦法法条以及各州的法条和普通法，主要体现在合同、侵权、不正当竞争、刑事制裁和其他民事救济。为了充分进行法律保护，企业也要结合如下一些非法律保护手段：第一，有意保护商业秘密的企业，必须首先确认哪些是商业秘密；第二，企业为确认商业秘密信息，需周期性地对全体员工进行调研，给出并更新保密事项列表；第三，对商业秘密信息的接触人员进行身份识别，采用物理隔离手段，严格禁止无关人员接触商业秘密信息；第四，通过网络安全手段，防止黑客侵入或窃取商业秘密；第五，对员工加强安全教育与检查，防止意外泄露；第六，建立商业秘密审计制度，周期性地对保密漏洞进行检查，做到防患于未然及亡羊补牢。

然而，由于法律手段保护的不确定性，企业在通过诉讼进行商业秘密保护的过程中，可能会遇到很多问题。例如，商业秘密诉讼的对象众多，诉讼意图繁多。因此，法律保护并不能满足企业向所有对象提出诉讼的法律要求。另外，并非商业秘密的价值足够高，就可以受到法律保护，值得企业付出高昂的法律成本通过诉讼进行保护。在美国，每个州的商业环境不同，商业秘密保护力度不同，诉讼要求也各不相同。因此，法律手段从来不是唯一或万全的商业秘密保护方式。

在企业内部，雇佣关系中的商业秘密使用和保护战略对于企业创新与商业秘密保护的生态非常重要。即使法律和非法律保护手段使企业具有一定的信心进行研发投资和对员工进行培训，但未必会促进员工创新。在法律和非法律措施保护下，实施商业秘密战略的关键是以合理的人力资本管理为指导，以商业秘密战略为补充，提高员工忠诚度，强化企业信息安全文化。

企业如果一味追求法律和非法律保护，对员工进行严格的信息屏蔽，而非在适当的保护手段下，对员工进行积极的信息披露和培训，则会对企业创新和企业文化造成危害，如员工创新活动有限、员工创新激励水平低、员工稳定性和忠诚度低。最终，这将导致企业创新受限、创新效率降低、商业秘密法律保护的不确定性升高。

四、美国商业秘密法形成过程

从通俗意义上讲，商业秘密就是企业在研发、生产、制造、管理和销售过程中能够通过有效措施进行管控，并给企业带来商业利益或潜在商业利益回报，且具有排他权利的技术及商业信息。美国政府、司法界、学术界、企业界普遍认为，对商业秘密实施保护可以鼓励创新投资与研究开发，并帮助维护商业道德标准。

商业秘密受法律保护这一意识和概念可以追溯到罗马法。直到19世纪，有关仿制商品、商业秘密交换、诋毁竞争对手等法律规则与法律学说才有了长足的发展。商业秘密保护现在已成为法律和商业生活中的一个重要环节。

在1837年的维克里诉韦尔奇案（*Vickery v. Welch.*）中，美国企业首次将商业秘密作为诉讼理由。我们今天所了解的商业秘密法，就是在19世纪初随着工业资本主义的兴起而发展起来的。自出现以来，商业秘密法主要是在各州普通法基础之上发展起来的。

早期的美国商业秘密案件起源于财产法、侵权法和合同法。1860年以前，美国各州法院只是在裁决保密协议案件时处理与商业秘密相关的具体法律问题。然而，由于商业秘密的无形性，法院在进行相关案件的裁决时遇到很多困难。

1868年，马萨诸塞州最高法院在皮博迪诉诺福克案（*Peabody v. Norfolk*）中对相关普通法原则作了概括，具体化了商业秘密法。这是第一个具有凝聚力的商业秘密法律声明，将商业秘密与财产法、合同法和侵权法区别开来，使商业秘密法形成了独立的法律体系。

1939年,《侵权法重述(第一次)》[Restatement (First) of Torts]颁布。《侵权法重述(第一次)》将商业秘密、商业秘密保护及相关法律实践从一个个令人困惑的先例中提取出来,形成了相对清晰的商业秘密定义和相应的责任规则。《侵权法重述(第一次)》法条式的语言表述相对于案例更加清晰,并在法庭上被频繁引用。

自20世纪中期以来,各州不断加入使用《统一商业秘密法》(Uniform Trade Secrets Act, UTSA)的队伍,并结合当地的普通法规则,颁布了适用于本州的商业秘密法。1995年,美国法学会发布了《不正当竞争重述(第三次)》[Restatement (3rd) of Unfair Competition],进一步总结了商业秘密的普通法,也基本与UTSA保持一致。

20世纪90年代中后期起,美国商业秘密诉讼案件激增。特别是进入21世纪和信息时代后,这些问题更加凸显。美国企业界、政策制定者普遍认为商业秘密窃取与日俱增,并直接损害美国经济。1996年,美国通过了EEA。EEA将商业秘密盗用定性为刑事犯罪,并于2012年进行了修改以适应数字时代。EEA主要由两部分组成,涵盖了美国国外和国内的知识产权盗窃问题。第一部分将为外国政府、机构或代理人(或称为"间谍")谋划的商业秘密盗窃定性为犯罪行为,第二部分将盗窃与"州之间或外国商业生产或销售的产品"有关或其中的商业秘密定性为犯罪行为。2016年,美国通过了DTSA,对EEA进行了调整,使企业可以在联邦法院提起商业秘密的民事诉讼。DTSA的基本法律原则、结构与UTSA相一致,但保护力度更强。

根据上述法律演变的结果,今天的商业秘密法有两个主要来源:第一是州法,包括各州根据UTSA所调整并公布的商业秘密保护州法、刑法与《侵权法重述(第一次)》中的普通法;第二是联邦法——EEA和DTSA。

在这样的发展过程中,由于州法与联邦法、普通法与成文法、狭义的知识产权法与商业秘密法的交织,以及商业秘密法本身的法源、法律词语概念和定义等问题,因此商业秘密保护具有局限性、复杂性和不确定性。

商业秘密保护是有局限性的。虽然一些合同设立了商业秘密权利与义务,但在具体执行时,由于合同法本身的特性以及商业秘密法与合同法的不完全一致性,用于保护商业秘密的合同条款执行效率有限。

商业秘密保护的局限性与其复杂性有关。商业秘密法在语言表达上并不精确,使法院在应用法律的过程中,难以清晰定义商业秘密,或界定不合理侵占商业秘密的情形。这样的问题在缺乏充分的政策指导情况下更加明显。

基于商业秘密保护的局限性与复杂性，它同样具有不确定性。商业秘密保护局限于具体的法律权利与义务，只有当义务人不合理地挪用商业秘密的情况下，义务人才会被责令承担赔偿责任。在被判定责任和赔偿额度时，需要参照多种其他法律规范，从而导致保护的不确定性。而商业秘密自身，无论是有经济价值的信息还是秘密，都可能会不足以获得法律保护。

五、美国商业秘密保护的扩张

EEA 及 DTSA 将传统的商业秘密保护从州法的层面提升到了联邦法的层面。这些法律的出台与发展，体现了美国不断加强商业秘密保护力度的进程。随着时间的推移，商业秘密保护的加强必将产生多方面的影响。

由于美国在国际贸易中的地位和影响，美国企业已不满足于国内贸易制度的救济，同时也在国际贸易中广泛寻求救济。美国企业在制定国际贸易的商业策略同时，也制定了相应广泛的全球法律战略，以保护海外商业和投资利益。其中，最重要的利益载体是公司业务往来的商业秘密。

保护商业秘密是美国公司全球业务和战略中至关重要的一部分。潜在商业秘密的损失可能会对全球业务和资产构成实质性的威胁。除了自身的法律战略，美国企业也积极借助国家的政治力量和法律制度优势，通过美国在国际中的地位与实力进行贸易施压或实现长臂管辖，对其他国家的法律制度和行为进行干预。这不仅应引起其他国家的高度重视，而且促使世界各贸易国主动了解美国商业秘密保护制度。了解商业秘密保护在美国发展、成熟、实践过程对于发展中国家，特别是新兴经济体在世界贸易新格局中的健康可持续发展具有重要的战略意义。

一方面，这些国家需要了解该制度的内在逻辑与潜在影响力，对美国企业的全球法律战略进行及时和准确的回应，从而积极与美国发展贸易并保证自身在国际贸易中的地位与利益。另一方面，这些国家需要借鉴美国商业秘密保护制度的发展经验，了解其优势与局限，进而培养本土创新力量，促进本土创新的长足发展。

目　　录

第一章　商业秘密法的形成与发展 ························· 1
　　第一节　商业秘密保护概述 ························· 1
　　第二节　商业秘密法形成的历史沿革 ····················· 6
　　第三节　商业秘密的定义与范畴 ······················ 13
　　第四节　商业秘密法理论学说与争端 ···················· 17

第二章　商业秘密法的知识产权法属性 ······················ 31
　　第一节　商业秘密的组成要素 ······················· 31
　　第二节　商业秘密法的知识产权法属性 ··················· 34
　　第三节　商业秘密法与专利法的关系 ···················· 38
　　第四节　商业秘密法与著作权法的关系 ··················· 50
　　第五节　商业秘密法与侵权法和合同法的关系 ················ 52
　　第六节　商业秘密与反向工程的关系 ···················· 55

第三章　商业秘密使用的企业偏好 ······················· 58
　　第一节　商业秘密使用的目的与意义 ···················· 58
　　第二节　商业秘密保护重要性的提升 ···················· 64
　　第三节　企业使用的商业秘密管理策略 ··················· 69
　　第四节　企业使用商业秘密保护的原因 ··················· 72
　　第五节　商业秘密的行业特征与企业特征 ·················· 76
　　第六节　商业秘密保护与企业市场价值 ··················· 79
　　第七节　商业秘密保护与产业孵化 ····················· 81

第四章　商业秘密法的不确定性、复杂性和局限性 ················ 85
　　第一节　商业秘密法涉及的几个基本重要概念 ················ 85
　　第二节　商业秘密法的不确定性 ······················ 90

  第三节 商业秘密的复杂性 ………………………………………… 93
  第四节 商业秘密法的局限性 ……………………………………… 95

第五章 企业保护商业秘密的措施与手段 …………………………………… 97
  第一节 商业秘密类保护的信息分类 …………………………… 97
  第二节 商业秘密保护排除原则 ………………………………… 101
  第三节 企业保护商业秘密的手段和方法 …………………… 107

第六章 商业秘密保护诉讼可能遇到的问题 ………………………………… 112
  第一节 企业商业秘密的诉讼对象、意图及法律要求 ……… 112
  第二节 不可避免泄露原则及其影响 …………………………… 115
  第三节 同业禁竞合同、保密协议、不可避免泄露原则
      对人才流动的影响 ……………………………………… 124
  第四节 法律优先权、诉讼救济及经济价值 ………………… 126
  第五节 普通法学说与成文法规定在商业秘密保护的差异 …… 131
  第六节 从统计和实证分析看法院处理商业秘密诉讼案 …… 134

第七章 《经济间谍法》与《保护商业秘密法》的颁布及影响 ………… 141
  第一节 《经济间谍法》的颁布及影响 ………………………… 142
  第二节 《保护商业秘密法》的颁布及影响 …………………… 147

第八章 非正式知识产权战略的有效性和效能问题 ………………………… 161
  第一节 不对称信息的形成 ……………………………………… 162
  第二节 技术信息的战略管理 …………………………………… 164
  第三节 未公开技术信息披露损失的理论基础 ……………… 169
  第四节 泄露秘密技术信息的损失分析 ……………………… 172
  第五节 低效能的安保策略 ……………………………………… 176

第九章 非正式知识产权保护的法律效能 ………………………………… 181
  第一节 什么是非正式知识产权保护的法律效能 …………… 181
  第二节 商业秘密法和合同管辖的商业秘密保护 …………… 183
  第三节 在雇佣关系中泄露技术信息的风险 ………………… 189
  第四节 平衡合同法和商业秘密法的执行 …………………… 193

第十章 美国商业秘密保护的扩张 ………………………………… 199
  第一节 从产品制造成本转向产品设计和制造全过程的
      法律救济趋势 ………………………………………… 199
  第二节 全球贸易中美国知识产权保护的影子影响 ………… 204

参考文献 ……………………………………………………………… 209

附录一 主要缩略词对照 ……………………………………… 223

附录二 《统一商业秘密法》 ………………………………… 226

附录三 《保护商业秘密法》与《经济间谍法》 ……………… 230

第一章　商业秘密法的形成与发展

美国商业秘密保护及商业秘密法已有近 150 年的发展历史。人们对于商业秘密保护法理的认识及涉及法律概念的确定与研究是伴随着商业秘密保护和商业秘密法移植、形成，持续不断地发展的，最终确定了商业秘密的知识产权属性及商业秘密法在知识产权法属种的地位。今天，商业秘密已成为知识产权范畴中重要的一部分，被称为"第四知识产权"。

第一节　商业秘密保护概述

从通俗意义上讲，商业秘密是企业在研发、生产、制造、管理和销售过程中能够通过有效措施进行管控，并给企业带来商业利益或潜在商业利益回报，且具有排他权的技术及商业信息。美国政府、司法界、学术界、企业界普遍认为，对商业秘密实施保护可以鼓励创新投资与研究开发，并帮助维护商业道德标准。

一、商业秘密法的出现

经济和法律方面的历史学家认为，在中世纪之前，世界上不存在不正当竞争。例如，学界普遍否认罗马国家干涉了私营企业的竞争行为。但很早以前就有了商业秘密。早在专利法之前，商业秘密信息就已经被保存和作为高度机密处理，并被严格保密，而商业秘密法本身却是一个较新的事物。

有学术观点认为，可合法保护的商业秘密这一概念可以追溯到罗马法。在罗马法中，法律禁止奴隶窃取奴隶主的商业秘密并将其交给奴隶主的竞争者。这个概念后来逐步进化，区分于传统罗马法中的"商业秘密"概念，并发展成为一套法律体系，在文艺复兴时期保护企业主。随后，在工业革命期间，商业秘密法被欧洲国家编纂成法典，以处理新发现的劳动力流动问题。到 19 世纪，仿制商品、商业秘密交换、诋毁竞争对手等法律规则与法律学说有了长足的发展。目前，它已成为法律和商业生活中的一个重要环节。

我们今天所了解的商业秘密法，就是在19世纪初随着工业资本主义的兴起而发展起来的。相应地，美国对商业秘密实施保护的历史很长。众多法院认为，1837年的维克里诉韦尔奇案（*Vickery v. Welch.*，以下简称"维克里案"）是美国首个将商业秘密作为诉讼理由的案件。即便如此，商业秘密究竟是什么？商业秘密具有哪些属性？商业秘密的法律保护范围是什么？商业秘密保护的法源是什么？如何有效地保护商业秘密？如何实施这些保护措施？这些看似简单实则复杂的问题和所带来的影响在漫长的历史中一直在不断被探索和思考。

二、从普通法至成文法

自出现以来，商业秘密法主要是作为美国各州普通法的产物而发展起来的。简单来说，我们通常所说的"普通法"是指主要由法官制定的法律。19世纪后期的许多法学家认为，普通法体现的是管理私有权利的基本和普遍原则。而相对应的成文法，只是历史和文化相关的社会政策的表达。因此，起源于欧洲成文法系统的著作权法和专利法没有对私有权利进行特别要求，其权威完全取决于特定立法机构在特定时期的政策选择。著作权、专利权、商标权以及其他对抗不正当竞争、侵权行为的权利都赋予机构、企业和个人法律上的财产权。这些权利具有排他性，约束了与权利持有人没有优先关系的他人。无论他人是如何获得这些信息的，这些法律权利禁止他人侵占这些信息，并排除了多种信息使用方式。

早期的美国商业秘密案件裁判来源于财产法、侵权法和合同法。因此，作为普通法原则的适用，商业秘密法对法律权威并没有很强的要求。然而，一个不保护秘密信息的法律制度是不完整的法律制度。

在1860年以前，美国各州法院只裁决特定情况下涉及秘密信息的法律问题，即明确涉及不使用或披露秘密信息的协议（以下简称"保密协议"）的法律问题。这些法律问题包括：当诉讼一方有秘密信息时，衡平法法院是否有管辖权给予禁令救济；以及，当诉讼一方没有秘密信息时，保密协议是否能够作为非法的贸易限制使保密协议无效。这些法律问题都是在确立法律原则的基础上决定的。然而，由于商业秘密的"无形性"，法院在作这些决定的时候会有些困难。而且，当时还没有一个法庭能够给出具有普遍理论的解释。直至19

世纪中叶，当时已经积累了足够的判例和法律意见，才足以形成一个普遍理论。

1868年，马萨诸塞州最高法院抓住了这个机会，在皮博迪诉诺福克案（*Peabody v. Norfolk*，以下简称"皮博迪案"）中，具体化并概括了对一类秘密信息的约定和管理规则——商业秘密法。此案是美国第一个具有凝聚力的商业秘密法律声明。在皮博迪案中，法院承认商业秘密具有广泛的财产权益。这使商业秘密所有人能够从取得或披露一项秘密信息的当事人处收回财产。皮博迪案承认了商业秘密法在财产法、合同法和侵权法中的基础，并将其与这三项法律区别开来，形成了自己独特的法律领域。这也是商业秘密法的雏形。

1939年颁布的《侵权法重述（第一次）》[*Restatement（First）of Torts*]，将商业秘密、商业秘密保护、商业秘密保护法律实践从一个个令人困惑的先例中提取成一个相对清晰的定义和一套责任规则。也许是因为《侵权法重述（第一次）》的表述非常清晰，在法庭上很受欢迎并被频繁提出或引用。值得注意的是，虽然商业秘密保护归属于侵权法科目，但在整个商业秘密法体系中，用于描述商业秘密信息不当使用的词汇并不是侵权（infringement），而是不适当挪用或盗用（misappropriation）。

20世纪中期以来，由于主要受到《统一商业秘密法》（*Uniform Trade Secrets Act*，UTSA）的影响，大多数州颁布了传统普通法规则的法规。组织商业秘密原则的努力使美国法律学会在1995年颁布了《不正当竞争法重述（第三次）》[*Restatement（3rd）of Unfair Competition*，以下简称《不正当竞争法》]。尽管各州的商业秘密原则各不相同，但在所有法律领域，一般法律规则基本上都是相似的。

三、美国商业秘密法现存的主要问题

整体来看，美国的商业秘密法是最先进的，也是最不发达的。它是保护四大类知识产权（专利权、著作权、商标权和商业秘密）之一的法律。法院和立法机构拥护商业秘密法律至上，而联邦司法系统在很长一段时间里，都没有将商业秘密保护纳入民事诉讼纠纷的审理范围。尽管普通法分为联邦普通法和州普通法，商业秘密法在2015年前却一直归属于后者，而并非前者。商业秘密法并不是一个纯粹的普通法领域，即使各州在州普通法层面实行自治，但多个州采用了美国统一法委员会（Uniform Law Commission）编写的UTSA。不过，和其他统一的法律一样，特别是《统一商业法典》（*Uniform Commercial*

Code，UCC），UTSA 在很大程度上的意义是编纂统一，而不是否定多样化的普通法。

其中，对商业秘密本身如何定义就有不同的说法，主要产生影响的有：1939 年的《侵权法重述（第一次）》、1979 年的 UTSA、1996 年的《经济间谍法》（Economic Espionage Act，EEA）、2016 年的《保护商业秘密法》（Defend Trade Secrets Act，DTSA）。同时，具有很强影响力的还有 1984 年的《加利福尼亚州统一商业秘密法》（California UTSA，CUTSA）。这些不同的法案对商业秘密的定义既相通又有不同，甚至也存在冲突的地方，出台时间的先后体现了之后法案对之前法案的修改、完善与补充。因此，关于商业秘密的构成要素及诉讼资格也有"六要素""五要素"等不同说法。

美国法律体系的特点是联邦法与州法并存，各州民法以普通法的案例法为主，联邦法以成文法为主，两者相互衔接。这些特点决定了美国司法的特色及法律研究资源的广泛性，也决定了企业诉讼、法源判案的复杂性与不确定性。

这些复杂性和不确定性主要体现在以下几个方面。

第一，商业秘密定义与范畴的问题。在《侵权法重述（第一次）》、EEA、UTSA、DTSA 的任意一项法案中，涉及的关键法律词汇都缺乏详尽、相互统一、权威的法律解释。这也是企业在寻求商业秘密法律保护、法院在审理商业秘密案件、学术界在商业秘密保护的理论研究与法律实践中所面临的问题。

第二，法律优先权与法源统一性问题。商业秘密法是在普通法体系环境下发展起来的。目前，虽然除纽约州和北卡罗来纳州之外，美国其他州和地区都主动加入了采纳 UTSA 的队伍，纽约州于 2020 年提出采纳 UTSA 的法案，北卡罗来纳州普通法与 UTSA 也没有主要冲突，但大部分州在采纳 UTSA 后都对具体规则进行了调整。由美国国会制定的联邦法 DTSA 并没有赋予其相对普通法的优先权，因此，即使同样的案件在不同的州进行诉讼，也可能产生不一致的诉讼结果，故企业诉讼就有选择诉讼法院和适用法律的考量。这主要是由于商业秘密法是在普通法体制下先发展起来，并较成熟。随着 DTSA 实施深入及国际贸易的发展，法律优先权和法源统一问题将会进一步发展和完善。

第三，企业选择商业秘密保护的效率或效能问题。商业秘密的属性现在已经被明确为知识产权，它的保护与其他知识产权（如专利权、著作权）保护最大的不同在于不披露属性、保护期限的不确定性及商业价值评估的高成本与不确定。这使企业面临三个问题：首先，采用何种知识产权保护及如何平衡各种知识产权法律保护。这是所有企业面前的一个战略问题，涉及企业诸多方面，如融资、运营成本、研发动力、市场营销、合作与竞争、企业行为对公共利益的影响等。其次，商业秘密保护的有效性具有不确定性。由于企业相对员工和其他企业掌握不对称信息，这种不确定性会映射到员工忠实度管理，商业秘密保护涉及的同业禁竞合同、保密协议等相关合同和管理的认识与执行当中，从而降低了美国各州商业秘密法实施的有效性。最后，商业秘密诉讼结果具有不确定性。商业秘密市场价值难以评估且成本高，加上前两个原因，导致了诉讼结果的不确定性。从大卫·阿尔莫林（David S. Almeling）等人对美国联邦法院近60年、各州法院近15年的各类商业秘密诉讼案的统计研究结果就可窥视这一现象。如上这些问题都影响了商业秘密保护的效率或效能。

第四，商业秘密保护与国际贸易的相互影响问题。世界贸易组织（World Trade Organization，WTO）已将商业秘密保护作为知识产权保护的一个重要方面。由于美国在全球贸易中所占据的主导地位，以及其在WTO中的商业秘密保护话语权等因素，结合考虑各经济体处于不同发展阶段的实际情况，商业秘密保护的强弱会如同其他知识产权（如专利权、著作权等）一样，对从事国际贸易的企业产生较大影响以及不确定的结果。

美国国会于2016年颁布了DTSA，赋予联邦法院听取商业秘密民事诉讼的权力，并且DTSA是在UTSA及EEA基础上衍生出来的。DTSA虽然作为联邦的统一商业秘密法，且联邦法与联邦系统具有权威性，但由于相对于各州普通法没有优先权，因此与各州的UTSA及普通法如何衔接并促使商业秘密保护完善发展，还有待于进一步探索。

四、保护商业秘密的意义

总而言之，保护商业秘密对于全球经济的持续繁荣和安全至关重要。美国普遍认为商业秘密已成为当今企业拥有的最有价值的资产之一，因此这一系列的商业秘密法对于保护智慧成果至关重要。近年来，私营和公共部门的组织、大学、行业协会、智库和政府机构都在深入研究商业秘密保护问题。

对于私营部门而言，保护商业秘密是推动投资、促进创新和经济增长的基本组成部分。由于存在知识溢出的效果，商业秘密的发展也有利于提高公共的利益并且加强经济安全与稳定。在保护商业秘密方面，私营部门通过采用基于风险的防范办法来确定其商业秘密资产的内容及优先次序，从而制定新的战略保障对未来商业秘密的投资，减轻因商业秘密盗用造成的潜在经济损失。

美国公共部门基于保障公众利益和促进私营市场投资的考量明确表示，商业秘密保护意在推动保护商业秘密政策的发展，促进各国政府间的国际对话，建立公私伙伴关系，以助于起诉商业秘密的不适当挪用或盗用者。

第二节 商业秘密法形成的历史沿革

一、早期商业秘密法的形成

早在罗马法中已有对商业秘密实施保护，但这是一个开放式、受争议的问题。罗马法庭创造了一种被称为"奴隶腐败行为"的诉讼理由。"奴隶腐败行为"的字面意思是奴隶的腐败行为。奴隶主行贿奴隶，是为了保护自己的奴隶免受第三方（通过贿赂或恐吓）"腐蚀"，从而泄露自己的秘密经营信息。当时的法律规定，此类第三方对奴隶主承担赔偿责任，赔偿数额是奴隶主因此而遭受损失的两倍。但罗马法时期所保护的任何事项已与今天所说的商业秘密保护大相径庭。

我们今天所知道的商业秘密法是在19世纪初随着工业资本主义的兴起而发展起来的。普通法中的商业秘密起源于19世纪早期的英国，作为在大规模工业化时代防止专有制造知识泄露（在英国或被称为违反基于秘密信息的信赖）的一种方式，后于1837年移植美国。

在当时的私人小作坊中，商业秘密仅限掌握在企业主或家族继承人手中，外部人员无从知晓。随着工业资本主义兴起，工厂大量出现。为了培训雇员，提高工作和创新效率，雇主需要与雇员进行信息交流。市场中，竞争对手的出现及离职员工对商业秘密信息的泄密，会使雇主经济利益遭受损失。为了保护雇主拥有商业秘密信息所带来的经济利益，商业秘密法出现了。

二、19世纪商业秘密法的发展

在1860年以前，美国法院仅处理一些具体的法律问题。这些问题包括：衡平法法院是否有司法管辖权给予禁令补救？保密协议是否作为非法的贸易限制而无效？简而言之，法院是否有管辖权？保密协议是否有效？所有这些问题都是根据既定的法律原则解决的。法律原则规定，一个人不仅在违反保密协议或诱使他人违反保密合同时负有责任，而且在知道秘密是不适当地或错误地被他人透露的，并使用了该秘密的情况下，也负有责任。在涉及对不当披露秘密

第一章 商业秘密法的形成与发展

信息有明确约定的诉讼中，由于秘密信息本身的无形性质，法院作出相应的裁决有些困难。

商业秘密法自19世纪中叶出现以来，主要是作为普通法的产物而发展起来的。据记载，最早的案件是在英格兰裁决的。人们对是否存在法律管辖权表示怀疑，但认为原告可以以违约为由寻求法律救济。美国最早讨论商业秘密的案例是1837年的维克里案和1868年的皮博迪案。30年后，皮博迪案的司法判决被公认为是商业秘密法的第一个明确的司法声明。

在1837年的维克里案中，法院首次接受商业秘密作为诉由。在该案中，一家巧克力工厂的卖方承诺出售工厂以及制作巧克力的秘密，但后来拒绝向买方提供不向其他任何人透露该秘密的书面承诺。卖方认为，这样的承诺将是非法的贸易限制。马萨诸塞州法院不同意卖方这一意见，裁定该承诺"不论原告还是被告使用秘密技能，对公众都没有影响"。在此之前，还没有哪一个法院试图阐述这样一个关于商业秘密的普通法理论。

在1868年的皮博迪案中，马萨诸塞州最高法院对商业秘密的保护范围作了概括，这一案件的判决意见被认为是美国商业秘密法的"结晶"。该案中，原告皮博迪发明了一种新的方法和机器，即使用黄麻蒂制造麻袋布。他建造了一个工厂，并雇用了诺福克（被告）作为机械师。他们之间存在一份书面合同。根据这份合同，诺福克有义务——不得使用或泄露秘密制作程序。一段时间后，诺福克离开了皮博迪的工厂，加入了詹姆斯·库克（James Cook）和其他人开的另一家工厂，并在这家工厂使用了皮博迪的机械工艺，因此这家工厂和皮博迪的工厂形成了竞争关系。皮博迪根据合同起诉，要求对库克的新工厂发出禁止令，禁止他们继续使用侵权的机械工艺。库克对此提出反对，并尽力辩护，但被该案法官悉数驳回。

该案判决书主笔大法官贺拉斯·格雷（Horace Gray），以一种"大师"的视角，绝妙地拒绝了库克的每一个辩护理由。在论证过程中，他将很多涉及商业秘密的先例进行整理和讨论，与该案相结合，并引起了社会重视。格雷大法官从政策角度表示："为了公共利益，法律的政策是鼓励和保护发明和企业。"然而，格雷大法官并没有终止关于这一政策的争论。在该判决书的其余部分，他转而阐述了一项一般的原则性声明："一个人建立一家企业，并赋予其具有价值的技能和关注，该企业的商誉是法律所承认的财产。"这样的声明并非针对公众的专属权利，或攻击那些合理获取经营信息的人，而是表态：有一类商业财产会获得法院的保护，并且，法律反对违反合同和秘密使用受合同或承诺保护的信息，或将这样的信息披露给第三人。可以看出，格雷大法官明确地打算将今天被称为"知识产权法"的所有分支统一起来。此外，这一原则性声明关于商业秘密法有明确的含义：如果企业的员工发现或创造了某些信息，并选择将这些信息不予公布，企业将这些信息作为秘密进行使用且通过保密协议或其他手段进行保护，那么无论这些信息是否受专利保护，在出售（合伙）企业权益时，企业可强制执行保密协议，从而保护这些信息不被泄露。

这些早期案件一般涉及出售或转让商业权益。其中，商业秘密是最有价值的资产，例如涉及制造工艺的商业秘密。因为转让人不可能在转让后，从他的大脑中删除这些信息，所以实现秘密转让的唯一方法就是转让人同意在转让后不使用或泄露秘密。

然而，执行这些保密协议的问题在于，它们似乎在通过限制卖方的竞争能力来限制交易。法院支持，通过保密协议或默示承诺，在当事方明显打算转让企业或部分资产时，不使用或披露商业秘密。其中部分原因是，公众不会因为企业转让技能而受到损害。因为如果技能有任何价值，被告则会使用这些技能并对其保密，而原告或被告使用这些秘密技能与公众无关。为确保公共利益不会受损，皮博迪案要求，"当事人的目的不是限制交易，而是确保购买者能够得到他们购买的秘密中的全部权益"。与此同时，这条规则只有在交易信息确实是商业秘密的情况下才适用。

但是，皮博迪案遗留下一个重要的问题：如果商业秘密是财产，为什么商业秘密所有权人不能像其他财产所有权人一样，拥有可对抗外界的专有权利？这一质疑出自奥利弗·W. 霍姆斯大法官（Oliver W. Holmes, Jr.）对商业秘密法所提出的核心问题，也时常被新实证主义者引用。此外，商业秘密法一直面临且会继续面临的关键问题是：为什么要给予秘密信息法律保护？

在19世纪末，法院和法学家并没有依赖于秘密信息是资产或财产这种功能性的论点，而只是在形式上将一种理想的财产权概念与排他性的控制概念相联系。财产所有人需要明确的行为表明，他有意图将该财产事物置于他的专属控制之下，并进行个人使用。这样，一个人才获得了可以对抗世界的针对该财产实际控制的专属财产权。

在普通法中，财产权取决于占有。占有是所有权的先决条件，所有权是普通法权利的必要条件。此外，占有要求占有人具有明确的占有行为和意图，表现为将物品置于专属控制之下，并有意图将其用于个人使用。这个简单的、以财产为基础的理论却有强大的含义。它证明了法院在皮博迪案中的决定是正确的，即对具有财产性质的秘密信息进行法律保护，而不是对涉及秘密信息的合同或承诺进行保护。实际上，商业秘密与普通法财产权的联系将商业秘密法提升到了专利法和著作权法的高度，而正是后两者法律的发展，成就了知识产权法今天所体现的重要性。此外，以财产权为基础的商业秘密法理论还超越了传统法律，解释了其他的法律领域，如著作权和隐私权，并区分于合同法和侵权法。

三、20世纪商业秘密法的发展

在20世纪二三十年代，在法律现实主义占主导地位的情况下，新实证主义崛起。新产生的实证主义和思考方式与工具取代了19世纪后期的自然法形式主义。这一法律思想的变化破坏了普通法财产权理论的逻辑，特别是通过保密而获得的财产权及其所隐含的排他性法律权利。在这期间，形式主义的财产概念调整了商业秘密法，可能使其不完全与合同法和普通侵权法一致。虽然以霍姆斯大法官为首的新实证主义者常引用"保护产权所有者的排他性权利"这一理论和逻辑，但他们却否定了19世纪末的秘密信息是财产这一单一概念。随着物权基础的剥离，商业秘密法失去了它的正当性理论、规范及独立于其他法律领域的根源。从这以后，法院和法学家一直在努力填补这一空白。

法律所保护的秘密信息既不属于普通法所规定的法定专利权或著作权，也不适用相应的普通法法律原则。那普通法的财产权法律原则是否适用于秘密信息呢？如果秘密信息是"财产"，正如皮博迪案的法庭所认为的，所有者必须拥有这项"财产"。但这个问题的难点是，一个人是否能"拥有"信息，且该信息不受其身体所控制。此外，其他的难点还有，因为信息可以被无限复制，所以每个人都可以使用它却使其不受到消耗。一旦有人知道了某信息，这个信息对于此人来说就形成了无法抹去的知识。因此从事实层面上，没有办法排除他人去使用这项知识。基于这些原因，财产权的特性之一——排他性，在保护信息的过程中显得突兀且不合适。在20世纪初，曾有新泽西州某初审法院认定，未开发的思想不能成为财产，因为思想的产生者不能对其行使支配权。

一个人"拥有"信息的唯一方法就是保密，在不涉及他人的情况下，将该信息用于自己所需的用途。一旦秘密信息公布，该信息就变成了"公共财产"，它所对应的普通法权利也就此终止。然后，拥有这些信息的公众通过立法决定给予公布信息的个人某种排他性权利，用以在一定期间内允许他或她排他使用该信息。因此，公布信息所获得的排他性权利是法定的，由专利法和著作权法授予。这些法定权利被视为从属于普通法财产权。

如我们所见，保密是排他使用的必要条件。但有了保密这一要件还不够。即使该信息确为仅有原告知道的秘密信息，法院仍然要求原告需要采取肯定的态度，用以证明其有将该信息作为秘密而进行排他使用的意图，并采取相应的保护措施。因此，除了要求保密外，许多法院还要求原告采取合理的预防措施以防止秘密信息泄露，或至少会考量一下原告是否采取这种预防措施。

此外，这一基于保密属性的理论解释了为什么商业秘密法不承认商业秘密是可对抗外界的权利。该解释从逻辑上遵从了财产权的范围：秘密信息的排他性权利并不符合普通法财产权在事实上所能实现对世的排他性权利。如此说来，一个人若想跨越秘密所有者的排他性，则是通过独立获取或侵犯他人的秘密而实现的。因此，是否存在侵犯商业秘密责任完全取决于被告是否使用了不公平的手段获取信息。相应地，独立发明和反向工程是完全合法的。

由于商业秘密法是在各州普通法下发展起来的，因此在诉讼过程中企业、律师与法院就商业秘密本身的认识及实践中如何保护商业秘密远不能达到一致，无论主观的秘密还是客观的秘密，都需要提炼总结。

终于在1939年，《侵权法重述（第一次）》总结并归类了1837年以后发展起来的一整套关于商业秘密的普通法法律体系。其中，对商业秘密的定义被美国大部分州法院和联邦法院广泛接受，并逐步在涉及商业秘密的问题上为法院判决提供了一致的参考。然而，随着时间的推移，法院在类似事实的案件中的推理和裁判结果开始出现分歧。

1979年完成的《侵权法重述（第二次）》进一步加剧了商业秘密案件中的混沌。其中，它完全删除了提及商业秘密的内容，理由是商业秘密法已发展成为一个独立的法律体系，不再依赖侵权法的一般原则。然而，尽管有此次发展，《侵权法重述（第一次）》已经被许多法院的判决所采用和认同，仍然对商业秘密法产生了重大影响。

在各州，商业秘密法一直独立于著作权法和专利法并具有重要意义。这有如下几个原因：首先，商业秘密法对信息的垄断保护可以是无限期的，而专利法仅给予了专利权人有限的垄断时间。其次，商业秘密对保护对象没有严格的实用性、新颖性或创造性的要求。最后，商业秘密法产生于一个普通法体系，通过各州相对独立的立法程序而产生，然而专利法和著作权法在成为联邦法之前，需经过国会的严格辩论。专利和著作权是根据美国宪法第一章第八节中知识产权条款的授权，通过美国国会立法，提供相应保护，联邦法院对这些法律问题有联邦管辖权。专利问题仅可以由联邦法院来处理；虽然也有州层面著作权法，但使用频率和影响力远不如联邦著作权法。

商业秘密法与专利法和著作权法不同。当它与其他两种知识产权法出现冲突时，联邦法并不相对州法具有优先权。在凯文尼石油诉贝克朗案（*Kewanee Oil Co. v. Bicron Corp.*，以下简称"凯文尼案"）中，美国最高法院认为，尽管保护对象或者范围可能出现重叠，联邦专利法不会优先于州商业秘密法。具体的理由是，商业秘密法不干涉专利法背后的联邦政策，因为它涉及的主体有限，提供保护的范围较窄，而且侧重于盗用行为而不是技术本身。凯文尼案将专利法对商业秘密法的潜在优先权问题推到了风口浪尖。

四、《统一商业秘密法》出现后的法律发展

凯文尼案后，美国律师协会（American Bar Association，ABA）和国家统一州法律委员会（National Conference of Commissioners on Uniform State Laws，NCCUSL，现在称为"统一法律委员会"）协力创建了一部示范性法规，用于协调国家层面的商业秘密法，并在1979年颁布了UTSA。

为了使各州以及各州和联邦法院的商业秘密法恢复某种统一，1985年，统一法律委员会对UTSA进行了修正。UTSA对各州并没有约束力，仅仅作为那些希望起草法规以保护商业秘密的立法者的指南。各州可以选择全面采纳UTSA，也可以部分采纳，并可自由修改所通过的具体条款。

UTSA改进了普通法中关于商业秘密法的内容。它至少以6种方式促进了商业秘密普通法的发展：①提供了一种精确并有效的办法，用以定义商业秘密；②不符合商业秘密定义的信息，可作为经营信息保护；③将保护的责任放在商业秘密所有人身上，其需要证明商业秘密的存在以及挪用行为的存在；④澄清了补救措施的可用性和范围，包括禁令救济、惩罚性赔偿和律师费用；⑤承认商业秘密诉讼中禁令的价值；⑥明确优先其他旨在补救滥用信息的普通法诉由，例如，商业信息。

截至2014年，美国48个州和哥伦比亚特区采用了某种形式的UTSA。除纽约州和北卡罗来纳州之外，美国其他州和地区都主动加入了采纳UTSA的队伍。纽约州也于2020年提出采纳UTSA的法案，并在此之前也有州法或普通法用以保护商业秘密。北卡罗来纳州的商业秘密法和UTSA并没有主要冲突的地方。而其他州在采纳UTSA的时候进行了一定的修改，因此，尽管各州的商业秘密法有一个共同的法律起源，大体上也一致，但没有两个州有完全相同的

商业秘密法。

1995 年，美国法律学会（American Law Institute，ALI）发布《不正当竞争法》，总结了商业秘密的普通法。《不正当竞争法》对商业秘密的定义遵循了 UTSA 的定义，将商业秘密定义为"任何可用于商业或其他企业的经营活动，并且具有足够价值性和秘密性，能够为他人提供实际或潜在经济利益的信息"。

美国对商业秘密的保护也受到美国加入 WTO 和《关税及贸易总协定》（*General Agreement on Tariffs and Trade*，GATT）及《与贸易有关的知识产权协定》问题（*Agreement on Trade - Related Aspects of Intellectual Property Rights*，TRIPS）的约束。TRIPS 第 39 条第 2 款规定，成员需提供保护具有秘密性和商业价值的信息的法律，并要求信息所有人应采取合理步骤用以保护信息的秘密性。

20 世纪 90 年中后期起，美国国内商业秘密诉讼案件激增。特别是进入 21 世纪和信息时代，商业秘密盗用和保护的问题更是凸显。同时，美国企业界、政治界普遍认为，商业秘密窃取与日俱增，并直接损害了美国经济。

美国国会也多次尝试将商业秘密法纳入联邦法领域。1996 年，美国国会通过了 EEA，将盗用商业秘密定为刑事犯罪，成为第一部直接处理侵犯商业秘密行为的联邦刑事法规。但 EEA 没有解决民事不适当挪用或盗用问题，而且它的应用并不优先于各州的商业秘密法。

EEA 于 2012 年进行了修改和调整，以适应数字时代。2016 年 5 月，美国国会就商业秘密的民事保护问题又通过了 DTSA。DTSA 是对 EEA 的补充，在美国历史上，首次为反对商业秘密盗用开启了提起联邦民事诉讼的通道。DTSA 的一大特点就是，在联邦民事诉讼案中，给予商业秘密不适当挪用或盗用救济，包括禁令和罚金手段，并把盗用商业秘密的惩罚最高额设定为实际损失的 3 倍。

五、小 结

这里，我们来总结一下商业秘密法在美国发展的时间主线。1939 年的《侵权法重述（第一次）》对商业秘密给出了相对清晰的定义，其措辞在法院中非常流行，并且它也制定了一套令人困惑的先例性责任规则。1979 年的《侵权法重述（第二次）》进一步加剧了商业秘密案件中因法律和规则不清产生的混乱。因此，为了使各州以及各州和联邦法院的商业秘密法恢复某种统一，1979年，统一法律委员会发布了USTA，并于1985年作了进一步调整。1995年，美国法律学会发布了《不正当竞争法》，总结了商业秘密的普通法。受USTA的影响，大多数州都就商业秘密保护问题，结合USTA，将传统普通法规则的法规编纂为法条。随着商业秘密重要性的日益凸显，美国国会于2016年通过了DSTA。

总体来说，商业秘密原则是由对一系列相关的英美法系侵权行为规范演变而来的，这些侵权行为包括背信、违反保密关系、挪用或侵占他人财物、不正当竞争。商业秘密法也从一系列合同法法律规则中演变出来，例如雇佣合同和保密协议。在19世纪，法院时不时地把商业秘密归类为财产权。20世纪初，这种说法发生了转变，盗用商业秘密被视为一种基于当事人之间的保密关系或不当行为的侵权行为。商业秘密法的标准是在1939年的《侵权法重述（第一次）》中首次订立的，而《侵权法重述（第一次）》则强烈认为商业秘密不是财产权，而是基于诚信竞争的侵权保护。到了20世纪80年代，USTA将一种基于合同和财产的结合理论呈现给各州最高法院和立法机关。美国绝大多数州在过去25年内立法通过了USTA，使商业秘密保护正式被纳入普通法中。而后，EEA和DTSA的出台强化了对商业秘密的保护，同时也将对企业的商业行为产生深远影响。

基于上述演变的结果，今天美国遵循的商业秘密法有两个层面——州和联邦。在州法层面，除了州刑法，主要体现在各州采纳UTSA所制定的具体商业秘密保护规则和裁判案例，以及法院对《不正当竞争法》的解读和适用。在联邦层面，主要遵循两套法条，即1996年颁布的刑法法条EEA和2016年颁布的民法法条DTSA。

第三节 商业秘密的定义与范畴

一、普通法下的定义

在最早的商业秘密诉讼——1837年的维克里案和1868年的皮博迪案中，马萨诸塞州最高法院认定，秘密信息的所有人对该信息拥有财产权益。在皮博迪案中，大法官格雷表示，法院将保护该信息免受违反合同和违背信任的人挪用，或向第三人披露。皮博迪案承认了商业秘密法在财产法、合同法和侵权法中的基础，并将商业秘密法与这些普通法区别开，使之形成了独立的法律。

19世纪末和20世纪初，形式主义的财产概念进一步使商业秘密法独立于合同法和普通侵权法。但随着新实证主义的出现及商业秘密与其物权基础的剥离，商业秘密法失去了正当性，理论以及规范独立于其他法律领域的根源。自此，除了基于物权的商业秘密法，基于信赖关系的商业秘密法概念也随着新实证主义的发展而兴起。

在1917年的E. I. 杜邦公司诉马斯兰案（*E. I. DuPont de Nemours Powder Co. v. Masland*，以下简称"杜邦案"）中，新实证主义代表——霍姆斯大法官表示，商业秘密案件判定的出发点并非不适当的使用或挪用，而是争议的当事人之间是否存在一种保密关系。他所提出的是商业秘密法的核心问题。这个问题否定了19世纪末的商业秘密财产概念，认为商业秘密保护必须基于已有的保密关系。

因此，由于早期法院对商业秘密保护的法律和法理基础采取了完全不同的看法，商业秘密的定义本身就是一个有趣而复杂的问题。

面对这个问题，1939年1月，美国法律协会对1837年以后发展起来的商业秘密普通法进行了总结和分类。这是美国首次对商业秘密法进行的综合研究，其成果反映在《侵权法重述（第一次）》中。《侵权法重述（第一次）》虽然缺乏成文法的效力，但具有很大的影响力，被广泛认为是理解商业秘密法目的和意义的主要来源。

《侵权法重述（第一次）》第757条抓住了普通法原则，即一方当事人可能因违反保密义务或通过"不正当手段"发现秘密后，披露或使用另一方的商业秘密，从而承担法律责任。实践中，法院认识到，如果第三方获悉了秘密信息的存在并挪用或使用了该信息，即使其后期充分知晓了该秘密，则该第三方的原挪用或使用行为也可能会使得其对信息所有者负有赔偿责任。此外，第757条的评注要求："商业秘密的标的物必须是秘密的。因此，除非使用不正当的手段，否则很难获得该信息。"法院还认可一系列针对商业秘密盗用的补救措施，包括禁令救济、对过去损害的经济赔偿，以及偿还被告所获利润。

《侵权法重述（第一次）》规定了有资格获得法律保护信息的类型。更重要的是，它标明了所述的商业保密普通法并不适用于非商业用途的秘密。其中，商业秘密的定义为："任何在业务中使用的公式、模式、手段或信息汇编，使一个人有机会相较不知道或不使用它的竞争对手获得优势。这些信息必须是秘密的，行业中的公共知识或一般知识不能被视为一个人的秘密。"这里对商业秘密的定义涵盖了所有形式的信息，例如，化合物的配方，制造、处理或保存材料的工艺，机器或其他设备的模式，或客户名单。

《侵权法重述（第一次）》对商业秘密的定义得到了美国多个州和联邦法院的广泛接受，并在早期为法院对涉及商业秘密的问题提供了一致裁决的基础。虽然1979年公布的《侵权法重述（第二次）》完全删除了其中关于商业秘密的内容，但《侵权法重述（第一次）》经过长年的实践应用，仍然对商业秘密法产生了重大影响。它作为美国商业秘密法的普遍模式，一直到1979年，美国统一法律委员会批准了UTSA。一直不变的是，商业秘密法是以州普通法为基础的。

二、《统一商业秘密法》与《不正当竞争法》下的定义

UTSA为商业秘密盗用问题提供了一个简单而灵活的法定解决方案。UTSA是"第一次全面的努力"，编纂了商业秘密法，将其纳入主要普通法原则，填补了之前法院留下的空白。在UTSA中，商业秘密的保护主题（subject matter，也可理解为保护客体）包括信息，包括公式、模式、汇编、程序、装置、方法、技术或工艺。第一，这些信息需要是秘密的，并具备独立的经济价值；第二，信息所有人应为保护且维持其保密性而作出合理努力。秘密的信息应该是不被普遍了解的信息，其经济价值体现在可通过披露或使用获得实际或潜在的经济价值。

这一定义不同于《侵权法重述（第一次）》对商业秘密的定义。首先，USTA不要求对该秘密信息的使用。其次，UTSA要求原告证明其付出了合理的努力来保守该秘密。再次，UTSA更侧重于信息，并扩展了商业秘密的定义，包括程序、方法、技术和工艺。最后，UTSA还保护具有潜在价值或实际价值的信息，并取消了信息所有人在业务中持续使用商业秘密的要求。

1995年，美国法律协会起草了《不正当竞争法》，进一步总结了商业秘密普通法。《不正当竞争法》对商业秘密的定义遵循了UTSA对商业秘密的定义，将商业秘密定义为"任何可用于商业或其他企业经营活动，并且具有足够价值和秘密性，能够为他人提供实际或潜在经济利益的信息"。

三、联邦法下的定义

1996年，美国国会颁布了EEA。同期生效的TRIPS中，也加入了对商业秘密保护的内容。于是能看出，EEA中对商业秘密的定义，符合TRIPS第39

条的规定："金融、商业、科学、技术、经济或工程信息的所有形式和类型，包括模式、计划、分析、程序设备、公式、设计、原型、方法、技术、工艺、工程、程序或代码，无论是有形的还是无形的，以及是否或如何在物理上、电子上、图形上、照片上存储、编译或纪念。（A）拥有人已采取合理措施保守这些资料；及（B）这些资料的实际或潜在经济价值是独立的……不为公众所知，也不容易通过适当手段加以确定。"TRIPS 第 39 条第 2 款规定："自然人和法人应当有可能制止他人未得其同意，以违反诚实的商业做法的方式，将其合法控制下的信息向他人公开，或者获得或使用此种信息，只要这种信息符合下列条件：（a）符合这样意义的保密，即该信息的整体或其各部分的确切排列和组合，并不是通常从事有关这类信息的人所普遍了解或容易获得的；（b）由于是保密信息而具有商业上的价值；和（c）合法控制该信息的人已经根据情况采取了合理措施予以保密。"

长期以来，法律学者和立法者一直认为，各州法律和 EEA 的拼凑不能为商业秘密提供足够的保护，这促使了 2016 年 DTSA 的出台。2016 年 5 月 11 日，时任美国总统奥巴马签署了 DTSA，使之成为生效法律。DTSA 修订了 EEA，以设立一个针对侵犯商业机密行为的联邦民事诉讼理由。

DTSA 就盗用商业秘密的民事问题，确立了联邦主体的管辖范围，成为"自 1946 年的《兰哈姆法案》（Lanham Act）以来在知识产权中最重要的联邦法律扩张"。

DTSA 以多种方式拓展了现有的商业秘密生态。第一，DTSA 不优先于州法，而只是增加在联邦法院诉讼这一通道。第二，DTSA 定义了商业秘密及其不当挪用或盗用，更多体现的是扩张主义。第三，DTSA 纳入了前所未有的、最强有力的补救办法。

DTSA 采用了"商业秘密"和"不当挪用或盗用"的宽泛定义。商业秘密保护主体被宽泛地定义为"所有形式和类型的金融、商业、科学、技术、经济或工程信息，包括模式、计划、汇编、程序设备（program devices）、公式、设计、原型、方法、技术、工艺、工序、程序或代码，无论是有形的还是无形的，无论是以物理的、电子的、图形的、摄影的或书面的方式存储、汇编或记录的，或如何存储、汇编或记录的。"这一宽泛定义允许企业对几乎任何类型盗用或不当挪用的信息提起诉讼，只要企业能够证明信息是秘密的，并采取合理措施保守其秘密。DTSA 还给出了"不当挪用或盗用"的广义定义：知道或有理由知道商业秘密的人，在某些条件下，通过不正当手段取得他人的商业秘密，或在未经其明示或默示同意的情况下透露或使用他人的商业秘密。

四、小　结

上述演变的结果导致美国遵循的商业秘密法有两个主要来源：①州法：体现在各州颁布的 UTSA、普通法和州刑法；②联邦法：EEA、DTSA。

目前，法院在使用 UTSA 和 DTSA 时所承认的一些具体商业秘密类型包括化学公式、源代码、方法、原型、预发行定价、财务、预算、合同。商业秘密的定义具有潜在的广泛性，所以"商业秘密"往往不是"它包含什么"，而是由"它不是什么"来定义的。法院使用的一个比较基础的判定方法是雇员的"工具包"这一概念，即在排除雇员的一般技能、知识、培训和经验后界定商业秘密的范围。因此，属于商业秘密定义范围内的主题类别正在不断被扩大。

虽然商业秘密的定义一直很宽泛，但这种宽泛性最终可能导致经济活动纠纷和商业秘密诉讼的持续增加。这也意味着，商业秘密法完全适合创新的进化性（相对于旧思想的进步性）和革命性（新思想的创造性）。正如著名法律评论员——宾夕法尼亚大学法学院的维多利亚·A. 坎迪夫（Victoria A. Cundiff）教授所指出的那样，"秘密越来越重要，因为在许多领域，技术变化如此之快，以至于超越了旨在鼓励和保护发明和创新的现行法律。"经济学家们已达成共识，商业秘密在保护创新的回报方面发挥着重要作用，商业秘密保护是持续创新的一个重要组成部分。

简而言之，商业秘密被广泛地定义为包含任何秘密信息、涵盖范围广泛的主题。这些主题不断扩展，以伴随新技术的发展。同时，一些新技术（如互联网搜索站点）会通过社交媒体在线传播一些私人信息，导致商业秘密法律保护范围缩小。甚至于这些新技术可能会暴露某些曾一度受到保护的信息，从而使这些信息失去获得商业秘密保护的主题资格。

第四节　商业秘密法理论学说与争端

商业秘密法自 19 世纪中叶出现以来，主要是作为美国各州普通法的产物而发展起来的。在 1860 年之前，法院只裁定一些具体的案件，还不能够对商业秘密给出一个通用的理论说法。1868 年，马萨诸塞州最高法院大法官格雷在皮博迪案中承认了商业秘密法在财产法、合同法和侵权法中的基础，并将其区别开来，形成了商业秘密的法律领域。这一判决的理论结构是根据当时流行的占有和所有权的形式主义概念而发展起来的。

然而在19世纪末和20世纪初，一种新的实证主义和思考方式与工具取代了19世纪后期的自然法形式主义。霍姆斯大法官在杜邦案中否定了19世纪末这一商业秘密等同于财产的观点，认为商业秘密保护是基于一种存在的保密关系。实际上，这与早期法院对商业秘密保护采取的法律基础截然不同。这一理念的变化破坏了普通法财产权理论的逻辑，特别是财产权理论声称，通过保密的排他性暗示财产和财产隐含的法律权利，即便包括霍姆斯大法官在内的新实证主义者引用过保护所有者的排他性观点。

商业秘密是当今企业拥有最有价值的资产之一，商业秘密法对于保护知识产权至关重要。著作权、专利权、商标权以及其他对抗不正当竞争、侵权行为的权利都赋予了可对抗外界的财产权。这些权利约束了与权利持有人没有信赖关系的人，并禁止侵占或使用，但不严格限制信息是如何获得的。例如，著作权法规定了抄袭的责任，即使抄袭者与著作权所有者并不相识，而且合法获得了受著作权保护的内容。专利法也适用于陌生人，即使被告独立地提出相同的发明，也要承担侵权责任。商标法也规定，陌生人如果完全不知情地采用了会迷惑消费者的相似商标，也要承担侵权责任。然而，商业秘密法从根本上讲是与上述知识产权法不同的。责任人不仅仅需要对商业秘密所有人负有赔偿的责任，并且根据商业秘密法规定，还必须以错误的方式获取、披露或使用信息。

商业秘密责任规则的焦点在于信赖关系。这使商业秘密法与合同法的关系比与财产法的关系更为密切。然而，法院将商业秘密法与同样涉及信赖关系的合同法区别对待。当存在与商业秘密有关的协议时，法院并不一定认为被告有义务执行这样的协议。因此，多种学说都在寻求商业秘密法的法理构成。

一、商业秘密一般理论的兴起

1868年，马萨诸塞州最高法院大法官格雷在皮博迪案中承认商业秘密法在财产法、合同法和侵权法中的基础，并将其区别开来，形成了商业秘密的法律领域。法院在皮博迪案中的判决支持驳回被告库克的异议。其所依据的原则是，侵犯他人"财产"会产生一定的法律后果。将秘密信息归类为"财产"，意味着限制非法交易该"财产"。将秘密信息归类为"财产"，意味着法庭可以约束被告库克对该信息的使用，即使其用途也许与原告皮博迪并不相近。衡平法院行使管辖权在必要时给予禁令救济，以便对侵犯财产权的行为进行充分和完整的救济。但皮博迪案留下了一个重要的问题：如果秘密信息是财产，那么为什么秘密信息的所有权人没有像其他财产所有权人一样拥有"可对抗公众的专有权利"？

由于对不属于法定专利权或著作权范围的秘密信息的法律保护适用普通法原则，而在普通法中，财产权取决于占有，而占有需要明确的占有行为和意图——将财产置于专属控制之下，并有意图将其供个人使用，因此，秘密信息需要被证明其所有人"占有"它。这也正是皮博迪案的法院所认为的，信息所有者必须"拥有"它。

问题的难点是，一个人如何能够"拥有"一种无形的东西，比如不受物理控制的信息。除此之外，还有其他困难。信息能够被无限复制，每个人都可以在不需要减少其他信息所有者信息的同时，享有它，使用它。一条信息一旦被人知道，就没有办法抹去，因此没有实际的办法可以排除这个人对这条信息的知晓。基于这些原因，排他性在商业秘密保护的情境中似乎显得非常不恰当。

从如上特征和问题可以看出，一个人掌握信息而不让其他人使用的唯一方法就是保守秘密。沿着这个思路，美国联邦上诉巡回法院（United States Court of Appeals for the Federal Circuit，CAFC）解释说，创意和思想就像空中自由的飞鸟或森林中的野兽一样，但一旦它们被猎人捕获，就变成了猎人的俘虏，且它们只属于第一个捕获它们的猎人。与之类比，普通法对思想的保护只有在被捕获和俘虏后，即该思想被限制或控制的情况下，才能得以实现。然而，与野生动物不同的是，同一思想不可能第二次从公共领域中被重新获得。因为，事实上，一旦每个人了解了某项信息后，该信息就失去了其独一无二的特性，从而不再是稀有的"野生动物"。一个创意可以通过"发现"来捕捉，然后通过保密来排除其他人对这个创意的了解与使用。然而，保密需要时刻保持警惕，因为创意是无形的，就像野生动物，有可能会"逃跑"。一旦创意"逃跑"，就返回公共领域，成为公共财产。因此，对保护秘密的环境需要时刻保持警惕，信息一旦泄露了，就回到公共领域，成为公共财产。总之，保密是拥有和使用在信息方面的普通法财产权的必要条件。普通法只保护保密的信息。

信息所有者的法定权利被视为从属于一般法律财产权利。19世纪后期的许多法学家相信，普通法是权利的基础和普遍原则的宝库，与成文法相辅相成。作为普通法原则的应用领域，商业秘密法有很强的权威性。

事实上，一个不保护秘密信息的法律体系是不完整的。成文法只是历史和文化相关的社会政策的表达。因此，著作权法和专利法没有特别的权利要求。它们的权威完全取决于特定立法机构在特定时期的政策选择。直到今天，与普通法财产权的联系依然将商业秘密法置于专利法和著作权法之上。

保护商业秘密这个简单的、以财产为基础的理论有重大的意义。最重要的是，这一理论首次为商业秘密保护和规则提供了理论依据。此外，基于财产属性的理论已经超过了用商业秘密法来解释其他看似不相关的领域，如界定普通法的边界、著作权和隐私权的边界。

以财产为基础的理论回答了皮博迪案留下的问题——为什么商业秘密法不承认可对抗外界的财产权。从财产权的范围来看，这个答案是合乎逻辑的。对抗外界的排他性权利并不等同在秘密信息中界定普通法财产权的事实排他性。一个人唯一能够对抗一个秘密信息所有者对该信息专有权的方法，就是窃取这一秘密。相反，如果信息所有者想实现其对该信息的专有权，那么严格保密是一项必要条件。

是否承担商业秘密的相关法律责任完全取决于被告是否使用了不公平的手段获取信息。独立发明和反向工程完全合法，因为这两种渠道没有跨越秘密的保密性，或违背了其作为他人财产进而在事实上的排他性。一种上市产品将其内容"传达"给公众，任何人都可以从公开的该产品中推断出产品本身和其背后的信息及内容，与免费从任何其他公开的信息中获取没有任何差别。

此外，如果信息接收方承诺对所接收的信息保密，则该信息所有者可以在传递秘密信息的同时，并保持信息的秘密性。毕竟，这是分享秘密，保密是信息所有者继续行使独家控制权的基本意图，也是其分享信息的基本保障。然而，这个相对简单的理论有一个严重的缺陷。它无法识别所有不被允许的获取、使用或披露信息的方式。违反明确的保密义务是很容易的，但在这类案件中，没有就任何关于占有、控制或保密的问题给出明确的答案。

也许正是由于这个原因，即便普通法的财产权理论可以很有权威性，一些法院和法学家依然忽略了财产理论，转而将被告行为的错误性作为责任判定的真正基础。此外，19世纪许多法学家并不把无形的东西视为财产，比如信息。他们也不信服商业秘密的权利不能对抗外界这一观点。

二、商业秘密一般理论的衰落

随着社会学法学的兴起，以及20世纪初期法律现实主义的出现，支持普通法财产权保密信息的一般理论开始失去其控制力。一种新的实证主义和思考方式与工具取代了19世纪后期的自然法和形式主义。这一变化破坏了普通法财产权理论的逻辑——特别是，它声称通过保密形成的排他性隐含着财产权，而且财产权隐含着保护所有者排他性的法律权利。霍姆斯大法官提出了商业秘密法的核心问题，否定了19世纪晚期的财产概念："适用于商标和商业秘密的'财产'一词，是法律对诚实信用这一基本事实的某些次要后果未加分析的表述。被告知道原告是否拥有任何有价值的秘密，无论秘密是什么，都是通过原告的特别信任而获得的。因此，问题的出发点不是财产或正当法律程序，而是被告与原告保持的信赖关系。"

根据这种观点，财产并不是由占有和所有权基本真理的逻辑衍生而成。相反，财产权是由法律实际规定的，并被设计用来服务于社会希望追求的任何目标。这种新的财产观给商业秘密原则带来了问题。在19世纪和20世纪早期，形式主义的财产概念使商业秘密法区别于合同法和普通侵权法成为可能。然而，随着财产基础被剥夺，商业秘密法失去了证明其理论和规范独立于其他法律领域的来源。从那时起，法院和法学家一直在试图填补这一空白。

三、关于商业秘密法效率的争论

关于商业秘密法效率的争论主要是通过两种不同的形式展开的。

1. 第一种观点认为商业秘密法可以促进创新

这种观点来自斯坦福大学法学院马克·莱姆利教授（Mark Lemley），他这种实用主义（pragmatism）兼功利主义（utilitarianism）的观点认为商业秘密具有以下功能。

（1）商业秘密保护是发明的动机

商业秘密法赋予拥有价值信息的人一般专有权，从而使该信息不被竞争对手轻易查明或使用。莱姆利教授明确指出："排他性是知识产权的特征。"

他解释，专利权和著作权都赋予技术开发者和著作权人类似的权利，以防止他人使用新的、有价值的信息。"通过专有权，专利和著作权被普遍认为服务于如下功利目的：授予权利人这种法律控制权，鼓励开发新的、有价值的信息，提供了超过竞争性回报的前景，并只在权利人与想法不同的其他人竞争时才有可能获得回报。专利和著作权可以避免公共产品固定投资不足的风险及问题，因为公共产品的发明成本比模仿他人发明的成本更高。"

他指出，商业秘密也有同样的效果且该逻辑可能同时适用于技术秘密与经营秘密。因为对商业理念的某些保护，有助于确保那些在未经检验的商业模式

第四知识产权——美国商业秘密保护

上冒险的人获得先导优势。的确,商业秘密法中的排他权并非绝对。商业秘密所有者不能起诉独立产生一致想法的人,也不能起诉在公开市场上通过反向工程以了解商业秘密并利用的人。商业秘密只在抢先占有市场或控制相对成本方面提供一定的优势,以最小化或消除竞争风险。

商业秘密法触及了专利法所不能触及的一些角落。商业秘密对其保护对象——有价值信息的定义比专利保护主题的定义要宽泛,例如,保护商业计划、客户名单等不被他人使用。专利法不能保护这类有价值的经营信息。此外,申请专利的发明人必须最迟在18个月后公布他们的申请和技术,然后可能需要2~7年等待美国专利商标局决定是否保护该技术。

商业秘密法也适用于合同法无法顾及的地方。商业秘密法禁止陌生人不正当地获取信息,例如,电脑黑客和其他形式的商业间谍活动。此外,它还将适用范围扩大到合同相对性以外的任何人,即使他们偶然、错误地接触到一个秘密,或者从他人处获得一个秘密,该秘密也极有可能会被商业秘密法所保护。

(2) 商业秘密法可以激励披露信息

莱姆利教授也提出,专利法和著作权法不仅是为了鼓励发明,也是为了促进公开创新成果,鼓励传播知识,尽早使公众受益。他类比说专利法和著作权法以各种方式试图实现这一目的,以此定义了商业秘密法的知识产权法属性。

专利法要求申请人公布其发明创造,并对其发明创造作出足够详细的描述,以使该领域的一般技术人员能够制造和使用该发明创造。因此,一旦在专利申请提交后的20年,专利保护到期时,公众不仅可以自由阅读专利,也可以免费使用。甚至在专利保护期限截止之前,技术人员就可以从披露的专利文件中学习创新的信息和技术,并利用这些信息和技术改进自己发明或围绕专利发明进行设计。因此,很明显,传播新信息而不仅仅是鼓励新发明,还是专利制度的重要目标之一。

著作权法同样以各种方式鼓励信息披露。最初,在美国著作权保护的条件限制是受保护的作品需要出版。随后,即使出版这一限制变得宽松,但注册才可获得著作权保护,是因为政府希望留存受保护的信息和表达的记录。直到今天,受著作权保护的作品还会被要求存放在美国国会图书馆,以可供他人查阅。

乍一看,商业秘密法似乎正朝着相反的方向推进。毕竟,商业秘密法的保护是以保密为条件的。因此,它似乎鼓励保密,或至少鼓励不披露。然而,商业秘密法实际上鼓励更广泛地披露和使用信息,而不是保密。这一目的,通过两种方式来实现。

第一，商业秘密法所提供的法律保护可以替代以物理方式保护秘密的投资。有实证研究认为，在缺乏法律保护秘密的情况下，过度投资对秘密的物理防护是一个严重的问题。支持这一观点的实例可以追溯到遍及西方经济的中世纪时代。然而，对于不适用知识产权保护的产品或行业，该过度投入物理保密的问题仍然存在。最重要的是，限制业务伙伴或新员工之间的信息流动虽然可以达到保密的目的，抑制信息公开，但减缓了发明的商业化进程和改善发明的机会，进而干扰了知识产权法促进创新的作用。

第二，作为加强物理保护和合同限制的商业秘密法，使得企业可以强行阻止竞争对手获取它的信息。在此过程中，商业秘密法鼓励在信赖关系下对特定对象披露信息，例如员工、投资人和其他合作伙伴。否则，企业不愿分享信息，以免失去所追求的竞争优势。

当然，商业秘密法仍然鼓励一定程度的保密。因此，企业可以创造出一个自由开放自己发明的世界，也许这是最理想的。但是，现有的实证证据表明，这不太有可能成为现实。虽然没有商业秘密保护的世界倒是有可能出现，但商业秘密的法律保护减少，会增加创新公司对自己成果的物理保护投资，反驳了这样一种可能性。

2. 第二种观点认为，商业秘密法虽然降低了在发现和保护秘密方面的私人投资水平，但增加了转移知识的相关交易成本

基于激励理论而使用和保护知识产权，是当今商业秘密文献中最常被引用的论点之一。它也被认定为知识产权的普遍和最主要的经济意义。基于激励理论的论点集中在公开信息的公共物品特性上。由于创新者很难将他人排除在他对创造成果的权利之外，并且市场在提供创造信息的激励方面做得很差，一旦一项创新成果被公开，其他人就可能以远低于创新者所投入固定成本的成本复制并出售它。换句话说，复制者可以免费搭乘创造者投资的"便车"。如果潜在的创新者可以预见到这一点，那么他们就不愿意进行创新活动。

得克萨斯大学法学教授罗伯特·博恩（Robert Bone）指出，解决这个问题的一个办法是给予创新者排除他人在外的合法权利，例如专利法和著作权法所赋予的权利。拥有法律上可强制执行的排他性权利，以防止复制；或者，在专利保护的情况下独立创新，但专利持有人可以强迫其他创新者为使用他们的创新技术付费，从而收回创新过程中的固定成本。然而，博恩教授也指出为了避免由排他性而产生过度收益，进而提高社会成本，这些权利必须被限制。

若对专有权不加以限制，上述过度收益会提高相互关联的以下四项私营成本或社会成本：①垄断价格对消费者所造成的无谓损失；②无法利用他人前期的工作成果而重复工作，进而增加的未来创新成本；③为保护排他性权利所增加的行政和执法成本；④造成高交易成本。

关于这样的论点，博恩教授套用了著作权与专利权的法经济学原理进行了解释。专有权赋予创作人对其成果享有合法的垄断权。"如果一项信息没有替代品，合法的专有权就会促就很高的垄断价格，从而对市场和消费者造成无谓损失。"这种非竞争性特征意味着，以所创造的信息为条件，如想实现在不损害任何人收益的情况下提升部分人的收益，通常可以较低的、复制信息的边际成本向每个人提供该信息。

创新信息中的垄断产生了另一种社会成本，并与创造力是需要累积的这一事实相关。在一个系统中，创作者在创作新作品时会以自己或他人过去的作品或技术为基础。然而，由于存在专有权利，创作者必须获得对以前作品的许可。许可增加了成本，反过来抑制了创造的动机。除了垄断价格的存在和未来创造成本的增加外，专属法律权利也产生行政和执行成本。

最后，专有权只有在创新者从事市场交易，比如销售产品或授权许可时，才能给创新者带来经济回报。然而，所有的交易都会产生交易成本，任何效率分析也必须考虑这些成本。

这样分析下来，知识产权保护的激励作用效果确实不错。只要一家企业期望从秘密信息中获得潜在的经济回报，可以借助于商业秘密法。其有效性应该可以通过减少搭便车的有害影响，来提高实际获得回报的可能性。

此外，商业秘密法鼓励有效地分享秘密，保护企业秘密不被员工和在商业化该秘密环节的其他人泄露。这一论点之所以具有说服力，仅仅是因为它忽略了商业秘密运作更广泛的社会背景。这一社会背景包括法律，如专利法、著作权法、商标法、合同法、侵权法和刑法等。这些法律已经为信息所有者提供了实质性的安全保障。这一社会背景还包括非法律机制，如领先市场和学习曲线优势。这些经济管理学效应也有助于克服搭便车问题。

接下来的问题是，商业秘密法在多大程度上强化了创新动机？代价又是什么？

迄今为止，对这个问题最广泛的分析出现在1991年大卫·弗里德曼（David Friedman）、威廉·兰德斯（William Landes）和理查德·波斯纳（Richard Posner）发表的一篇文章中。弗里德曼等人认为，商业秘密法是对现行法律的有益补充，因为它允许发明者通过自己的发明，更大程度内部化社会利益。

弗里德曼等人的论点对于两类发明是有说服力的。一类是，符合专利主题要求的发明，但需要比专利保护期限更长的时间来重新发明或进行反向工程；另一类是，不具备可专利主题的发明，也需要很长的时间来重新发明或反向工程。在这两类发明中，发明人希望保持发明的秘密性，并在这一过程中获得可观的回报。在第一类发明中，商业秘密法给了发明人机会，用以证明他们的发明比专利法所认定可受专利保护的发明更有价值。在第二类发明中，若发明人可以通过保密获得商业成功，则表明，该发明也许表面上看不具备非显而易见性，但实际上，却理应获得专利。通过理论与多项实证研究，多个学者都表示，只有依靠商业秘密法，发明者才有可能就其花了很长时间进行秘密发明，得到接近于符合理想的经济回报。

然而，博恩教授指出："弗里德曼等人的观点夸大了商业秘密的好处，低估了商业秘密的成本。"他认为，正确评估激励效果的方法是：考虑一项行为对潜在投资者决定是否投资和投资多少的影响。在商业秘密和专利之间作出选择，会使发明者能够更多地内化其发明的社会价值。更有价值的选择必然会内化更多发明的价值，否则该发明也不会变得更有经济价值。然而，保护信息的经济目标并非尽可能地内化社会价值。相反地，最好的办法是，以信息被创造出来为条件，广泛地传播它。这样做不仅是因为它会严重削弱产生的信息数量，而且政策的经济目标是使足够的社会价值内在化，以便未来的发明者能够在考虑社会成本的情况下最优化地投资于创造性活动。

四、关于间接费用和交易费用的争论

莱姆利、博恩等一些法学家维护商业秘密法，并不是因为它对创新动机的有益影响，而是它对间接成本和交易成本的有益影响。这些间接成本包括窃取秘密信息、防止盗窃以及将信息传递给其他用户所产生的成本。这些法学家认为，在没有商业秘密法的情况下，企业会投入大量资金采取物理措施，保护它们宝贵的秘密不被泄露。一些物理措施相对便宜，例如，围栏或通行证，但其他的就相对更昂贵些了，例如，防火墙和监控系统。

博恩教授解释说，商业秘密法的存在提高了盗窃商业秘密的预期成本，从而降低了个人对盗窃商业秘密的投入。较低的盗窃风险导致商业秘密所有者在保护措施上投入较少，从而降低了他们的间接成本。此外，盗窃成本的增加鼓励企业转向许可证制度。只要许可他人在保密关系下使用信息的成本低于偷窃，信息的交易成本也会降低。

他的这一论点借用了20世纪90年代兴起的有关盗窃犯罪的法经济学原理。这一原理要根本解决的问题是，如果盗窃行为的结果是将物品转移给对它价值认定更高的用户，为什么应该禁止盗窃行为。博恩教授找出的答案是，盗窃是一种特别昂贵的转移机制，因为它会诱发预防性支出，从而造成浪费。遭受盗窃的风险促使财产权所有人投资于安全防范措施，从而产生一个不合理的反馈回路：一方面，小偷投资更多用以规避附加的防范措施；另一方面，这反过来又鼓励财产权所有人增加对安全措施的投资，附加更多的防范措施。禁止盗窃减少了这些社会层面的浪费，并鼓励使用市场合法交易这种成本较低的物品转移机制。

然而，无论这一论点对有形财产有何影响，包括博恩在内的法学家们也已意识到，用它来解释盗用商业秘密的问题是不完善的。原因在于这一原理中忽略了执法成本，低估了许可证的交易成本。在涉及机密信息时，这两项成本都可能特别高。也正是因为如此辩证的论证，博恩教授在20世纪90年代末的如上解释在10年后获得莱姆利教授的再度认可，并至今已被广泛接受。

关于商业秘密保护的执法成本，博恩教授也曾具体解释道，由于诉讼费用高昂，只有在商业秘密法的总间接费用和执行费用低于不使用商业秘密，从而省去间接费用时，商业秘密法才有效率。根据最经典可靠的1996年美国工业安全协会（American Society for Industrial Security，ASIS，于2002年更名为ASIS International）所进行的研究和其他现有的实证证据，商业秘密盗窃是一个严重的问题，且商业秘密诉讼比较常见。这样的发现和观点在美国得到了广泛的支持。

因此，商业秘密法以侦查和诉讼费用的形式提高了潜在的高额执法成本。此外，商业秘密法在减少对盗窃和预防盗窃的投资方面存在有益效果。但是，这些效果很可能会被后期商业秘密以专利申请形式披露后所面临的专利审查困难冲淡。因此，并不能保证商业秘密法将改善社会福利。

关于交易成本，博恩教授也解释说，商业秘密法鼓励企业通过授权而不是盗窃获取秘密信息。如果授权获取秘密信息的成本低于盗窃，则可以减少社会成本。遗憾的是，商业秘密法的这种好处可能很小，因为商业秘密许可的成本通常很高。

关于雇员使用信息并向第三方披露的问题，商业秘密法可以降低成本的论点颇有说服力。因为在没有商业秘密法的情况下，物理保护成本高，但对商业秘密盗用的侦查相对容易，诉讼成功率高，诉讼成本低。最符合这种情况的案件是，针对离开雇主创立竞争性企业或加入竞争对手企业的离职雇员的诉讼。

总而言之，以降低成本为由提供法律保护的最有力案例——雇员创业——已经由合同法处理了。在员工泄密的其他案件中，对持有秘密的公司提供商业秘密补救措施可能有好处。

五、关于中间研究成果和非技术信息的争论

商业秘密法可以在保护非技术信息和中间研究成果两个领域作为专利法的补充。非技术信息包括市场研究、长期商业计划和客户信息。在这些情况下，何时申请专利保护都是一个假命题，因为专利法并不保护这类信息。

关于中间科研成果，假设一家企业正在进行的研究项目产生了一系列的中间结果，该项目的最终成果有很高概率可以获得专利保护。该企业虽然可以利用专利法来保护其创新的中间结果，但是在这期间申请专利费用高昂。在这种情况下，依赖商业秘密法的保护可以使企业在不损害专利制度激励机制的情况下，降低专利制度的社会成本。根据这种观点，商业秘密法补充了专利法，企业仍然可以使用专利法来保护自己的最终研究成果，依靠商业秘密法来保护中间结果。

六、关于权利与公平的争论——隐私权

博恩教授曾指出，权利与公平的争论焦点，不是关于增加福利或经济成本，而是对商业秘密所有者的损害。特别是，不能仅仅因为会增加整体社会成本，而提升或限制对权利的保护，并成为剥夺他人享有自己公平份额的理由。学界认为，这样的问题不仅仅是经济问题，也应该引起有关道德方面的关注。

关于权利，博恩曾在20世纪90年代末表示，保护商业秘密最常引用的论点集中在隐私问题上。这一论点假设，当竞争对手获取秘密信息时，信息所有者的隐私权被侵犯，且该权利变得不确定。

隐私权的争论是基于普林斯顿大学教授金·莱恩·谢佩尔（Kim Lane Scheppele）于20世纪70年代时提出的这样一种观念，即人们有权不受某些未经同意却对其私生活的侵害。重要的是，要明确这里所涉及的权利是道德上的，而不是法律上的。由于隐私权需要证明合法权利的正当性，因此，必须独立于这些权利而存在。

如果信息是秘密的，那么它就可被认为是隐私，也是隐私权的正当保护对象。然而，企业对隐私权的主张有些令人困惑。企业作为最常见的商业秘密案件原告，既不具备个人自主的属性，也不具备创造和保有亲密关系的能力。而这些往往却被认为是证明隐私索赔的重要因素。此外，商业秘密不符合一般认识上的隐私。

技术或商业秘密不是常见的私密信息，比如日记或情书。事实上，关于商业秘密是隐私的争论有三种反对意见：第一，与普通的财产权和人身权不同，精神上的隐私权是否存在，这一点并不清楚。第二，即使存在这种权利，也不清楚它是否与企业实体有关。第三，即使隐私权可以附属于企业实体，但是否包括商业环境中的商业秘密，值得怀疑。

关于隐私权是否存在，仅仅进行保密不足以支持，且该观点在哲学界和法学界引起了激烈的争论，尤其是在哲学层面。持否定态度的人认为，隐私权的所有或大部分重要利益都包含在其他权利中，如人身权利和财产权利，而隐私权仅是这些具体权利的衍生物。基于这种观点，盗用商业秘密并非侵犯了隐私权，而是侵犯了其他权利，如防止被侵占或欺诈的权利。博恩教授早在20世纪90年代就指出，这才是对大部分商业秘密法的准确描述。多数商业秘密案件涉及违反基于信赖关系的保密义务，或违反与隐私权无关的独立法律规范。

然而，对一些捍卫隐私权的哲学家们来说，隐私权是人格权的一部分。它意味着尊重能够制订连贯人生计划的自主、理性的行为，或者承认人们有权选择爱和关怀这些情感依赖。还有一些哲学家与法学家认为，隐私权是促进亲密关系的正当手段，比如友谊和爱情，有道德价值。

关于企业能不能成为隐私权利者这一问题，企业与人不同，不存在与隐私有关的私密关系与感情。因此，大多数法院和法学家拒绝给予企业合法的隐私权。他们认为，企业不会因为被冒犯或侵权而明显感到情感上的痛苦，或羞辱。这些强有力的立法与司法理论论据反对承认企业有道德上的隐私权。

关于经营信息是否属于隐私权利范围的问题，有声音质疑商业秘密法是否能基于隐私保护，为保护商业秘密而构架起合理的理由。隐私权的大多数支持者都将商业秘密权与关乎道德的亲密关系（intimacy）联系起来。但是，受商业秘密法保护的商业或者技术信息不属于这一类。

除了隐私权之外，博恩曾认为，最有希望支持道德上保密权的理由是，保密对个人自治（personal autonomy）的重要性，特别是，对个人制订和实施涉及不可预测的人生计划的自由。但是，这个理由无法适用于商业秘密。这与它在隐私方面失败的原因一样：企业不能直接或间接地主张义务自主权。因此，企业主张保密存在广泛的道德权利是没有根据的。

七、关于权利与公平的争论——围绕契约论论点的争论

包括弗里德曼等人在内的很多法学家认为，关于公平最合理的论点是契约主义（contractarian）。它假设了人们讨价还价的情景，并认为在这样的情况下，人们会认同商业秘密法的各种规则。讨价还价的契约主义论证形式在道德哲学和政治哲学中都很常见。所有契约主义论证形式都有相同的两部分结构：第一阶段，限定谈判的初始条件；第二阶段，期望证明在特定条件下虚拟讨价还价的结果可以被证明是合理的。

首先，依据对契约主义的效率分析，弗里德曼等人证明了反向工程的合法性。他们认为，即使企业能够提前讨价还价，所有企业仍然都会同意反向工程不侵犯商业秘密法下的权益。通过反向工程，企业能够学习，并将自己的创新成果建立在竞争对手的秘密之上。尽管反向工程被他人学习可能会泄露商业秘密，但这种风险成本并不太高昂。反向工程通常需要花费相当多的时间和精力。这就保证了秘密持有人大大领先于竞争对手的局面，从而降低了竞争对手搭便车所占的便宜。

其次，关于公平的契约主义，有一些形式的契约主义论证不仅考虑了效率或效能，而且被用来建立特定原则或规则的公平性。薛比勒教授在《法律秘密》一书中，提出了迄今为止最全面的商业秘密法律契约理论。她认为，契约主义很难成为现行商业秘密法的目的，而是建立一个能与市场竞争理论相抗衡的道德理论。通常，这些理论根据假设的情况讨价还价，不考虑现实中谈判代理人的知识水平，从而消除狭隘的围绕自我利益的偏见，并创造条件，认为最重要的道德标准是公正的选择思想。但是，在这种理想化的谈判情况下，谈判代理人缺乏选择有效规则所必需的成本和收益信息。

为反驳薛比勒教授，博恩教授指出，她的观点在契约主义逻辑下存在两个问题。第一，她没有充分解释，为什么谈判代理人会选择她所提倡的与道德相关的特定原则和规则。第二，更深入的问题是，为什么现实世界中的人们需要并应该注意不反映他们实际喜好的讨价还价过程的结果。

由于存在这些问题，博恩教授率先指出，商业秘密法的正当理由除非臣服于效率理论，否则，在这种情况下，它不能证明实际的商业秘密规则除了合同，就保密的道德义务，给出令人信服的解释。

然而，法院在引用商业秘密法时还有一个常见的支持理由：它是维护"商业道德标准"的有效工具。但是，法官从未精确定义过"商业道德标准"。尽管如此，仍有不少法学家认为，商业秘密法有可能作为一种执行行业非正式规范的法律机制在发挥作用。

为反驳这一论点，博恩教授曾指出，这个论点有两个问题。首先，它的内容和对象具有局限性。它只适用于那些现实中已被接受的道德规范。因此，所有的企业不需要明确地同意这些规范。其次，它对分析问题的意义有限。一个行业规范之所以存在，必须是一个相对稳定的行业均衡的一部分。即使行业出现不均衡或打破行业规范的情况，相关企业往往也会遭到业内非正式的非法制裁。

八、其他关于权利和公平的理论

其他关于权利和公平的理论有时也被用来为知识产权辩护，但没有一个理论完全符合商业秘密法，这些观点已在20世纪90年代末期被博恩教授反驳，并广受认同。第一个论点是洛克劳动沙漠理论（Lockean "labor-desert" Theory）。该理论认为，法律应该支持自然权利，劳动者应该可以控制自己的劳动成果。这个理论关注的是劳动者的劳力投资，并反对任何人未经同意、索取他人劳动成果的合法权利。第二个论点是在利益分配中，基于互惠的不当得利理论。这一理论侧重于利益是如何分配的，特别是占有者是否可能贡献出与所占有物大致相同的价值。博恩教授解释说，这两个理论的问题在于，它们无法解释商业秘密法的两个基本特征：要求保密，以及关注信息盗用。这两个理论没有关注特定的秘密信息，或者限定信息的获得手段与途径。

总的来说，商业秘密法的关键问题一直是并将继续是：为什么要对秘密信息给予法律保护？

在过去的长达一个多世纪中，商业秘密保护的理论依据和规范基础一直困扰着法院和学者们。商业秘密法有相对保密的要求，及其对被告获取信息（即侵犯）渠道的限定。这些独特的要求已经证明，学界很难就商业秘密法的理论依据及其在现有法律学说中的地位达成一致。即便如此，大家就现有的理论还未找到令人满意的替代品。最符合的就是莱姆利教授与博恩教授所支持的知识产权理论与法经济学理论了。

第二章　商业秘密法的知识产权法属性

美国商业秘密法和其他知识产权法一样,是经过相当长历史形成的结果。从 1939 年《侵权法重述(第一次)》,到 1979 年公布《统一商业秘密法》(*Uniform Trade Secrets Act*, UTSA),1996 年《经济间谍法》(*Economic Espionage Act*, EEA),再到 2016 年颁布的《保护商业秘密法》(*Defend Trade Secrets Act*, DTSA)。在这个法律发展的进程中,通过各界的学术探讨及司法实践,现在已经确定了商业秘密法的知识产权法属性。

第一节　商业秘密的组成要素

一、回顾发展路径

在 1868 年的皮博迪案中,格雷大法官赋予了商业秘密财产的性质,承认了商业秘密法在财产法、合同法和侵权法中的基础,并将它与这些法律区别开来,形成了单独的法律领域。19 世纪和 20 世纪初,形式主义的财产概念使商业秘密法独立于合同法和侵权法。然而,霍姆斯大法官在杜邦案中否定了 19 世纪末的财产概念,并认为商业秘密保护是基于保密关系而存在的。实际上,早期,不同法院对商业秘密保护的法律基础采取了完全不同的看法。就具体的问题而言,商业秘密的定义是一个有趣而复杂的问题。

19 世纪,随着工业化的兴起,商业秘密法是在各州普通法基础上发展起来的。1939 年的《侵权法重述(第一次)》将商业秘密定义为:"任何在业务中使用的公式、模式、手段或信息汇编,使一个人有机会相较不知道或不使用它的竞争对手获得优势。这些信息必须是秘密的,行业中的公共知识或一般知识不能被视为一个人的秘密。"这一对商业秘密的定义被多个州法院和联邦法院接受,并广泛应用在早期法院对涉及商业秘密问题的裁决中。然而,随着时间的推移，法院在类似事实案件中的推理和结果开始出现分歧。1979年，美国统一法律委员会公布了UTSA。UTSA纳入主要普通法原则，填补法院留下的空白，"第一次全面地"制定了商业秘密保护法。UTSA侧重于信息保护，并扩展了商业秘密的定义，包括程序、方法、技术和过程等信息类型，还保护具有潜在价值或实际价值的信息，并取消了持有人在业务中持续使用商业秘密的要求。1995年，美国法学会发布了《不正当竞争法》，总结了商业秘密的普通法。1996年的EEA将窃取商业秘密归结到联邦的刑法范畴，2016年DTSA的出台，为窃取商业秘密确立了联邦主体的管辖范围，成为"自1946年《兰哈姆法案》以来在知识产权中最重要的联邦法律扩张"。

二、保护的四大要素

从商业秘密法演变过程中对商业秘密定义的变化，可以看出构成商业秘密的条件有以下四个方面。

第一，商业秘密必须是"信息"。这一要求涉及的范围甚广，也是商业秘密保护的主要好处之一。专利权仅限于技术领域的发明创造，著作权只保护对创意的特定表达，它们都不保护创意本身。但是，商业秘密法延伸到了技术和非技术信息、表达、创意和事实，涵盖了客户和供应商名单、财务信息、做生意的方法、未来市场营销与销售和产品计划，甚至包括员工姓名、工作职责和电话号码。

通过比较UTSA和《侵权法重述（第一次）》可以看出，UTSA扩展了信息的范畴，将信息扩展到程序、方法、技术和工艺等信息类型。

1996年美国国会颁布的EEA对商业秘密信息范畴本身更为宽泛："金融、商业、科学、技术、经济或工程信息的所有形式和类型，包括模式、计划、分析、程序设备（program devices）、公式、设计、原型、方法、技术、工艺、工序、程序或代码，无论是有形的还是无形的，以及是否或如何在物理上、电子上、图形上、照片上存储、编译或纪念。（A）拥有人已采取合理措施保守该等资料；及（B）这些资料的实际或潜在经济价值是独立的……不为公共所知，也不容易通过适当手段加以确定"。

2016年的DTSA将商业秘密的信息定义为："所有形式和类型的金融、商业、科学、技术、经济或工程信息，包括模式、计划、汇编、程序设备（program devices）、公式、设计、原型、方法、技术、工艺、工序、程序或代码，无论是有形的还是无形的，无论是以物理的、电子的、图形的、摄影的或书面的方式存储、汇编或记录的，或如何存储、汇编或记录的。"

从这些变化可以看出，随着社会经济的发展，立法者对商业秘密信息认识越来越深入。每次法律的修改对其范畴定义得越来越宽泛，也越来越全面。

第二，商业秘密必须具有"独立的经济价值"。"经济价值"要求信息具有某种实际或潜在的商业价值。这样价值的信息至少应该能够为信息所有者提供相对于其竞争者的潜在经济优势。这一经济优势如何可以实现呢？商业秘密法既没有像专利法那样，对于新颖性或创造性的信息进行审查，也没有像著作权法那样，对于原创性的信息进行审查。如果一项信息能够使产品的制造过程更容易或价格更便宜，使产品对消费者更具吸引力或者有助于锁定潜在的消费者，那么这项信息就能够被视为可增加经济价值。

第三，商业秘密所保护的信息必须是秘密的。公共知识和一般为众人所知的信息无法构成商业秘密。"一般不为众人所知的信息"的要求是指，将一个行业内一般人知道的信息排除在商业秘密保护范围之外。专利法给予的排他性专属权要求，所保护的信息必须披露。由于商业秘密法并不授予商业秘密的保护主体排他性专属权，因此，商业秘密信息必须是保密的。但是，商业秘密法不干涉他人通过反向工程和独立开发的方式获取保密信息。保密的标准是，受保护的信息既不被其他人所普遍知晓，也不能通过适当手段随时查明。故通过商业秘密的保护，秘密信息的所有者可以从信息的披露或使用中获得经济价值。

第四，受商业秘密法保护的信息必须"经过合理的保密努力"。商业秘密的价值性和秘密性确定了信息保密需要合理的保护措施，从而才能纳入商业秘密法保护的范畴。在实际问题中，采取实质的保护措施是至关重要的。在众多商业秘密纠纷中，商业秘密所有者为保守秘密而付出的努力是诉讼争议的关键焦点之一。因此，高价值商业秘密的所有者通常会采取许多自我保护措施，包括与雇员或合作对象签署保密协议，在面谈、展示信息或产品的实体区域加设进出限制和加强安保以及使用特定的信息处理程序。

技术信息所有者需要证明所持有的信息是商业秘密，除了要确保其所拥有的技术信息是符合第一个条件的保护主题，也必须证明该信息满足第二个、第三个、第四个条件。这四个条件构成了商业秘密法保护的组成要素。

在 UTSA 和《侵权法重述（第一次）》中，商业秘密的定义在引用中的一个区别是，UTSA 不要求持续使用该信息。换言之，持续使用保密信息并不是商业秘密的必要组成要素之一。这就意味着第二代产品技术信息和储备技术信息可以是商业秘密。

第二节　商业秘密法的知识产权法属性

一、财产权等其他理论的缺陷

格雷大法官在皮博迪案中赋予了商业秘密的财产属性，使商业秘密法最接近成为将信息指定为财产的法律。事实上，有些案件明确称商业秘密为财产。然而，公认的观点并没有这样看待商业秘密。如霍姆斯大法官在杜邦案中否认了商业秘密的财产属性，进而提出了责任关系理论。这之后，各种学说在商业秘密的法理领域持续争论了多年。

作为一个认识论层面的问题，信息的内在特性，使其实在难以完美地落入财产权的范畴。首先，财产需要独立存在。然而，信息却不以有形的实体形式存在。当然，它可以某种有形的形式表现出来，但是，仅仅是把它记录在一种媒介中，并不能改变它本质上无形的特征。这种无形的特性使人们难以准确限定信息的含义，并难以具体说明哪些类型的信息会受到财产权益的影响。其次，信息本质上是"易泄露"的。它可以被许多人极容易地交流、分享及无限复制。因此，除非其发现者或持有者保密，否则，信息很难有任何其他的排他方式。同时，人们不习惯把信息看作一种财产。如果一个法律体系在某些原始信息中强制使用私有财产权保护原则，那么将难以说服民众接受这一概念，并且在管理新的财产权制度方面，也可能面临巨大的问题。但信息的无形性本身并不能使其丧失受保护的资格。例如，在专利法和著作权法中，一旦创作成果满足了某些要求，就在这些成果的某些无形方面承认了它们所有者的排他性权利。

那么商业秘密法是一条变色龙吗？能够根据环境的不同，变化多端地表现为财产权、准财产权还是保密义务？商业秘密法在实践中非常混沌。仅保护商业秘密需要满足"保密"这一要求，就令人非常困惑、难以捉摸。有时，它意味着一般人不知道；而在其他时候，它意味着受到保护的信息不易被他人确定。这样看来商业秘密法这部法律本身就像是个谜。一直到20世纪中后期，美国法院和法学家们都一直努力想弄清楚为什么要保护商业秘密。

第二章 商业秘密法的知识产权法属性

令人困惑的不只是无法准确理解商业秘密法所涵盖的内容，而且人们也比较难在商业秘密法的基本原则框架上达成一致。虽然学者们时不时地对商业秘密法的法律目的产生分歧，而且在将近一个世纪的时间里，他们似乎一致认为，盗用商业秘密是一件不好的行为，应该受到法律的惩罚，但这是一个理论上的难题：似乎没有人能够就商业秘密法的来源，或如何将其纳入更广泛的法律原则框架的问题达成一致。法官、律师和学者一直在争论，商业秘密是否是合同法、侵权法、财产法甚至是刑法的产物。这些不同的理由都未被证明具有完全的说服力。更糟糕的是，这些有分歧的理论导致了人们处理商业秘密问题的不一致，以及对商业秘密法律与其他法律适用关系之间的不确定性。

二、现代商业秘密法理论

对商业秘密的法律保护主要基于两种只是部分互补的理论。第一个是功利主义。根据这种观点，防止专有信息被盗可以鼓励对这类信息的投入。这个观点有时与商业秘密是一种形式的财产有关。第二种理论强调对不法行为的威慑作用（deterrence effects），有时被称为侵权理论。这里商业秘密法的目的是惩罚和防止违法行为，甚至是维护合理的商业行为标准。

了解美国学术界所探究的商业秘密法的作用和存在基础，也许可以为我们解开这个谜底。

（1）商业秘密法的第一个作用：鼓励发明

关于这个作用，第一章第四节"关于商业秘密法效率的争论"部分已经讨论过了。商业秘密法赋予拥有价值信息的人一般不被竞争对手所知或不易被竞争对手查明的专有权。专利法和著作权法也会赋予创新者类似的权利。通过这种专有权，信息开发者限制他人免费使用同一信息，进而可以在市场中获得垄断利润或可期待获得垄断利润。即使该信息的竞争力有限，技术垄断能力有限，但依然可以为开发者在市场中提供足够的时间领先优势。虽然商业秘密法下的专有权是有局限的，不能限制他人通过独立创新或反向工程而获取该信息，但其他知识产权在保护创新对象的时候也存在一定的局限。商业秘密法和其他知识产权法一样，只要通过专有权所收获的利益可以支付创新成本，就可以达到促进创新目的。

（2）商业秘密法的第二个作用：鼓励信息披露

作为知识产权存在的专利和著作权并不仅是为了鼓励创新，还有其第二个目的，也是比鼓励创新更重要的一个目的——传播知识，确保公众可以从新发明中获益。当然，这也和鼓励创新这一作用息息相关。

从表面上看，商业秘密法所要求的保密似乎与披露信息有所冲突。然而，商业秘密法是鼓励信息披露和使用，而并不是绝对保密。关于这一逻辑，莱姆利教授曾作出最有说服力的解释。一方面，商业秘密法提供的法律保护，在一定程度可以取代企业需要的严格物理保密，从而避免企业在物理保密上进行过度投资。另一方面，商业秘密法可以部分解决肯尼斯·阿罗（Kenneth Arrow）提出的"信息悖论"。阿罗的"信息悖论"是指，在没有任何法律保护的情况下，一个潜在有价值的秘密所有者将很难把秘密卖给能更有效地利用的人。为了出售一条信息，信息所有人将不得不向买方披露该信息，让买方对它进行评估。然而，不受法律保护的披露自然会破坏了其内在价值。因此，需要商业秘密法对定向的、有条件的信息披露进行保护。

商业秘密法中最重要的一个条件就是保密要求。商业秘密诉讼的原告需要证明他们拥有的信息是真正的秘密。如果原告自己不能证明该信息是秘密的话，那么也就无法获得任何法律保护。商业秘密法在保护信息时的保密要求应该先于侵权行为。也就是说，当原告控告被告人使用其信息时，如果无法证明信息是秘密的，那么就不应该因被告的行为不当、属于侵权行为（或任何其他普通法形式）来绕过这一要求。这并不意味着商业秘密法优先于其他州法或普通法。换个角度来看，将商业秘密视为知识产权而非不正当竞争侵权的一个重要好处是，保密要求把法律调查的重点放在原告是否拥有知识产权上。

综合来看，莱姆利教授的论证非常有力，商业秘密就是一种知识产权。同时，知识产权这个词汇本身，也逐渐发展为一种用于描述离散法律理论的伞形术语，包含专利、著作权、商标以及越来越多地适用于不同种类的商业秘密。

三、与其他知识产权类型相结合

商业秘密法与专利法和著作权法的目的相同——鼓励创新以及创新成果的披露和传播，即不同的知识产权类型会使用不同的方式达到这些目的。商业秘密法减少了创新者在保密方面的投资，鼓励他们将秘密信息或知识有条件地传播给更多能够有效利用该信息或知识的人。

在阐述商业秘密的特点时，莱姆利教授就曾指出，商业秘密权利可能对于某些类别的发明来说，比正式的知识产权例如专利和著作权，更有助于实现知识产权法的目的。专利制度的公开披露功能在大多数行业并不起作用，公开并不能实现有效的知识传播。即使发明者退出了专利制度，也根本不起作用。专利法和著作权法没有全面保护信息的一个相关原因是，这些法律可以保护信息的不同部分或不同存在方式。例如，著作权法保护的是作品的"表达"，而不是包含在作品中的事实。

商业秘密法为使用专利和严格保密之间的地带提供了保护。莱姆利教授曾总结了知识产权法主要保护的三种不同类型的发明。第一种是不能隐藏发明内容的，一旦披露它就会被广泛使用（例如，回形针的设计）；第二种是不能通过直接评估产品来辨别发明内容的（例如，可口可乐的配方）；第三种是，虽然可以通过对产品进行评估来识别发明内容，但是识别过程非常困难，例如，软件源代码，从销售提供给客户的目标代码中看不出来，但是可以通过反向工程被识别出。

他解释说，若一个法律系统只有专利法却没有商业秘密法，那么拥有第一类发明的企业会倾向于依赖专利保护。如果没有专利法，它们就比较无助。它们最好的选择可能是出售回形针，并希望从品牌知名度中获得一些利润。

相比之下，拥有第二类发明的企业——那些开发出不易直接观察出的发明的企业，如化学工艺和某些配方，如果没有法律保护，很可能决定严格对发明保密。商业秘密法和它的保密要求为第二类企业提供保护，而不是第一类企业。因此，商业秘密法确保了在发明者可能选择过度保密的情况下为其提供法律保护，但并不会对企业在没有保密措施的情况下对其发明进行过度保护。

那么，是否存在夹在中间的发明呢？莱姆利教授也作了解释，那就是第三类发明了。拥有第三类发明的企业为了避免过失泄露秘密，会在使用商业秘密或专利策略之间进行慎重选择。这也是商业秘密法对权利范围的限制造成的，尤其是这个权利明确地无法对抗独立开发和反向工程的情况。

总的来说，商业秘密法有助于为非常依赖保密的人和企业提供法律保护，并鼓励在保密的情况下进行有条件的披露，同时也不需要取代专利法，成为保护自我披露发明的一种手段。换句话说，保密要求将特定的发明者引导到最能实现保密兼披露的知识产权保护形式中。

四、知识产权理论对其他理论的包容

商业秘密法要求权利人对保护对象作出保护的合理努力。通过莱姆利教授的论证，虽然这一要求可能源于传统侵权概念中的共同过失，但最终靠拢于知识产权领域。根据这项规定，如果原告本人存在过失，则不得给予其相关救济。然而，虽然信息是秘密的相关证据在引导商业秘密保护方面起着关键作用，但只有那些经法律确认的发明才是商业秘密保护的关键。因此，即使某些商业秘密所有者采取合理努力对信息进行保密，也不一定能获得保护。

莱姆利教授还指出，商业秘密法作为知识产权法理论的另一层含义是，在有限的排他性权利之上签署各类合作合同。将商业秘密视为知识产权，通过强调商业秘密法律服务的政策目的，使利益相互冲突的群体可以在该法律框架下为实现合作，而有限地调整权利范围。至于如何调整，要回应的一个问题是：商业秘密规则是否是当事人可以约定的默认规则，还是法院所不应允许当事人破坏的政策判决。在著作权法中也有类似的争论，尽管反向工程在大多数著作权规则下是合法的，但法院对于当事人是否可以签订合同阻止软件反向工程的问题存在分歧。

整体来说，经过莱姆利教授的论证，美国法学界已普遍认同，商业秘密法的理论基础与其他知识产权法的理论基础大体是一致的。它的基本特征与其他知识产权法的目标和框架非常吻合。因此，即使商业秘密法曾经是各州普通法的分权产物，也最好不要将其理解为现有普通法原则的应用或扩展，而是作为知识产权权利，成为被企业普遍使用的一项重要知识产权战略。

此外，把商业秘密理解为知识产权，可以让它在鼓励创新的社会政策中占据一席之地。这一理解也促使我们不断思考这些权利的意义和合理性，应如何设计和使用这些权利以及商业秘密法如何与其他法律相互作用并产生重要意义。比较令人惊讶的是，实证研究多次显示，商业秘密保护的影响是给竞争对手和离职员工提供了更大而不是更小的自由度。即便如此，企业执行商业秘密保护既有成本，也有收益，就像行使所有的知识产权一样，很难知道是否能做到收支平衡。

第三节 商业秘密法与专利法的关系

商业秘密法与专利法都隶属于知识产权法体系。无论从何种战略思考出发，企业对这两者的态度要么是二选一，要么是二者的结合。

专利法保护满足具备实用性、创造性和新颖性的发明创造，并对申请人提出各种披露要求。专利法虽最早并不起源于美国，但自在美国出现以来，在美国法律中发挥了重要作用。除了宪法为专利法提供依据，国会也颁布了专利法成文法，为执法、司法部门提供具体的法律依据。相反，商业秘密法在很大程度上是英美国家19世纪的产物，是从相关的普通法（如侵权法、不正当竞争法）中演变而来的。

一、专利法的发展之路

专利法是知识产权制度的前沿。美国专利法以实用主义和功利主义的框架为模型，创造了有界限的垄断权利，鼓励生产法定类别发明（即，工艺、机器、制造或制品以及相关组合物）。该专利系统通过法定的垄断权利激发创新，换取专利人披露专利发明，而使公众受益。专利到期后，所披露的创新会成为公共领域的一部分，供公众免费读取和使用，且不再受到专利权人的指控。为了获得发明专利，发明人必须首先向美国专利商标局（United States Patent and Trademark Office，USPTO）提交申请。如果专利申请通过审查，则USPTO授予专利申请专利权。专利权人可以从排他性权利的最早提交申请日或优先权日起至到期日（20年期限），排除他人制作、使用或出售专利发明。专利权非常有力，属于绝对侵权责任，即使是那些独立开发或发明的人，也可能无法实践自己的发明。

专利权提供了一种地域垄断，使专利权人有权在给定的地理范围内使用、进口或销售获得专利的发明，使其拥有排除他人制造、使用、进口或销售专利的权利。只有有用的、新的、非显而易见的发明才有资格获得专利。在美国，专利提供的垄断保护涵盖过失侵权人、独立发明人及过去的发明使用者。这一点与中国的专利法有些许差别：美国的专利垄断范围更大，即便专利权人以外的其他人是通过非专利权人的"合法渠道"获得相关技术，也被专利法排除在外。

为了获得专利，发明人向USPTO提交专利申请，然后由专利审查员进行严格审查，并决定申请是否符合专利保护的严格要求。专利申请中必须清楚地说明和解释发明对象，使公众（或至少是那些在相关技术方面熟练的人员）能够读取、理解，并在专利到期后免费使用。

授予发明人专利权有两个主要的政策目标。第一个政策目标是鼓励创新和技术进步，提供有价值的奖励，例如垄断利润。在没有这样回报的情况下，传统的经济理论预示着社会技术创新将减少。第二个政策目标是扩容知识库。创新通常被看作一个累积过程，由此，每一项新发明都是建立在最新的发明之上的。如同牛顿说过那样，每个人都是站在巨人的肩膀上的。

专利保护的力度不仅影响着创新者的专利决策和研究努力，也影响着创新者对重复活动的投入。进入21世纪,由于技术的飞速发展及经济竞争的日益激烈,专利制度也在不断地完善和改进之中。

(一)专利法的历史形成

"专利"一词来自拉丁文的 patere,意思是"开放"。15世纪上半叶,专利出现于意大利威尼斯,并于1474年,作为君主特许的公开特权,首先出现在意大利的法律系统中。专利制度后来在16世纪被引进到了英国,用以吸引外国工匠将技术引进英国。因此,根据英国专利制度的起源,它被认为是战略性的国际政策。在这种政策中,一个国家可以通过承诺智慧人才对他们的技能和知识享有专属权,吸引人才移民,进而引进所需的技能和知识。

专利法是保持英国传统的最古老的一部美国知识产权法。美国的第一部专利法规于1790年通过,不久后颁发第一项专利,但专利制度并没有由此在美国发展起来。直到1836年,通过修订法律,正式的专利审查制度取代了当时的专利登记制度,自此,美国的专利制度发展迅速。申请发明的数量、已授权的专利数量和专利诉讼案件快速增长。随着专利需求的增长,专利制度有了新的规则。专利审查员和律师将它描述为"发明性飞跃",即所谓的创造性标准,以解决无意义的专利增长数量问题。

很快,美国专利的迅速增长导致了公众舆论的两极化分布,即加强或削弱专利保护。例如,在20世纪初,人们对拥有大量专利组合的大公司不满,认为它们过于强大,由专利组合主宰着企业所在的行业,压制了竞争。在此期间,法院也不太愿意强制执行专利,相反,更愿意惩罚过度诉求要求保护的专利权人。

20世纪40年代,随着美国把所有资源用于战争,舆论回到了有利于加强专利保护这一边上,并呼吁创新,鼓励发明人开发新技术。由于战争期间美国联邦政府强制性倡议合作,专利权人既没有时间也没有能力排除国内竞争对手对他们专利技术的使用。然而,这一切在战后都改变了,美国立法者选择继续建立一个强大的专利制度。加州大学伯克利分校法学教授罗伯特·莫杰斯(Robert Merges)曾表示,正是这种亲专利的态度导致了成文法在美国产生。

1952年,美国历史上第一次有意义的专利法出现了。但是在随后的几年里,太多的专利都是在没有经过仔细审查的情况下授权的。因此,20世纪60年代,公众舆论再次改变了 USPTO 宽松授权专利的做法,美国的专利通过率也被认为达到了新的低点。同时,法院没有一味维护已授权的专利,但不同的法院就专利侵权问题经常得出不同的结论,因此,对专利有效性的预见性判定成为一种高风险的赌博。可以说，在这一时期，大量专利的价值受此影响而降低了。

1982 年，美国国会试图提高专利的质量和重要性，并通过了《联邦法院改进法》（Federal Courts Improvement Act），设立了美国联邦巡回上诉法院（CAFC）。在该法下，CAFC 对来自地区法院的所有专利上诉案件具有专属管辖权，对 USPTO 和其他政府法院提出的某些其他上诉案件具有专属管辖权，从而使不同地区法院对专利案件的判定原则和结果更加统一。CAFC 为加强和扩大专利保护范围作出了不懈的努力。

2011 年，美国国会通过了《美国发明法案》（Leahy - Smith America Invents Act，AIA）。这是自 1952 年专利法颁布以来最大的一次改动。《美国发明法案》对美国专利制度进行了重大改革，其中最重要的是建立了第一申请人制度，确立专利权人应为第一申请人，而非仅是第一发明人。尽管如此，专利法的最初目的仍然是"通过保证发明人在有限的时间内实现排他性权利，从而促进科学和有用的艺术的进步"。

发明人对他们各自的发明和发现拥有专属权利。美国国会在一定程度上通过给予专利所有者在特定时间内排除他人制造、使用和出售专利发明的权利来实现私有权与社会创新的平衡。虽然美国专利法条款相对来说措辞与目的都较为直接，但它本身并不能确保构建出一个完美平衡社会和个人利益的专利制度。例如，专利授权有时会提供给发明人比他们所交换出的技术更多的回报。因为专利所有者不仅可以起诉那些"窃取"专利发明的人，而且可以起诉那些没有窃取专利发明的人，比如，那些独立开发相同发明的人。但我们也不应该低估美国专利法的实现难度，因为专利授权本身并不是补偿性的，它要求专利权人找到侵权人，然后再维护专利，以寻求每个人都遵从专利制度。

综合来看，美国专利制度是成功的，通过调整专利权人在维权中所花费的努力、时间和费用，来阻止个人和企业将专利作为纯粹的动机而进行创新。

（二）专利法的支撑理论

专利的经济意义取决于其保护范围：保护范围越广，侵犯专利的竞争产品和工艺的数量就越多。但具体来说，许多理论和文献试图评估或微调专利制度在各方面的效果，使其更有效率。

1. 前景理论

埃德蒙·基奇（Edmund Kitch）提出了专利权的"前景理论"（prospect theory），并强调在发明完成之后但在商业化之前授予专利权有两个好处：第一，让发明者有"喘息的空间"对发明进行投资，而不用担心另一家企业抢占了它的发明成果；第二，让发明者能够协调自身活动和潜在模仿者的行为，以减少低效率的重复发明成果。这相当于对未经开发的"技术池"授予权利，允许权利所有者就进入"技术池"的各个部分收费。因此，在这样的专利系统下，缺乏协调的竞争而导致的低效能发明是可以避免的。

2. 创新与经济发展关系的假设

该经济学论点基于一个简单的前提：发明和创新越快越好。这是基于如下几个被广泛接受的观点：第一，研发支出会增加并产生更多的发明；第二，更多的发明会进一步提高研发的热度，并积极影响未来的生产力提高；第三，生产率增长对经济福祉很重要。

3. 保护界限问题

专利权类似于不动产契约，在发明的世界中划定界限，将发明人的知识产权与周围"地形"区分开来。为解释该理论是如何发挥作用的，下面先简单介绍一下专利说明书的结构和用法。

一份专利说明书含两个主要部分。第一部分是针对发明的说明书。它书写得像一篇简短的科学或工程文章，描述了发明人要处理的问题以及采取怎样的措施来解决这个问题，还应精确描述解决问题的"最佳模式"（best mode）。专利审查员通过说明书来判断，发明人是否已实现具有可专利性的发明，及其他人是否可以使用和复制该发明。专利说明书的第二部分是一组专利权利要求，用以界定专利保护范围，以便在专利侵权时作为起诉基础。这两个部分具有完全不同的功能，也满足专利法不同的要求。专利审查员通过审查以确定哪些专利权利要求符合专利的法定要求，是可获得专利权的。除此之外，专利的权利范围也会根据专利说明书如何描述该发明而受到影响，因为专利法保护的基本原则是以充分披露发明为前提的。

专利权利的广度在很大程度上取决于两个学说——实施学说和价值学说。实施学说要求，专利说明书应教会熟练掌握相关技术的人如何制作和使用权利要求中所包含的所有发明和实施例。价值学说认为，由于专利的创新价值，专利的保护范围可以在适当情况下，超过专利权利要求文字语言的范围。这两种学说中，实施学说的内容更细致、丰富。

4. 实施学说

（1）披露

专利法中的一个重要问题是，专利通过披露所传达的知识有多广泛。技术公开必须足以使本领域的技术人员能够制造和使用在该专利权利要求所涉及的发明及专利说明书中包含的所有实施例。这一要求有时在应用中可以相对宽松：它只描述一项发明的一个有效实施例，但整体对主题提供的指导较少。

乍一看，专利权人的权利只限于其在说明书中披露发明的实施例。例如，提交专利申请时，模仿者很快能意识到发明人在公开的实施例中有一些微小的变化；如果有一个最低可实施性原则，发明人就会据此公开最少的发明内容。然而，如果专利权人试图强制执行这样的专利，则无法实施，可能还会导致专利失效。

（2）实验使用

在某种程度上，实验使用这种抗辩理由兼顾了涉嫌侵权的被告通过专利发明对社会进行有益使用。虽然药品制造商对他人专利的使用承担侵权责任，但实验使用在一定程度上可以成为法定抗辩理由。这一抗辩理由允许药商在测试计划提交给美国食品药物管理局（United States Food and Drug Administration, FDA）批准的药品时，使用他人的专利发明进行试验。在普通法上，实验用途的抗辩理由只适用将他人的专利发明用于科学调查的情况。此外，此抗辩理由允许仅以科学查询为目的对专利进行查询。因此，这种抗辩理由是相当狭隘的，不适用于任何商业、财务或名誉收益的用途。

5. 侵权判定

与实现专利权有关的学说由佐治亚州立大学迪帕·瓦拉达拉让（Deepa Varadarajan）教授提出，提供了一种不完善的确定权利适当范围的方法。她表示即使专利有效性没有争议，从表面上看，也不一定能判断出涉嫌侵权的设备是否属于法律的管辖范畴。但在许多情况下，专利权人所主张侵权的设备可能实际涉及的是专利权利要求文字范围之外的部分。在这种情况下，法院可能会认为，诉求范围落在非常接近专利权利要求的范围内，从而等价地将这部分纳入保护范围。

（1）对字面侵权与等同原则的解释

美国法院会分两步分析侵权行为。第一步，确认涉嫌侵权的产品是否完全属于专利权人的权利范围，即，是否存在"字面上的侵权人"。如果法院确定不存在，则转到第二个问题：被告是否违反了"等同原则"或符合"逆均等论原则"，即，涉嫌侵权的产品或工艺和专利产品或工艺是否等价或等同。即使被告的产品或工艺并没有真正侵犯专利权，法院根据专利所保护产品的进步程度来决定它们对"等价物"的定义范围有多广。当专利技术仅仅是"纯粹的改良"时，法院往往不认为涉嫌侵权的产品和工艺与专利技术是"等同的"，反而是专利权人的诉求可能超出了其专利权利要求的字面内容。另外，代表"开创性发明"的专利——美国最高法院定义为"涵盖以前从未实现过的功能的专利、一种全新的装置，或者在技术发展过程中具有独特步骤、新颖的、重要的专利"，有权获得广泛的"等同物"。也就是说，当涉及开创性专利时，法院甚至会延伸专利权利要求的字面范围。当然，侵权问题也取决于涉嫌侵权产品或工艺的确切特征。

根据这一理论，司法案例一直在努力解决新技术在专利授权时未曾预见的问题——这些新技术是否可以促成大量等价物。

（2）阻止其他专利

逆均等论原则有时有助于专利权人将其索赔范围扩大到其字面界限的范围之外。当一个专利权人对一项发明拥有广泛的专利权，并且另一个专利权人拥有对该发明某些改进特征的另一项相对较窄的专利时，这两项专利被称为"相互阻止专利"。宽泛的专利会"主宰"狭窄的专利。宽泛的专利一般为显性专利，其权利人占主导地位。未经显性专利权人的许可，从属权利人不得实施其发明。但同时，显性专利权人在没有从属权利人许可的情况下，在某些领域也不能实行特定的改进。

当然，对于一个发明人来说，可以不受任何人要求拥有自己的专利。这一情况是最好的。因此，发明人不会经常把自己的发明定性为其他专利的从属专利，但法院却可以在诉讼过程中这样做。法院可以一边维持被告侵权人的专利，认为它可以有效增强某些功能，一边仍然认定被告的专利从属于一项现有、广泛、显性的专利。

6. 累积创新与限制性原则

专利保护是一项通过给予限制性权利而促进技术公开与提升社会创新水平的政策机制。要理解限制性原则在专利法中的作用，必须首先理解专利侵权的分析基础和专利权利要求的作用。由于专利权利要求划分了专利权人排除权的"界限"，专利侵权的分析着眼于专利权利要求，而不是专利权人已经创造或正在出售的东西。要证明专利侵权，被指控的产品或工艺必须包含专利权利要求中的每一个要素。因此，即使被告的产品与专利权人的产品不同，甚至比发明人更好，也构成侵权的一种形式。即使被告的产品或工艺在专利的权利主张之外，等同原则可以扩大专利的保护范围，包括有"无形差异"的其他产品或工艺。更甚的是，因为权利是广义的，发明可能因为经济或技术上的需要，

— 44 —

第二章 商业秘密法的知识产权法属性

需要改进并切断与原发明的密切相关性。由此，专利保护在实践过程中甚至可以延伸到新的和未预料到的发明。这也符合前景理论的说法。进而，潜在用户和后续改进发明是否在专利保护范围内、专利是否包括其预期用途等事项面临重大不确定性。后来的创新者无法绕开这些专利，也无法避免这些不确定性。因此，专利可以阻碍累积的创新，阻碍那些寻求改进现有发明的人的努力。这也构成了对前景理论进行批判的基础。

然而，在评估专利侵权行为时，法院通常不考虑侵权人贡献的价值，如改进专利的使用使现有技术或工艺更有效率或有更高的商业价值。因为专利保护针对的是专利权利要求，而不是发明人实际创造的发明。专利权利要求限定了专利权人排他权利的界限，并可以扩展。因此，权利要求在满足专利的各种要求基础上，可以撰写得很广泛；专利权人在索赔时，所针对的侵权对象范围也很广泛。但后来创新者的贡献的确有可能足够重要，足以通过其改进，而获得专利。

即便如此，改进式创新者如果没有原专利权人的许可，就无法实施该专利，实践改进的技术并从自己的创新中受益。只要授权许可制度可以有效运作，随后的创新者就可以从原始创新者那里获得专利许可，在技术改进后使用所获得的新专利。当改进式创新者通过改进技术和新专利在市场上占有一席之地后，可以形成一定的谈判筹码，与原专利权人重新调整授权协议，不再一味地只能接受原协议中的要求，而是可以形成交叉许可协议。这样双方都可以使用基础专利中的技术和改进后的技术。当然，在此之前，学术界已经说明了达成高效的双边专利授权许可所面临的各种挑战，例如，确定许可协议缔约方、专利价值和保护范围的不确定性以及在双边垄断背景下加剧的战略行为。这些挑战会阻碍协议的达成，即便合作可以实现双赢。

关于这些累积的创新问题，专利法中的某些限制性原则，兼顾了原始专利权人外的其他人使用原始创新的社会利益，并根据这些使用考虑是否应在一定程度上免除责任或调整原始专利权人对专利救济的偏好。因此，专利法发展到现在，即使法院认定一项专利从属于另一项专利，从属专利形成阻止专利，其权利人仍然比从未申请专利的发明人状况更好，原因有二。第一，从属专利的权利人可以排除原始专利的持有者实施或改进。因此，虽然改进创新者可能会侵犯原始专利，但可能通过从属专利获得在与原始专利权人谈判中的一些讨价还价的筹码。第二，从属专利权利人可能在侵权行为中减少原始专利权人损害赔偿中的"利润损失"部分。原始专利权人不会全部收取侵权人的所有销售收益，大概是因为侵权人的销售只有少部分是基于其改进的特征。

二、商业秘密法与专利法保护的战略选择

法院和法学家们越来越强调商业秘密的正当作用是知识产权功能的一个子集，因为它类似于专利或著作权，对它排他性的授予是为了补充这些权利的不足。事实上，商业秘密的广义定义使其能够进入专利法不能进入的地方（例如，商业信息，而不仅是技术信息）。商业秘密比昂贵的专利申请程序便宜得多，这就是为什么一些企业，尤其是初创企业，深切需要商业秘密法提供发明动机。

商业秘密和专利都是保护创新技术知识的法律手段。尽管某些行业无法在专利制度下寻求保护，并且商业秘密在一些行业是不可行的，但许多发明人可以在这两种知识产权保护途径之间作出选择。在决定是否申请专利时，创新者要权衡专利保护的局限性和商业秘密相关的风险。与专利保护不同，商业秘密保护既不排除他人的独立创造和反向工程，也不保护大部分的意外泄露。

虽然许多理论研究把专利和商业秘密作为相互的替代品，但确实有实证研究表明，这两种保护方法在实际中被同时使用。即企业可以选择对同一项创新使用两种策略，通过专利保护一项创新技术的某些要素，同时对其他要素进行商业秘密保护。

（一）主要因素

是否具备可专利性、保护期限长短、执行难度大小、获取禁令的可能性、是否具备并保有优先使用权、是否需要披露、保护成本高低等七个因素在企业选择专利或商业秘密的过程中起到了重要作用。

首先，也是最重要的，需要确定一项新开发的信息是否具备可专利性。如果该信息不具备可专利性，或者由于其他原因不太可能获得专利，或不希望披露一项发明中高经济价值的部分，企业最好将该信息置于商业秘密保护下。其次，追求长保护期的发明人可能偏好商业秘密。虽然专利有20年的保护期限，但因为保护期限的起点是专利申请日，而专利审查还需要一定的时间，因此专利的实际保护期通常比20年短。此外，要执行一项专利，企业必须证明侵权。但根据所获得保护的技术和类型，专利权人可能难以证明他人侵权成立。即使侵权成立，也存在专利权人认为损害赔偿不足的情况。在这些情况下，商业秘密保护可能是更好的选择。然而，商业秘密的在先使用者可能会侵犯他人对同一发明信息所拥有的专利。如果一项产品含有可被反向工程的商业秘密，或存在意外泄露商业秘密的风险，那么商业秘密保护就不是保护信息的最佳选择。

（二）其他因素

有理论研究表明，专利和商业秘密之间的选择也取决于其他因素，例如包括保护工具的强度、创新的程度和性质、是否易被复制或模仿以及市场结构、企业能力和竞争对手的策略。

1. 知识产权法的强度

使用专利和商业秘密作为知识产权保护手段的一个明显决定因素是两者立法的有效性。强有力的立法是企业可以起诉侵犯其创新行为的基础，并会鼓励企业依赖法律保护。在比较专利法和商业秘密法时，前者的保护范围要窄得多。通常只有具有工业应用潜力的发明才去申请专利，而商业秘密可以适用于范围更广的知识产权。

有效的专利保护制度刺激专利申请，尤其是当一家企业预计其他公司将开发类似的发明时，会尽早申请专利。只有创新者可以确定他们是唯一的创新者，此时商业秘密才是首选。

2. 创新竞争程度

大量实证研究表明，一个领先于竞争对手的创新者将选择战略性披露信息——申请专利，从而以专利说服竞争对手退出竞争。一般情况下，创新者一边对重要信息选择保密，一边会申请专利，披露一些知识和信息，以防止潜在的其他创新者开发同样的创新并申请专利。

其中，早期创新的公司更倾向于选择商业秘密保护，而非申请专利；如果专利保护的力度较大，那么高创新率的地区会出现专利申请增长的情况，且企业数量的增加也会使专利申请提前。简言之，技术能力相似的企业之间的高度创新竞争将导致专利保护的使用频率增加，而对于具有明显技术领先优势的企业来说，使用商业秘密保护将是首选的保护技术创新成果的方法。

3. 创新水平

对法国的实证研究表明，小创新使用专利保护，而商业秘密则用于保护大创新。这样的研究结果意味着创新水平对选择专利和商业秘密的影响将取决于企业自身和竞争对手的创新能力。

4. 创新类型

如果一项发明被模仿的可能性很大，例如极易被反向工程，那么专利保护比商业秘密保护对于发明人来说，更受欢迎。在这种情况下，发明人会去申请专利，并在专利文件中披露有关发明的细节，但不会透露比进行反向工程所能获得的更多信息。

相比之下，如果竞争对手能够充分地从专利文件中获取信息，而不能在没有披露的情况下进行反向工程，那么企业就会选择继续使用商业秘密。

一般来说，反向工程更常见于产品创新的应用。对于内部开发的、不能交易的工艺创新，反向工程基本上是不可能实现的。正因为如此，工艺/方法创新更有可能受到商业秘密保护，而产品创新往往受到专利的保护。

低创新成本的企业更倾向于申请专利，高创新成本的企业更倾向于使用商业秘密。高创新成本的企业只有在市场上假装自己进行低成本创新，并能够在通过"虚张声势"获利的情况下，才会使用专利。随着竞争对手的运营成本增加以及相关专利到期后创新收益降低，企业使用商业秘密的动机增加，而非申请专利的动机增加。

5. 开放式创新程度

企业组织创新过程的方式可能会影响到它们的知识产权保护策略。相关文献对外部知识的产生和选择保护这些知识的方法有两种观点。第一，根据"预防溢出"原则方法，和他人合作的企业为了控制知识的溢出效应而青睐专利，主动对知识进行披露。当企业进行合作时，采取严格商业秘密保护的策略则非常难以实现。第二，创新常常需要开放知识，而商业化知识则需要保护知识。有实证研究表明，创新的开放性与保护策略的适用性之间存在一定的内在联系，可理解为倒"U"形。创新开放性首先随着知识产权保护策略的增强而增加，然后呈现相反的趋势变化。进行内部研发和严格依赖商业秘密和专利保护其创新的企业不太愿意参与外部知识交流。依赖客户和供应商的企业不太可能调整自己的经营重点，进行研发和申请专利，而大学和研发型企业或机构的知识来源助力了专利增长。总之，关于创新的开放性是否会刺激使用专利或商业秘密作为主要的知识产权保护方法，有不同的理论和实证证据。

6. 融资制约

申请专利和监控潜在侵权行为的费用高昂。因此，有融资限制的企业可能会选择那些成本较低的保护方法，比如商业秘密。

有经济研究发现，成本是影响初创企业和小型高科技公司不申请专利的最重要的原因。创新活动受到融资限制的企业倾向于使用商业秘密而不是专利。此外，专利申请往往受到规模经济的制约。因此，较大的企业倾向于更多地使用专利。可以说，融资和资金受到限制的企业可能会避免主动使用专利作为知识产权保护方法，而更倾向于依赖商业秘密。

有经济理论研究认为，美国各州加强商业秘密法保护会导致专利申请减少、不透明度和股票流动性增加，以及对上市后再融资（secondary equity offering，SEO）的反应消极。相比之下，在实施 TRIPS、强调加强专利法后，专利申请增加，透明度提高，股票流动性增加，并且股票市场对 SEO 的负面反应减少。

7. 其他因素

其他因素也会影响企业在商业秘密保护还是专利保护的策略选择。企业层面的具体因素包括企业规模或发展年限，以及管理实践水平、企业的竞争战略。这些都会影响企业对知识产权保护方法的选择。一方面，专利保护比商业秘密保护更有效的可能性会随着企业规模的成长而增加；另一方面，商业秘密有利于专注于内部来源的创新。

此外，行业层面的因素包括市场需求偏好、市场规模、竞争类型和技术变革的性质。此外，宏观经济环境和政府政策也会影响企业制订知识产权战略，例如支持小企业使用专利的政策等。

三、商业秘密法与专利法的结合使用

虽然许多学者认为专利和商业秘密是可以相互替代的，甚至是相互排斥的知识产权保护策略，但它们实际上也可以相互补充。专利和商业秘密不是不相容的，而是相辅相成的。以下三种方式介绍了企业如何使用两者而实现获利。

第一，知识或信息公开或发表前：虽然专利申请的信息披露与商业秘密保护的要求有冲突，但仅提交专利申请这个行为本身并不会破坏商业秘密的保护要素。

第二，一项发明的不同方面：即使在专利申请的内容被公开后，专利保护和商业秘密保护也不是完全相互排斥的。一项专利仅涵盖于一项单一发明中。在实践中，一项专利只能涵盖一项发明的一个有限方面。因此，只需为专利所保护的发明提供书面说明和必要的披露，并不是所有的相关有用信息都需要加入专利说明书中，用以解释如何制造和使用该发明。在这样的情况下，专利和商业秘密可以共同使用。

第三，最佳模式：可以同时使用专利和商业秘密来覆盖同一发明的同一方面。在某些情况下，可以通过商业秘密保护专利发明的实施这一最佳方式来实现。

总之，专利和商业秘密的交叉使用可以被描述为信息披露和保密的"万

第四知识产权——美国商业秘密保护

花筒",企业可以进而不断平衡这两者。

第四节 商业秘密法与著作权法的关系

作为另一个类型的知识产权法,著作权法与商业秘密法有很多交叉之处,也有很多区别。著作权法保护以有形形式表达的原创作品,包括书籍、绘画、照片、歌曲、计算机软件和电影。商业秘密法保护企业保密的机密信息,包括技术信息(如工艺和配方)和非技术的经营信息(如客户名单)。商业秘密在很大程度上是美国州法律的产物。虽然州层面也有著作权法,但社会主要依赖的是美国国会通过的著作权法和联邦法院。

企业依赖商业秘密保护的一部分原因是,商业秘密具有事前灵活性,但缺乏事后限制性。也就是说,与专利法相比,商业秘密法同样具有广阔的主体广度,但仅有最低的实质性要求,且在维权前不需要对保护对象进行正式应用。它的这些要求,相对于专利,与著作权更加相似。

就事前要求而言,商业秘密更像是著作权,而不是专利。著作权法没有规定获得著作权的正式申请程序。在美国,作品一经创作就受到保护,但是法院仅对登记了的著作权实施保护。从历史上看,美国著作权法曾要求过登记和注册,但现在已经不是这样了,登记制度的存在只是因为政府需要为留存作品而作的记录。

可以享有著作权的作品,必须满足一个较低的原创性门槛,即独立创作并展示一点独创性,并且创作内容需被固定在有形的表达媒介中。著作权对独创性的要求非常低,不仅不进行实质性审查,并且"通过法律的运作,授予那些作品符合最低法定要求的作者,而不管公众是否会从披露和传播受著作权保护的作品中获益"。因此,这样的机制所产生的棘手问题是,如何确定著作权保护的范围。这个问题通常需要在侵权诉讼中,通过将受著作权保护的作品与涉嫌侵权的作品进行比较,获得解答。

著作权人拥有复制作品、根据原作准备衍生作品、分发作品、表演和向公众展示作品的专有权利。同样,商业秘密法也不限制独立信息创作者或发现者对其信息进行使用。根据商业秘密法的规定,商业秘密所有人只可排除商业秘密的"盗用者",即违反保密责任或通过"不当手段"取得、使用或披露资料的人士,例如离职雇员。

第二章 商业秘密法的知识产权法属性

著作权保护的时间很长。通常在美国,著作权的保护年限是作者的寿命加上身后 70 年。商业秘密的保护时间可能还会更长,因为它们没有固定的时间限制,例如,百年前的可口可乐配方。商业秘密不会在一个特定的期限后失效,而是无限期地持续下去,直到秘密被公开披露。

在美国,专利法和著作权法的政策基础都是功利性的(utilitarian)——为创造提供经济激励,致力于通过防范信息保护不足和过度保护来优化社会福利。专利权和著作权也由此被视为纠正信息生产中固有的公共产品问题的工具。信息和知识是非竞争性的和非排他性的。非竞争性是指,一个以上的人对信息和知识的使用不会减少其他人可以获得该信息或知识的数量。非排他性可以被理解为,一旦一本书或一项专利发明中包含的信息被公布,就很难排除其他人在没有付费的情况下获益。因此,通过获得在一定时间内的排他性权利,创作人和发明人可以收回他们在创作和发明中的投资,从而防止社会中生产信息的不足。相应地,当未经授权的信息使用带来某些社会利益时,知识产权权利人的排他权会受到限制。

著作权法纳入了事后限制理论,并遵循该功利性原则,试图平衡著作权人的权利以调整竞争,达到促进累积创新和支持宪法第一修正案的利益——言论自由。值得注意的是,著作权法的合理使用原则保护各种未经授权但对社会有益的用途,如非营利的教育和转换性使用。

在著作权侵权诉讼中,面对抄袭和盗版问题,法院会分析被告的作品(即复制品)①是否源自(或被称为"接触")受著作权保护的作品,以及②是否与受著作权保护的作品中受保护的表达存在"实质上相似"。抄袭的这两项要求意味着著作权法免除了独立创作者的责任。瓦拉达拉让教授指出,这一特点与商业秘密相同,但与专利法有显著区别。关于著作权侵权与保护,她解释道,判定抄袭或盗版最简单的情况是,被告一字不差地复制原告的全部作品。但著作权侵权行为并不仅限于此类案件。侵犯著作权可以通过复制作品的一部分来实现,比如一首歌的几秒钟,甚至是在受保护作品的非文字方面,比如电影中的情节大纲或虚构人物。著作权保护的一个重要范围限制原则是,仅延伸到作者对作品的原始表达,而不是作品的基本思想、事实或功能性元素。此外,著作权法还规定了一些特定的侵权豁免行为,免除在当面教学过程中公开表演或展示作品的侵权责任(合理使用原则),豁免在宗教服务,以及向盲人传播等过程中的侵权责任。

相对而下,商业秘密法相对漠视被告对专有信息和知识的有益使用,与著作权法以及专利法形成鲜明对比。商业秘密法虽然在获得的容易程度和标的物的保护宽度方面与著作权法相似，却没有类似著作权法中的合理使用（fair use）原则。合理使用是著作权法下的法定抗辩理由，允许被告以特定目的有限地免费使用著作权保护的对象，例如教育、帮助盲人等。虽然商业秘密法下有反向工程这一法定抗辩理由，类似于著作权法的合理使用，但经瓦拉达拉让教授的论证显示，反向工程不适用于累积创新的情况，也不具备被宪法第一修正案（言论自由）支持的条件。

第五节　商业秘密法与侵权法和合同法的关系

一、与侵权法的关系

商业秘密的法律保护主要基于两种部分互补的理论。第一个是功利主义，这部分已经在商业秘密法与其他类型的知识产权法部分讨论过了。这个观点有时也与商业秘密是财产的一种形式的观点有关。根据功利主义的观点，为防止专有信息被盗，商业秘密法可以鼓励企业对这类信息的投资。第二种理论强调对不法行为的威慑，因此有时被称为侵权理论，与侵权法最为相关。

商业秘密原则是由一系列相关的普通法侵权行为演变而来的。这些普通法侵权行为包括：破坏保密的行为、违反保密关系、普通法侵占行为、不公平竞争、不当得利以及与其他侵入或未经授权获取原告财产有关的侵权行为。解决这些问题的法律还演变出一系列规范雇佣关系的法律规则——合同法和其他普通法。

到了20世纪初，原有的法律范式发生了转变，基于双方之间的保密关系或被告的不当行为，不当挪用或盗用商业秘密被视为侵权行为。商业秘密法的一个主要理论解释可以被描述为"基于职责"的理论，或者是所谓的"维护商业道德"。美国最高法院在杜邦案中采纳了这一观点。杜邦案是一个著名的早期判决，但与商业秘密法本身并无多大关系。杜邦案中所涉及的问题在于，被告破坏了保密关系，但它并不是唯一涉及保密关系的例子。许多商业秘密案件都源起于合同中明确规定的"义务"，例如技术许可协议或雇佣协议。

然而，莱姆利教授指出，侵权理论的问题在于，将盗用商业秘密这一行为预先假定为一个错误，却没有对这个错误作出任何实质性的定义。但如果侵权理论不适用，那么商业秘密法只不过是合同法而已。基于侵权行为的违反约定而形成的义务理论，适用于普通法违约诉讼。将这一追偿行为称为商业秘密索赔，只是为本质上属于违约索赔的行为增加了一套更强有力的补救措施而已。如果商业秘密盗用不过是履行合同义务的问题的话，那么我们为什么需要单独的商业秘密法？

以侵权行为为基础的观点，在20世纪初得到了广泛的认可，部分是由于杜邦案，同时也因为美国法律界对财产观念的改变。到1939年，美国法律协会坚定地将侵犯商业秘密定性为侵权行为，纳入《侵权法重述（第一次）》中。

第一个标准的商业秘密法，出现在1939年《侵权法重述（第一次）》的第757条，题为"泄露或使用他人商业秘密的责任"。它强烈认为，商业秘密不是财产权，盗用商业秘密权是基于恶意竞争行为的侵权行为。根据《侵权法重述（第一次）》，商业秘密"可以包括任何公式、模式、装置或在业务中使用的信息汇编，这些信息使它的拥有者有机会比不知道或不使用它的竞争对手获得优势"。

到了20世纪80年代，以合约和财产为基础的商业秘密观点，在美国最高法院和各州立法机构中重新占上风，从而衍生出商业秘密保护的第二种模式——UTSA。UTSA由统一法委员会草拟并通过，并被绝大多数州采用。

根据UTSA，商业秘密诉讼求偿需具备三个基本要素。第一，涉案标的物必须符合商业秘密法的保护范围，必须是受保护的知识或信息类型。关于实际中的保护范围，当前在UTSA影响下的趋势是，保护任何作为商业秘密的有价值信息。只要一项信息能够为原告增加经济价值，就可以受到商业秘密法的保护。这一保护范畴在DTSA中进一步得到了认可和拓展。然而实践中，有些法院认为这个要求的意义有限：高价值的商业机密才足以引发诉讼。

第二，原告作为商业秘密的所有人，采取了合理的预防措施，防止商业秘密的泄露。要确立起诉权，就必须合理努力地保护信息。法院在实践中发现，该要素的基本原理也存在一定的混淆。如果采取了合理的预防措施依然产生商业秘密泄露问题，则被告很可能在某种错误的情况下获得商业机密。并且，法院难以划分什么是"合理"的保护。很明显，仅有一些预防措施，并不会对保密完全有效。

第三，商业秘密案件的原告还必须证明被告非法获取信息。一句话，即被告盗用商业秘密。然而，仅仅因为一个人的信息是有价值的，并不意味着另一个人使用或泄露该信息就必然错误的。但是，在商业秘密法中，当信息是通过欺骗、欺诈、盗取或基于信赖关系不正当获得时，使用或披露它就是错误的。

商业秘密盗用和解的案例比比皆是。这不仅是因为企业在根除有关竞争对手的业务和产品的信息方面非常具有灵活性和创造性，而且因为盗用概念本身就不是一个清晰无争议的概念。

二、与合同法的关系

不时有法院和法学家建议，商业秘密法是合同法的延伸。然而这一说法并不严谨。因为，合同法理论和商业秘密法理论是不同的。莱姆利教授对两类理论进行了梳理，并率先提出必须将合同法与商业秘密法进行分割，并将商业秘密确立为一类知识产权。

一方面，合同理论不能解释商业秘密案件的一个重要子集：陌生人之间的商业秘密盗用问题。这种情况的案件不仅包括通过不正当手段获得商业秘密的案件，还包括因意外或错误而取得商业秘密的案件，以及不仅涉及与商业秘密所有人有密切关系的人成为侵权人的案件，而且会涉及有私人关系而非合同关系的人在业务往来后形成的法律责任。因此，合同关系只能作为商业秘密法的部分依据。

另一方面，即使在涉及合同关系当事人的案件分类中，合同理论也不能解释商业秘密法与法院要求履行合同约定的各种不同方式。合同法的任何其他领域都不会强制适用犯罪条款，但商业秘密既纳入了侵权理论，也受刑法管辖。因此，合同理论无法解释，为何商业秘密所有者会在法律框架下有如此强大的权利。

然而现实中，的确有很多企业通过滥用合同保护，试图实现延伸商业秘密保护的目的。很明显，签署一项保密合同比满足商业秘密法各项要求的门槛要低，无论是在保护主体的范围上，还是采取的相关保护措施上。即便如此，一些不符合商业秘密保护要件的信息，的确可以通过执行合同进行保护。但是，签署一份保密合同不一定意味着签署了一份有效的保密合同。当保密合同的保护范围比商业秘密法更广、保护成本更低时，能否执行这样一份合同，取决于不同法院的态度。

无法执行一项保密合同并不意味着合同法在商业秘密保护中一无是处。瓦拉达拉让教授解释说，虽然商业秘密法不像专利法那样，有明确的边界和披露要求，但保密协议的存在使人们了解到商业秘密的存在和范围。现实中，有不少商业秘密的加害方对于自己侵犯商业秘密的行为全然不知,直到站到被告席上的一天。但是,合同有时可以成为构建起商业秘密这类知识产权的标识。无论保密合同是否最终可以被执行,保密合同的签署可以在一定程度上起到预防商业秘密泄露的作用,尤其是在雇佣关系中。

总的来说,即使在商业秘密诉讼中,合同法并不一定非要在法律使用中扮演着重要角色,但在应用中,合同具有重要的提示和信号作用,也有力地辅助了商业秘密法的适用以及商业秘密的保护。

第六节 商业秘密与反向工程的关系

商业秘密法允许人们对某些类型信息进行采集,包括独立创新和反向工程。反向工程的定义是,从已知的产品开始并对该产品进行反向探究,以获得该产品开发或制造的工艺,也可以被译为逆向工程。

有些技术甚至可以通过最粗略的检查进行反向工程,尤其是机械和电气方面的发明,通常很容易通过拆解来实现反向工程。当反向工程可以便利实现时,专利对发明的保护更有利,因为商业秘密的保护肯定不会持久。

针对其他研发过程艰难的发明,反向工程的过程通常也很难,甚至不能进行反向工程。例如,在化学和化工领域,探索一个保密化学公式就已经很困难了,更不用说对其中包含的复杂技术进行反向工程了。其他工业生产过程中反向工程也可能是相当困难的。例如,一家工厂发明或改进一台机器,可能会使其在生产效率方面获得巨大收益,但这样的发明和改进技术在市场上最终出现的产品中是无法被消费者察觉的。在这样的情况下,专利保护并不是最佳的技术保护手段,反而采用商业秘密保护更加有力,因为被反向工程解密而失去保护的风险很小。

一个围绕反向工程的有趣问题是反向工程所产生的经济成本和法律成本。通过观察、分析产品或信息所有人销售和分销活动提供的其他材料而进行反向工程,本身除了信息获取成本外,也有法律风险的问题。相应地,商业秘密所有人为了防止和消除反向工程,也会产生一定的管理成本。

对反向工程的分析比对企业意外损失商业秘密的分析复杂得多,因为在大多数情况下,竞争者在参与反向工程时完全清楚自己的风险——这一行为有可能会被禁止;但是,他们并不清楚商业秘密所有者是否在诉讼时会处于更有利的位置,能够有效防止秘密的丢失。此外,不禁止反向工程也是有代价的:商业秘密所有者需要在设计或生产中增加壁垒和相关成本,以使他的产品更难被反向工程。

然而,问责反向工程却存在两点问题。第一,如果某企业商业秘密的技术被其竞争对手实现了,那么很难证明该竞争对手是通过反向工程而不是通过独立的研究做到的,因此,行政成本和执法成本是将反向工程纳入法律责任范围的一个重要限制。第二,反向工程通常会产生关于被反向工程产品的新知识,从而有可能对该产品进行进一步改进。

商业秘密所有人在其销售和许可文件中可以插入"无反向工程"条款,以促使其承担责任。这样的"无反向工程"条款并不罕见。假设商业秘密所有人符合合同法原则的善意要求,并给予授权人适当的通知,似乎在合同法层面上,设立这样的义务并不存在任何法律和实践障碍。

然而,企业在避免反向工程的过程中,会与其商业目标存在严重的脱节。有针对性的交易消除了反向工程的存在必要:商业秘密所有人会自愿向他人提供秘密信息。相反,在通常情况下,商业秘密所有人反对反向工程的主要目的是防止他人获取信息。例如,商业秘密所有人可能希望仅发布包含有利信息的产品,并允许他人使用该产品,但是拒绝他人通过接触而进行反向工程并获得产品包含的秘密信息。

通过合同条款,商业秘密所有者对他人的授权或与他人的合作行为并不是放弃对产品的实际控制,以换取其他人对其的保密责任,而是在寻求一种保有秘密信息控制权的交换条件。如果商业秘密所有者自愿披露了秘密信息,满足了商业秘密的要求并给予对方适当的通知,则合约附带的交易条件限制将被推定为可被强制执行的。当然,在这种情况下,合约并不一定可以包括,也没有必要包括"无反向工程"条款。莱姆利教授就是这一观点的捍卫者。

由于无法强制执行不进行反向工程的义务,商业秘密所有者必须在保留产品和披露信息之间作出选择。面对这些选择,商业秘密所有者所能尽到的最大努力,是最大限度地减少或完全抑制他人对产品中信息的使用,并在此过程中尽快获得最大收益。因此,这样的动机也使投资者的投资偏好绕开了易受反向工程影响的创新领域。

然而,赋予商业秘密所有人对其所披露信息的控制权,实质上偏离了侵占责任问题,转而鼓励了发明创造。当信息的使用不能使信息权利人获得对信息的实际控制时,对该信息的适当救济应以专利法和著作权法为限度。因此,我们是否应该重新考虑这些知识产权制度提供的鼓励措施，以解决上述问题？直接处理被披露的信息，而不是一味无限提供更多救济，延长商业秘密保护。只有当他人通过不当行为以获取反向工程的原材料时，知识产权保护原则才排除他人使用该信息的可能。然而此时，触发法律责任的是犯罪或侵权等不当行为，而不是反向工程活动本身。因此，当一件产品在市场上可以被合法地获得时，就不会因反向工程造成任何索赔。

企业也非常清楚这一点，因此，当它们希望在市场上广泛传播某项信息时，会节省下对有秘密信息进行"适当努力"保护的成本，完全依赖专利法和著作权法的保护。

总的来说，如果不使用实证研究，政策制定者是很难在禁止和允许反向工程来进一步维护公共秩序这两个选项之间进行比较和作出选择的，因为这两者的优势是不确定的。但明确的是，对反向工程的禁止与许可程度是一项政策问题。

第三章　商业秘密使用的企业偏好

商业秘密已被国家和企业都视为最重要的知识产权类型之一。由于商业秘密自身及商业秘密法的复杂性与不确定性，企业根据自身偏好采取适当的商业秘密保护战略是在市场激烈竞争的环境下保持可持续发展能力的一项重要选项。

第一节　商业秘密使用的目的与意义

商业和贸易的国际化已经开启了跨国研究、开发和制造，以及随之而来的制造机密的跨国许可和传播。在缺乏强有力和统一的商业秘密保护的国际环境中，企业可能在技术转让后得不到任何补偿，或者可能会因为过于害怕盗版而怠于技术传播。这种情况和结果可能使国家之间的技术流动减少，降低了在全球市场上对技术的利用效率或效能。

在某种程度上，世界范围内缺乏统一的商业秘密保护标准反映了各国的文化差异和对国家利益的不同看法。发展中国家往往认为，保护商业秘密是发达国家企图剥夺它们完成工业发展所需的技术，或者至少是要求不公平价格的一种手段。发达国家，主要是美国，在海外商业交易中要求进行商业秘密保护。如果不提供商业秘密保护，它们的企业经常会拒绝转让技术。

在当今竞争激烈的商业环境中，一家公司的成功很大程度上取决于其获取和维护商业和技术信息的能力。因此，越来越多的公司，甚至那些有良好国际声誉的公司，往往求助于企业间谍，并积极雇佣竞争对手的员工，以保持行业竞争力。对于许多公司来说，进行研发最具成本效益的方法就是窃取竞争对手的商业秘密。这更彰显了对商业秘密保护的意义。

关于商业秘密保护的意义，1985年在夏威夷大学马诺阿分校工作的杰·德拉特勒教授（Jay Dratler, Jr.）在他的文章中作了很好的提炼，主要体现在以下四个方面：法律意义、商业意义、社会政治意义及经济意义。

一、法律意义

美国知识产权的两大支柱——专利和著作权，在保护方面存在巨大差距。专利权会授予那些 USPTO 审查后认为是新颖的、实用的和非显而易见的发明。然而，一些符合这三项标准的发明依然不符合专利法保护的资格，因为它们不符合专利主题的保护范围，例如，自然法则、基本的科学发现、算法和数学公式，以及一般的商业理念等抽象概念。虽然法条中没有明确规定，但这些"排除条款"在司法和执法程序中已经确立，也被称为"司法排除项"。知识产权的另一个支柱，著作权，不保护思想或事实，而仅保护作者在作品中对思想或事实的某种特定表达形式。因此，与专利法类似，自然法则、数学算法或公式或者商业思想等抽象思维，不能通过在一本书、一篇文章或其他工作中描述而受到保护、不被复制。但通过这些作品中的描述，可能可以保护其中所使用的词语，即思想的表达形式，但而非基本思想。对于这些思想，著作权提供的保护还不及专利。因此，许多具有重大商业意义的思想或想法落入了专利和著作权之间的鸿沟，最终无法通过美国联邦法律获得保护。

二、商业意义

商业秘密法在标的物上一般没有限制。实际上，任何信息只要具有足够的竞争价值并得到适当的保护，都有资格受到商业秘密法的保护。因此，商业秘密法显然能够填补专利法和著作权法保护之间的空白。事实上，也许它的部分商业意义就在于帮助填补这一空白。

德拉特勒教授用了三个实例来说明商业秘密法在保护专利法和著作权法无法涉及的创新这方面的商业意义。第一个例子是人类基因测序的相关研究。构建基因序列需要花费大量的时间、精力和金钱，然而，承担这项工作的企业不能依赖专利法来保护其发现的基因序列，因为基因序列是"自然法则"，就像爱因斯坦发现的能量理论。法院会将该信息视为一个"想法"或"发现"，判定其不受专利或著作权的保护。然而，只要企业采取适当步骤来保护它，商业秘密法就可以提供相关保护。德拉特勒教授指出，这是由于了解基因序列对医疗领域的公司具有明显的竞争价值，而商业秘密法不限于对该主题的保护。

第二个例子是假设一个用于在拥挤的城市中响应客户的请求、在线自动调度包裹提取的算法。这样的算法可能由于抽象或具有功能性而不符合专利法或著作权法保护的要求。虽然该算法的特定实现形式的确有可能会受到相关法律保护，例如，成为特定的计算机程序的一部分从而获得专利保护。又或者大多数算法能够以多种方式实现或表达以获得著作权保护，例如，在不同的计算机上使用不同的计算机编程语言。如果将著作权保护扩展到抽象算法或步骤，那么必将使这些算法或步骤脱离它们在特定计算机程序中的具体表达。这似乎超越了思想与表达之间的界限。因此，几乎可以肯定地说，著作权法不能保护抽象或一般形式的算法。

然而，著作权却可能保护特定计算机程序中算法的特定实现形式。这种保护将超越逐字复制，会考虑"片段文字的相似性"和"综合性的非文字相似性"。这是因为计算机程序的著作权涵盖了程序的结构、顺序和内容，进而，一个算法的特定实现形式的著作权将扩展到计算步骤的结构和顺序，这些步骤是在特定机器上的特定编程语言中实现的。然而，在不违反思想-表达二分法的前提下，著作权不能以其抽象的形式保护算法的"思想"或"功能性本质"。

虽然算法开发人员可以依据专利法或著作权法请求有价值的法律保护，但这种保护的有效性和范围是不确定的。此外，在获得和实施专利保护方面的费用和申请中的延误，可能使专利保护在许多情况下无法实现。因此，商业秘密保护可能是许多算法开发者的选择，特别是那些不打算广泛推广其算法的开发者，例如，计算机软件。这类新的和改进的算法是软件和信息产业的生命线。许多企业可能会根据商业秘密法律寻求对计算机算法的全面保护，而不仅是专利法或著作权法所提供的更难以捉摸的保护，因为这些算法的功能和存在本身都是不确定的。

第三个例子是一个分销商掌握了有效将客户需求与供应商的可用产品相匹配的新商业方法。"离开任何计算机系统或其他设备，这样的系统不值得专利保护"，这一思路在2014年的Alice案（*Alice Corp. Pty. Ltd. v. CLS Bank Int'l*）之后变得更加明晰。此外，即使将这样的商业方法从任何可实现的计算机程序中抽象出来，它也不值得受到著作权法的保护。同样，商业秘密如果得到适当的使用、保护和落实，那么就可以保护例子中这一办公系统的基本概念。

德拉特教授用这三个例子说明了商业秘密在现代商业中的重大作用。在他假设的每个问题中，需要花费大量的时间、金钱和人力去发展相关技术。在缺乏商业秘密保护的情况下，承担这种支出的企业将很少或根本没有办法保护其相关的投资。因此，企业很少有动力开启这种投资。它们如果仍然进行了相关投资，在缺乏法律保护的情况下，将面临他人未经授权使用和未得到补偿的风险。这样的风险可能会阻碍这些企业将其机密授权给其他人或与其他人合作。

美国正在经历从制造业经济向所谓的"信息社会"的转型。在这一转变中，服务业的重要性将超过制造业，而制造业是专利保护的传统领域。服务业的主要职能之一是收集、消化、组织和传播各类信息。随着这种转变的进行，服务业开发信息的价值将在国内生产总值（GDP）中占据更大的比重，最终可能超过制造业产品的价值。然而，这些服务业所开发的信息由于自身的特性，可能无法受到专利法和著作权法的良好保护。在这种情况下，商业秘密法将保护美国工业产出的大部分价值，并激励进一步生产。

在过去的几十年里，工业化国家的发展和它们所进行的研究变得越来越复杂和昂贵，需要许多科学家和工程师建立并加入大型研究团队。在大型研究实验室里，很少有重大突破突现，研究和开发都只是一小步一小步地进行。然而，总的来说，这些小步骤是昂贵且可贵的，而且可能是研究、开发和制造领域激烈国际竞争的最终产物。然而，这些无数小步骤缺乏法律保护，可能会导致投资资金外流、员工士气低落而丧失持续创新的动力，以及经济间谍的增加。

三、社会政治意义

美国的社会政治环境迫切需要填补专利法和著作权法之间的空白。在美国，几乎每个月都会有一份关于审判间谍活动的新报告公开。德拉特教授提起自己之前与硅谷工作的客户经验表示，美国产业间谍活动频繁的原因有两个：企业拆分和员工流动性高。

他解释说，美国工业中最具创新能力的部门被许多小企业拆分开来。包括阿罗在内的很多经济学家估计，美国80%~90%的产品创新来自小企业，而不是大企业。有创造力的员工经常离开大型组织去创业或组建小企业。在这些小企业里，他们可以摆脱大公司的官僚作风，寻找更好的机会来发展自己的想法和思路，并从自己的努力中获得更大的利润分成。德拉特教授强调，随着这些创新型小企业的形成、发展以及被大公司收购，它们为授权使用商业秘密创造了新的需求和机会。

四、经济意义

商业秘密的实际保护与法律保护之间的关系是商业秘密法中的一个重要议题。如果一家企业可以对其在业务中使用的信息实现完美保密，商业秘密法及相关法律保护是不必要的。"只有当秘密泄露出去并被其他未经授权的人使用时，才需要法律保护。"但是在这种情况下，如果秘密信息的所有者未能做到对它的实际保护，那么法律为什么要保护它呢？

（一）物理保护

1970年的杜邦迪纳摩公司诉克里斯多夫案（E. I. duPont deNemours & Co. v. Christopher）为这样一个问题提供了解答。在该案中，被告克里斯多夫某天收到了一个未透露姓名第三方的委托，到杜邦迪纳摩公司未完工的甲烷工厂，并拍摄其建造过程。很明显，这是一项工业间谍行为。尽管杜邦迪纳摩公司不知道第三方委托人的身份，克里斯多夫与杜邦迪纳摩公司也没有任何合同关系或其他法律关系，但在案件上诉阶段，联邦第五巡回上诉法院支持了原告杜邦迪纳摩公司关于克里斯多夫盗用其商业机密的诉讼主张，发出要求被告披露第三方身份的命令，并且含蓄地支持了对第三方提起诉讼的主张。该案除了作为美国商业秘密法在没有合同相对性或信赖关系的情况下可以适用的典型案例外，采用法经济思路的裁判也使之闻名。联邦第五巡回上诉法院在裁判书中写道："要求杜邦迪纳摩公司在未完工的工厂上方安装防护罩，只会增加一笔巨大的开支。"为避免杜邦迪纳摩公司采取高昂且浪费的物理防护手段以防范间谍活动，法院拒绝给予杜邦迪纳摩公司救济实际上会鼓励杜邦迪纳摩公司和还有其他情况类似的企业在未完工的化工厂上建造围墙，以掩盖其建筑。

就像德拉特教授分析与判断的那样，法院的这个考量和分析似乎是正确的。他解释说，杜邦迪纳摩公司在未完工的化工厂周围修建围墙，或采取其他类似的极端保护措施，既不会提高杜邦迪纳摩公司的产品质量，也不会让消费者受益。然而，在缺乏对其商业行为进行法律保护的情况下，杜邦迪纳摩公司可能会削减开支，从而降低其经营的经济效率。

（二）内部管理

德拉特教授还表示，如果法律对相关秘密不提供任何保护的话，则企业可能会采取一些低效率的管理措施来保护它们宝贵的技术。例如，它们可能会限制获取重要机密的员工去旅行或参加某些活动，或者可能会限制获取机密信息的员工的人数和级别。从经济效率来说，这些措施可能会妨碍企业自身组织内信息的最佳流动和利用，从而降低效率。此外，为了避免关键员工离职，公司可能会用经济纽带（例如更高的工资或福利），或法律限制（例如同业禁竞合同），来挽留或约束他们。德拉特教授批判说，这些措施可能会将劳动力价格提高至超过雇员的能力、技能和经验的价值，并降低员工的流动性，从而损害经济效率。最终的结果将是增加研究和开发的费用，为企业的管理及创新行为带来不便，对劳动力投资过度，限制员工流动。所有这些都会导致研究、开发和生产效率的下降。

（三）外部合作

德拉特教授表示，同样的分析也适用于企业之间的技术转让。如果没有针对商业秘密的法律保护，企业则可能会因为害怕被模仿而不愿意将这些信息披露并授权给其他公司。对于特别重要的技术秘密，企业可能会完全对任何企业外部的人拒绝披露和授权。因此，不能获得专利的技术将彻底不再公开甚至商业化，最好的情况是由企业自己稳定地利用它。即使秘密所有者愿意许可授权他人使用自己的秘密，它们也可能在授权许可的执行过程中添加管理手段，施加低效的限制条件。例如，它们可能会限制商业秘密在自己的组织内部的传播，或者使用严格的物理安全措施，从而提高被授权人使用秘密的成本。结果将是技术市场受到更多的限制，技术许可变得更少，许可技术的使用效率或效能更低。

早在20世纪80年代末，德拉特教授就观察到，这些影响在国际交易中似乎特别明显。"由于距离、语言障碍、不同的习俗、迥异的法律和商业惯例标准等因素，技术在国际环境中的安全性通常不如在国内环境中的安全性高。"面对增加的泄密风险，为了保护自己的技术免遭泄露，跨国企业会采取更加严厉的安全措施。例如，"一些国家限制向担任外国管理职位的本国公民透露其商业秘密，从而给他人造成了偏袒或有偏见的感觉。另外，有些公司会断然拒绝向某些国家的公司授权、许可使用其最先进的技术。"然而，现实也是残酷的：在与不同国家企业接触时，不少美国企业还是表示会遭到恶意盗用商业秘密的状况，并遭受损失。即使采用了严格的保密手段，也是如此。

（四）经济意义的重要性

尽管美国最高法院在一些判决中将商业秘密政策的目的明确为支持创新和"商业道德"，但它也会强烈支持保护商业秘密的相关经济理由。德拉特教授介绍说，美国最高法院已认识到，废除对商业秘密的法律保护可能会造成企业采纳昂贵的安全措施、增加雇员补偿费用或福利以保持雇员忠诚、对授权许可作出的更大限制以及被迫降低新技术的利用效率等经济效率问题。

当然，对此问题的争论也是有的。其中，最有力的观点是，加强对商业秘密的保护，可能会引发反制力量，从而暴露出商业秘密保护与企业市场价值关系中固有的根本张力。一方面，更有力的商业秘密保护可能会降低企业竞争对手可以获得有价值的信息的概率，从而提高目标技术在市场的价值；另一方面，加强对商业秘密的保护可能会减少有关目标技术及竞争对手的出现或相关技术和企业的信息。失去潜在的买家，会降低目标技术的价值。如果潜在购买者不能获得足够有关目标技术及其竞争对手所持有知识产权的相关信息，则往往进行额外报价，或在报价时非常踌躇。这是因为购买者会据此判定目标技术和开发企业的整体价值存在更大的不确定性。同样，当目标技术的价值不确定性很高时，潜在购买者甚至可能会退出竞标，进一步降低目标技术的市场价值。长此以往，会降低技术开发企业本身对目标技术的研发热情和相关投入。

加强对商业秘密的保护可能会通过减少秘密信息流向竞争对手来增加目标技术的价值。强有力的商业秘密保护法会对商业秘密盗用进行严厉惩罚，并限制竞争对手可获得与商业秘密有关的信息量。限制的程度会直接导致竞争对手进行模仿或退缩且避让。因此，那些将无形资产保护得更好的企业将比保护无形资产能力较弱的企业更有价值，而且买家在购买相关无形资产时，所愿意支付的价格也会更高。

第二节　商业秘密保护重要性的提升

一、与正式知识产权相比

随着科技和经济的发展，商业秘密越来越重要。商业秘密重要性的上升，掀起了诉讼、立法、执法、媒体和学术等领域前所未有的热潮。然而，美国的商业秘密法是四大类知识产权法（专利法、著作权法、商标法和商业秘密法）中时间最短和最不完善的。

其中，专利法最古老。授予专利权的习俗可追溯至15世纪上半叶的意大利。美国部分历史已于第二章中介绍过了。

现代著作权法也有同样悠久的历史。1710年，英国议会制定了第一部著作权法，并颁布了《安妮法》(*The Statue of Anne*)。在其通过后不久，法院承认了普通法原则下的著作权。在美国，为著作权提供法律保护的依据是宪法，因此，美国国会在1790年通过了著作权法案（Copyright Act of 1970）。

美国商标法起源于英国普通法。最早的英国重要商标法案件发生在1742年和1824年。在美国，法院在1837年首次根据商标理论给予救济。在1870

年和 1876 年，美国国会制定并修订了第一套商标法。尽管美国最高法院随后宣布它们违宪，但经过调整，美国国会在 1881 年通过了现行商标法。

虽然商业秘密和商业本身一样古老，但商业秘密法相对来说较新。美国最早关于商业秘密案件的讨论发生在 1837 年和 1868 年，后者被公认为第一次明确确立商业秘密法的司法声明。大约 40 年后，为了编纂普通商业秘密法和促进相关法的统一，统一法律委员会起草了《统一商业秘密法》(*Uniform Trade Secrets Act*, UTSA)，并在 1979 年通过后，在美国各地得到了广泛的接受；1996 年，美国国会通过了《经济间谍法》(*Economic Espionage Act*, EEA)；2016 年，美国国会颁布了《保护商业秘密法》(*Defend Trade Secrets Act*, DTSA)。至此，商业秘密法已经历经了 150 年的发展，足以说明它的重要性。

商业秘密为什么如此重要？了解商业秘密不仅需要法律知识，还涉及不断发展的技术、社会规范、政治、经济和其他因素。这些因素塑造了商业秘密的使用和滥用。在这一过程中，也反映了商业秘密的重要性。这些重要性的支撑理由可以通过大卫·S. 阿尔莫林（David S. Almeling）对商业秘密诉讼的研究和论述中可见一斑。

二、阿尔莫林的研究

（一）新技术

商业秘密在商业运营活动中占主导地位的一个原因是，科技发展使盗用他人技术和秘密信息变得容易。

阿尔莫林介绍说，在计算机出现之前商业秘密信息通常以物理形式存储。我们可以先想象一下，在一家制造公司的一个上锁的房间内，有一个上锁的文件柜，里面有数千页的新产品蓝图。若要盗取这些文件，窃贼就需获得相关设备，尤其是房间和文件柜的"访问权限"。然后，窃贼拿走或复制文件，再把到手的文件装起来，找机会将它们偷运出该公司。

再想象一下，在今天的数字世界中，有一份同样的新产品蓝图，以数字文件的形式存储在计算机网络中，获取它们同样取决于企业管理的复杂程度。它们可能被复杂程度不同的加密技术保护，并对可浏览的员工加以限制。同时，企业还会在安全服务器上为网络加装防火墙。但是，如果有个心怀不满的员工或其他人，有机会获得了这些成千上万件的文件，轻易地下载并通过发邮件等形式，将它们发到互联网上，或者干脆保存在移动硬盘上，然后放入口袋里，神不知鬼不觉地走出公司大门。

因此，阿尔莫林特意强调，在数字时代，秘密信息所面临的风险并不局限于那些能够合法获取的人所构成的风险。很多人都可以进入公司网络，并通过一些技术手段访问公司的机密信息，包括商业秘密。黑客的威胁正在逐年上升。这在几十年前难以想象。然而，很多时候，企业会低估黑客所造成的危害，因为他们会有效地掩盖自己的踪迹。

阿尔莫林也介绍说，增加商业秘密盗用风险的另一个趋势是云端服务。企业通常采购管理账号，再通过互联网提供服务和信息，而不是加装固定设备将信息存储在相对安全的公司内网上。云计算不是新技术，但新的情况是越来越多的政府和企业在云端存储敏感数据和机密数据。虽然各种各样的云服务提供商都会提供五花八门的保护，但是将数据转移到互联网上无疑增加了数据被泄露的风险。而很多云业务提供商并没有做好万全的防护与补救或补偿准备。

正如盗用商业秘密的手段正在激增一样，监控商业秘密盗用行为的技术水平也在提升。有了今天的技术，企业可以采用多样化的安全系统进行监控和防护：使用实时计算机监控技术、视频摄像机，以及用于跟踪员工动向的密钥；以了解何人、何时访问了一个文件，访问了多长时间，从哪里访问的元数据，提升检索数据的取证能力（盗用者为了隐藏自己的行踪可能会删除数据）。阿尔莫林介绍说，支持这些系统的是网络架构和计算机取证技术。它们被业界称为"深度分组检测""基于人类行为的网络安全［系统］""内部威胁工具"等。毋庸置疑的是，当下最流行的是区块链，密码学技术的专利申请量中也在不断攀升。

（二）不断变化的工作环境

尽管企业也许不愿承认，但目前为止，前雇员是因商业秘密盗用而被起诉的最常见团体。阿尔莫林已通过多项实证研究对此现象进行了证实。因此，在对日益增长的员工窃取商业秘密的情况和商业秘密的重要性进行分析时，他建议，应考虑工作环境的变化。

一个变化是员工流动性的提高。工人们不再认为，自己拥有"铁饭碗"，把自己一生的事业奉献给单一的雇主。相反，工作流动性越大，就越有机会在以后的职位上通过利用以前雇主的商业秘密获利，不管是无意的还是有意的。

另一个变化是现代工作环境。工作的可移植性直接导致了商业秘密诉讼量上升。对这个变化的另一种解读方式是工作和家庭之间的隔阂越来越少。员工可以从家里查看工作电子邮件，也可以从办公室查看个人电子邮件。许多员工周末在家进行远程办公。这在 2020 年新型冠状病毒疫情出现后逐步成为一种不可避免的趋势，为泄露商业秘密信息创造了更多的机会。

这样的新工作形式和氛围主要破坏的是企业中逐渐形成的保密观念。因为知识产权法基于信息所有权的概念，其中，商业秘密法是以拥有秘密信息为所有权的基础的。

（三）增加商业秘密信息的价值

阿尔莫林指出，商业秘密比以往任何时候都更重要，因为商业秘密和其他知识产权一样，在美国经济中发挥着越来越重要的作用。一些美国政治与经济学家明晰："广泛的经济研究和分析已确定，知识产权通过促进创新已成为驱动经济增长与发展最大的单一因素"。

因此，从国家层面来看，美国商业秘密法律保护也在逐步加强，例如为盗用商业秘密设定刑事责任和民事责任。这些都是商业秘密重要性上升的进一步证据。美国国会不仅更加重视商业秘密盗用的法律补救措施，而且正在将更多的资源用于这些法律的执行。因此，这些法律责任也会增加商业秘密盗用的成本，对商业秘密本身的价值产生一定的正面影响。

（四）《统一商业秘密法》

商业秘密普遍增多，随之而来的是商业秘密诉讼的增多，继而伴随着商业秘密法律体系的发展。阿尔莫林强调，USTA 的广泛采用提高了律师、企业、法官等对商业秘密法的认识，并使商业秘密法的适用和法律本身具有更大的一致性。在 USTA 之前，各州在各种商业秘密问题上存在巨大的差异，从构成盗用商业秘密的行为类型到提供的补救措施。但是，USTA 建立了一个对盗用商业秘密行为进行法律救济的模板，为商业秘密保护提供了一个必要的起点。

（五）商业秘密灵活的保护范围

阿尔莫林还指出，商业秘密诉讼增加的一个原因是商业秘密的灵活定义。因为商业秘密被广泛地定义为任何通过采取合理措施保持保密并可以衍生出经济价值的秘密信息。属于这一定义范围内的主题类别正在不断扩大。

根据各种法源，被法院认可的一小部分商业秘密主题包括化学配方、源代码、方法、原型、预售定价、财务报表、预算文案、合同条款、商业计划、市场分析、工资、供应商和客户信息、正反实验结果、工程规范、实验室笔记本和配方。现实生活中的例子包括从某教会的宗教教义到铁路玩具的概念再到九年级学生的标准化考试。商业秘密的定义具有潜在的广泛性，所以我们平时说，商业秘密的含义往往是由什么不是商业秘密来定义的。

第四知识产权——美国商业秘密保护

虽然商业秘密的定义长期以来一直很宽泛，但这种泛度最终可能会导致商业秘密诉讼的持续增加。这也意味着商业秘密法完全符合创新的渐进性（旧思想的发展）和革命性（新思想的出现）。

（六）国际威胁的兴起

除了美国公民和企业窃取商业秘密，阿尔莫林也指出，外国个人、企业和政府的威胁也提高了商业秘密的重要性。有几个因素可以解释国际威胁程度的上升，其中一个是商业的国际化。越来越多的美国公司在进行国际化经营，无论是依赖外国制造商的供应链还是依赖外国资本市场均如此。简单来说，由于越来越多的美国公司冒险到海外经营并带去它们的商业秘密，这些商业秘密变得更容易遭到外国方面的侵吞。此外，某些国家认为窃取商业秘密是对自身发展的援助。

随着国际商业秘密盗用的增多，对于美国来说，一个主要问题是执法难度。依据盗用商业秘密责任的事实，美国法院可能没有对相关案件的管辖权。在海外获得司法正义同样困难，因为外国在司法程序、商业秘密保护和尊重法治方面差异会很大。

（七）与专利法的相互作用

阿尔莫林介绍说，最近美国专利法的发展已打破了企业们追求专利权还是商业秘密之间的平衡。人们谈到商业秘密时，也常会提到专利，因为两者都保护一些相同类型的信息。某些信息的所有者，包括配方、计算机程序和制造工艺的所有者，可以选择使用商业秘密或专利对这些信息进行保护。但是，专利和商业秘密的主题远非同等广泛。尽管任何信息都可以是商业秘密，但是专利保护的主体范围要窄得多。原因在于，许多类别的商业秘密，其中包括客户名单、财务信息、人力资源数据和商业战略，都不符合专利保护主题的条件。他的这一看法与其他人无异，不存在任何争议。

阿尔莫林也表示，保护成本可能成为对商业秘密有利的另一个考虑因素。专利的申请、获取、维护和强制执行的成本越来越高。相比之下，商业秘密法中没有将信息指定为商业秘密的类似正式要求，并且它们的确权不需要任何具体的归档程序。经过阿尔莫林多年的实证观察，虽然商业秘密所有者必须采取合理步骤确保信息保密，但法院通常会认为，保密手段的合理性是一个相对宽松的标准。

第三节 企业使用的商业秘密管理策略

通常,拥有知识产权的企业的管理者都认为,使用知识产权的最佳效果是抑制竞争。换句话说,就是防止潜在的竞争对手向顾客提供相同或相似的产品或服务。企业通常认为,市场所产生的力量能够提高其自身产品或服务的价格,从而增加其利润。但很多企业研发、战略和法律职能整合得很差。因此,依靠知识产权保护来防止模仿和行使市场权力是企业常会想到使用知识产权的原因。对于如何使用与保护知识产权,哈佛大学法学教授威廉·W. 费雪(William W. Fisher Ⅲ)与商学教授费利克斯·奥伯霍尔泽吉(Felix Oberholzer – Gee)提供了多项理由,本节将从九个方面详细介绍。

1. 行使市场权力

开发新产品或服务的企业面临的第一个知识产权战略决策是应该寻求哪种形式的知识产权保护。专利、著作权、商标和商业秘密各有优缺点。有时,当其中一种保护途径明显优于其他保护途径时,企业在它们之间会作出明确的单一选择。例如,一家公司已经合成(或从天然产生的物质中提纯)了一种新药,如果可能的话,应该努力争取该药的发明专利。又如,制作电影的团队应该确保对视听作品注册著作权。在这种单一知识产权策略的情况下,只有寻求知识产权保护的成本通常比市场盈利能力的折现价值更低,企业才能直接作出明确选择。

又如,一家公司开发一种结构或成分不明显的产品,可以选择保持其成分配方的秘密,并依靠商业秘密法来加强对工业间谍活动的预防;或者为产品本身或其制造工艺寻求专利保护。这两种方法各自具有明显的效益和成本。这时,这家公司要考虑的因素似乎就变得复杂且重要了。

第一,商业秘密保护在保护的有效时间上可能是无限的。第二,进行商业秘密保护要求企业对其雇员规定保密义务,这些管理雇员的总成本可能远远超过申请并获得专利的成本。第三,从逻辑上讲,授权使用商业秘密比授权使用专利更加困难。因为后者带来的风险较小,但秘密的创新总会在不经意间被释放到公共领域。第四,通过信息披露,专利权有助于向潜在投资者可信地展现出企业的能力和潜力。这些因素对于寻求外部融资的初创企业尤为重要。第五，商业秘密保护和专利保护之间的选择取决于权利的强度。由于专利申请涉及信息的（部分）披露，如果权利不稳定，且创新特别有价值，则竞争对手模仿专利产品的可能性就会增加。因此，对一些小创意申请专利、对最有前途的创新进行保密是最佳的知识产权战略选择。

只有当一个人或一家企业熟悉技术，且熟悉联邦或州对每类知识产权的保护规则时，才有可能明智地权衡各类知识产权，在它们之中作出选择，尤其是在商业秘密和专利之间选择。例如，企业需要了解其发明满足专利法"非显而易见性"要求的难度，以及商业秘密法对雇员在公司之间横向调动及利用雇员在从前工作中获得的知识的限制程度。

商业秘密与专利等知识产权授予知识产权人市场垄断机会，但这些机会的价值往往取决于他们竞争对手的战略行动。这些竞争对手的反应很重要，因为他们有能力影响市场的整体价值。

2. 出售战略

如果一项资产在新公司手中更有价值，那么出售该项资产对企业和社会都是有利的。就知识产权而言，如果创新者缺乏充分利用这些知识产权的使用或营销能力，就会出现这种情况。然而，出售知识产权的过程往往充满困难，因为潜在的买家对一项创新的价值了解有限。而且，因为卖家担心盗用，充分披露其创意的动机有限。如果企业可以解决这两个难题，就可以从出售商业秘密等知识产权中获益。

3. 许可

一家创新企业可以在保留商业秘密等知识产权所有权的同时，许可而非出售一项或多项使用权。更具体地说，商业秘密持有人可以授予被许可人使用一项或多项商业秘密权利。

在最基本的许可决策中，企业会比较从许可费中获得的收入和增加竞争的成本。当一项商业秘密在市场权力下特别有价值时，企业通常会拒绝作出授权。在竞争对手比创新者更有效率的情况下，或者是在竞争对手拥有创新者所缺乏的资源和能力的情况下，授权许可他人使用自己的商业秘密可能才更具吸引力。

如果技术新进者开发的非侵权技术没有功能性优势的话，则围绕现有技术的发明将成为一种社会浪费，但这为授权许可制度创造了机会。如果权利人意识到新加入的创新企业有能力围绕自己的技术进行发明，那么应该愿意将技术授权给新来者使用，优化双方的处境。

授权许可也可能在其他方面对授权和被授权双方都有利。被授权方通过获得授权，减少将产品推向市场所需的时间，提高生产标准化产品的能力并且从网络效应中获益，或许也可以避免过失侵犯知识产权的责任。最后一点，在具有密集属性的"专利丛林"技术领域中尤其重要。同时，授权方也可以通过回避应对不稳定知识产权的挑战和抑制会减少利润的竞争而获利。如果新加入的创新企业能够令人信服地认为，其现行技术不会涉及知识产权侵权问题或盗用商业秘密问题，在技术上是可行的，而且相应成本是可以被负担得起的，那么权利人可能会考虑交叉授权，从而同意开出或接受更好的授权许可条款。

4. 合作

与竞争对手协作，可以通过多种方式提高企业创新及其商业秘密等其他知识产权资产的价值。这些战略有巨大的潜在好处。

然而，其中一些战略将使企业与反垄断法或其他法律紧密联结。例如，参与标准制定组织的战略是协作战略的重要组成部分。合作型竞争对手在设计和制造产品时与知识产权所有者遵循共同的标准协议，通过促进网络外部性、降低信息成本等进行合作。这样的合作模式往往会大幅提高产品对消费者的价值，从而反过来使所有竞争对手受益。

5. 捐赠

积极的知识产权策略中最柔和的方式就是公开一家公司的商业秘密。因此，许多捐赠技术的实例都是非战略性的。例如，越来越多的企业在直接或间接地向发展中国家提供知识产权应用服务。这种服务可以带来巨大的人道主义利益。通过透露自己的知识或技术信息，企业可以向资本市场显示自己的价值，并为其进一步的创新努力获得低成本的股权融资。

6. 防御

面对拥有重要知识产权资产的竞争对手，企业也有各种各样的选择来设计自己的知识产权战略。在法律诉讼中，商业秘密的诉讼往往是组合式的，夹杂着专利、合同等其他法律问题。正如阿尔莫林等人的统计结果显示的一样，单纯的商业秘密案件中原告在美国胜诉比例并不是很高。

7. 开发替代性技术或产品

如果选择开发替代性技术或产品，为了确保这种战略明智和有效，管理者则必须权衡几个变量。其中，最明显的一个变量是随之而来的竞争。如果两家公司生产和销售联系紧密的替代品，并在科学、工程或工艺等相关领域可以得到同等的技术机会，那将产生最激烈的竞争。但是，在商业秘密法上，独立开发和反向工程不受法律追究。

8. 缓和

为了获得竞争对手的技术，且有效避免有关盗用商业秘密诉讼，企业可以选择建立自己的大型知识产权组合，尤其是专利池。有底气、资本和能力向盗用商业秘密案件的原告威胁提起反诉可能会阻止竞争对手积极主张他们关于商业秘密及其他知识产权类型的法律权利。此外，大型知识产权组合往往使得同行业间的企业相互依赖，鼓励广泛的交叉许可。

9. 迅速传播技术成果

当企业考虑进入一个可能牵涉到其他公司知识产权的行业时，它可以作出最后一项知识产权战略选择：选择忽略竞争对手的潜在要求，以快速的方式传播潜在涉及侵权问题的技术。企业短期内的目标是迅速而广泛地在内部管理和市场中部署这项技术。从而，当企业面临诉讼的挑战时，它可以说服知识产权持有者授予许可证，或者，有更好的一种情况，也是更适用于商业秘密诉讼中的一种情况，可以说服知识产权持有者、法官或陪审团其技术是合法的，进而撤诉或对其作出有利判决。

第四节　企业使用商业秘密保护的原因

在产品和服务中，企业使用商业秘密保护除了具有最重要的先发优势（leadtime benefits）外，还有其他的目的。即商业秘密作为一类知识产权还可以与其他类型的知识产权如专利、商标、著作权进行组合，从而最大化知识产权的利用价值。关于企业使用与不使用知识产权，特别是商业秘密，新罕布什尔大学法学教授大卫·勒文（David Levine）与加州大学圣地亚哥分校法学教授泰德·西切尔曼（Ted Sichelman）以初创企业为参照，提出了正反共十三项理由，本节将详细介绍。

企业使用商业秘密的理由有如下几点。

（一）保持领先，弱化竞争

先发优势是指，一家公司的产品或服务比竞争对手更早进入市场。这往往使该公司能够获得某种特定产品或服务的主导市场份额和优势。通过使用商业秘密，企业可以保持先发优势，有时还可以排除潜在竞争者，并维持其产品或服务在市场中的寡头垄断地位。

（二）专利保护不可用

有时，专利可以比商业秘密更好地保持先发优势或避免竞争，特别是当反向工程或独立发明是容易实现的时候。然而，在许多情况下，企业无法使用专利来保护一项发明的。例如，一个太抽象或明显的想法，不具备专利主题资格，也不满足其他的专利授权条件。因此，使用商业秘密非常重要的原因是，它可以作为专利保护的替代品。

两位学者表示，从历史上看，围绕可专利性的法律不确定性问题加剧了专利保护的有效性问题。这会促使企业使用商业秘密对自己的技术成果进行保护。相比之下，商业秘密保护没有任何申请上的要求，也不需要通过修改撰写文书而调整保护对象和范围。一条信息要么达到受商业秘密保护的标准，要么达不到该标准，且在诉讼之前，没有任何行政机关能够检查和决定这些标准是否被达到。

（三）专利保护有局限：过于昂贵、薄弱或难以实施

西尔切曼教授一贯在自己的文章中表示："初创企业在决策是否申请专利时，可能会受成本效益分析的影响。"申请和主张专利权所涉及的法律服务费用是非常高昂的。同时，专利权人也要经常应对他人对专利权的挑战，并在2011年的《美国发明法案》颁布后此种情形变得更加频繁。这个过程企业同样要面临高额的法律服务费，以及巨大的失败风险。因此，专利系统的高成本会让很多初创企业望而却步。

相反，商业秘密保护几乎可以即刻获得，不需要向政府支付任何备案费，甚至不必要请律师在保护前期来进行前期确认。当然，商业秘密保护在采取预防措施方面也的确有一些不菲的费用，例如拟定并签署保密协议、安装实物保护装置，以及在预防措施失败的情况下后续因诉讼而产生的法律费用。尽管如此，这些费用通常可能比获取和主张专利权的费用要少。因此，小发明可能不值得很多企业，尤其是资金紧张的初创企业，花费巨资，以获取专利权。两位学者这样的观点也呼应了为何美国在20世纪70年代经论证而选择不引入实用新型机制。

（四）在申请专利之前提供保护并与之相辅相成

即便专利法本意不想使专利保护成为商业秘密保护后期的保障，"专利和商业秘密通常被认为是相互排斥的替代品"，但现实中依然有很多商业秘密被秘密使用多年后，最终仍然获得了专利保护。因此，专利和商业秘密经常被用作补充战略，这样的战略特别适用于大型知识产权投资组合。

在一项技术的早期开发和使用过程中，强有力的商业秘密保护方案往往很重要。同时，商业秘密还可以与现有专利协同发挥作用。例如，知识产权与先发优势可以互补：初创企业可以对创新投入在各阶段进行集中保护，而非待创新作为产出时，再来提供保护。此外，即使一项产品已经具备了产品专利，也有可能保留生产过程的关键发明细节。但是在实践中，后期对这些工艺发明再进行专利申请，仍然有机会获得专利保护。

两位学者还介绍说，在另一种策略中，一些能够由数据产生发明的企业，在生成数据的过程或系统上获得发明专利后，再将数据保留为商业秘密。这通常在实践中是可行的。

（五）协助投融资

两位学者强调，持有专利权可以帮助初创公司获得融资，并提高收购或首次公开募股（IPO）的可能性和股价。同样，保护商业秘密，即充分保护秘密的有价值信息，可以有利于企业通过多渠道融资和退出金融市场。

以一个低成本制造某商品的制造工艺为例，有价值的商业和技术信息可以使一家初创企业以较低成本实现竞争对手两倍的生产量。投资者得到消息，了解到这家初创企业的优势后，表面上可能出于鼓励为目的为它提供资金支持，而同时也在积极地寻找最佳的撤资点。这时，具备或缺乏知识产权可能会直接影响投资者的利益及决定，选择是否会投资、收购这家初创企业。然而，专利和商业秘密之间的一个主要区别在于：由于专利信息是公开的，可以起到信号作用，即帮助投资人识别企业技术资产的价值和创新能力；而商业秘密由于不公开，可能无法起到类似的作用，或效果不如专利明显。并且，专利除了具有信号价值之外，作为一种无形资产，本身就直接有助于融资。在这方面，商业秘密与专利一样具有许多类似的非信号功能，作为无形资产，在融资活动中对初创企业有帮助。

（六）防范员工加入竞争对手

两位学者表示，初创企业经常会遇到希望离开原工作单位或自己组建新公司的核心员工。然而，同业禁竞合同会禁止雇员在竞争对手处工作，是在终止劳动合同的一段时间内，阻止人力资源流失的主要机制。强制执行同业禁竞合同可以非常有效地防止雇员流失。然而，在美国一些州，同业禁竞合同在某些情况下受到法律的禁止，或者在签署或执行时会受到各种限制。在这些州，商业秘密和专利可以被用来替代非竞争协议的排除效果，通过对雇员向新雇主提供专有信息处以重罚。

（七）通过授权创收

在授权问题上，商业秘密在理论上并不能为其所有者提供保护。两位学者解释说，一旦信息被主动披露给第三方，而第三方又没有义务将信息作为秘密保存，所有的相关保护都会失效。当然，商业秘密所有者可以试着通过签署保密协议的形式，使秘密信息接收方保密。然而，许多潜在的许可方可能会拒绝签署此类协议，以免未来发生相关诉讼。在许多技术流转过程中，信息可以逐一披露，借用叶史瓦大学卡多佐法学院教授麦克尔·伯恩斯坦（Michael Burstein）的一个比喻，就像"洋葱"似的，被层层剥落，只有经过长时间的讨论和协商，技术所有人才会披露最有价值的秘密的技术信息。勒文与西切尔曼表示，当这些信息以协商授权的方式被披露时，商业秘密法可以保护技术所有人最有价值的核心秘密信息不会被无酬公开，并在相关技术交易中发挥着关键作用。

（八）战略性扭转谈判局势

如果商业秘密能够扩大授权许可所带来的前景，商业秘密就可以在与潜在合作对象的战略谈判中发挥杠杆作用。两位学者举例说，当两家公司同意对彼此的知识产权和相关权利进行交叉许可时，其中一些信息和权利属于商业秘密的范畴，而不仅仅是专利权或著作权。理论上，通过商业秘密保护那些原本不受保护的信息资产，可以增加商业秘密持有者在这类谈判中的讨价还价能力。因为法律赋予了这些信息价值，而这本来是其持有者在没有商业秘密法的保护下无法享受到的。

然而，勒文与西切尔曼还总结到，企业认为商业秘密不适用的考虑因素还有如下几点：

（一）反向工程的易用性

由于商业秘密在法律上可以通过反向工程被发现，因此与专利权相比，商业秘密往往更难实施。

（二）他人可对同一技术独立申请发明专利

因为独立发明在美国不能成为专利侵权的辩护理由，业界普遍认为，这让专利变得更具吸引力。一个独立发明人可以将另一个发明人的商业秘密申请专利，只要该发明人通过合法手段开发了同一项发明，不涉及盗用商业秘密问题。因此，第三方不仅可以通过独立发明的盾牌来规避盗用商业秘密的法律风险，而且，还可获得一利刃——独立发明成果的专利权，来指控他人侵犯其专利权，甚至指控其他商业秘密持有人专利侵权。这些法律活动往往可以打破市场的平衡，有利于专利保护。

（三）无法营销，也无法向投资者解释

在法律意义上，依赖商业秘密的一个主要难题是企业必须对有价值的信息进行一般意义上的保密。因此，商业秘密通常不会吸引风险投资人和其他可能拒绝签署保密协议的投资者。并且，商业秘密可能使价值评估师和机构投资者更难追踪上市公司的价值。因此，在 IPO 的阶段中，以商业秘密为核心的经营战略可能不是最明智的选择。

（四）开源创新、开放创新和其他合作模式

开放创新、开放源码和其他需要在公司和个人之间大量共享信息的商业模式，可能会阻碍商业保密和其他秘密信息的使用。具体而言，密切的合作关系和联合项目往往使商业秘密保护难以维系。因此，先发优势或专利可能成为最好的优化方案。

（五）依赖同业禁竞合同和保密协议

与员工签订保密协议、同业禁竞合同等与依赖商业秘密法对秘密信息进行保护并不冲突。但合同和商业秘密并不总是相辅相成的。事实上，同业禁竞合同可以加强企业最基本的商业秘密保护，使员工更难离开去竞争对手那边工作。此外，企业担心员工裹挟"自己王冠上的宝珠"跑掉，很可能转而申请专利。这可能至少会减少对商业秘密保护的依赖和使用。

第五节　商业秘密的行业特征与企业特征

专利权、著作权、商标权与商业秘密这四大类知识产权如何组合，不同的行业及不同的企业具有的特征是不一致的。

一、行业间的不同特征

2014 年，美国国际贸易委员会（International Trade Commission，ITC）对 7000 多家美国企业进行了调查。根据调查结果，58.3%的国际企业认为商业秘密"非常重要"，而认为商标重要的企业占总数的 43.5%，认为专利重要的企业占总数的 48.3%，27.4%的企业认为著作权重要。此外，在专利密集型的行业和技术领域，如化学和信息与通信技术，企业通常也更有可能认为商业秘密"影响很大"，其重要程度高于专利。例如，美国在制造业、化学工业、

计算机与电子产品、机器行业和交通运输设备行业中,企业更可能考虑使用商业秘密。同样,在非制造业领域中,美国的信息产业领域(包括出版业和软件领域)和教育科技服务领域也非常重视商业秘密。详细的调研结果如表3.1所示。

表3.1 商业秘密重要性调查表

产业	商业秘密/%	专利/%	商标/%	著作权/%
全产业	58.3	48.3	43.5	27.4
制造业	62.1	55.9	50.1	26.1
化学行业	69.7	67.6	54.4	26.1
机器行业	53.0	48.2	41.5	21.9
计算机与电子产品	70.6	64.3	49.9	34.4
交通运输设备	47.8	42.8	38.5	22.1
非制造业	54.3	40.1	36.5	28.7
信息	63.6	44.1	57.2	50.9
技能、科技与技术服务	49.9	42.1	20.3	20.3

数据来源:美国国家科学基金会(NSF)与国家科学与工程统计中心(NCSES)的2012商业研发与创新调查报告。

从表3.1中可以看出,不同的行业是有不同的表现特征的。例如,化学行业往往比其他行业更重视商业保密。

半导体行业企业,在技术变革的快速推进和产品生命周期缩短的推动下,采取的知识产权策略更多地依赖先发优势、保密性和管理策略,而非专利来提高其制造或设计能力。

生物技术制造商出于各种原因,也会使用商业秘密策略以保护技术工艺和相关程序,例如,专有技术,以及用于对信息进行处理并限制他人进入存储信息设施的程序。这些预防措施得到了商业秘密法的支持。此外,某些不符合专利的申请要求(专利主题、实用性、新颖性、创造性)的信息,例如技术专有信息(know-how),只能通过商业秘密来保护。

"技术推动"类行业将商业秘密、技术的复杂性和先发优势作为重要的知识产权战略方法。"技术推动"类行业是指那些技术本身(区分于受市场偏好推动)作为创新主要驱动力的行业,例如软件行业。在软件行业中,保密比先发优势、著作权以及其他实现或营销能力更重要。然而,软件行业相对其他行业来说,更容易受到反向工程的影响。虽然源代码是商业秘密保护的主要对象，但这样的保护也比较脆弱，因为无论是通过检索功能或通过所谓的反编译，都可以重新创建源代码。

二、同行业的不同特征

即使在同一行业，企业出于不同的目的，商业秘密策略也会具有不同特征。

第一，企业规模。中小企业往往倾向于商业秘密而非专利的最常见原因是获取和实施专利的成本。相反，没有资金限制的大公司可以从专利中获益更多。

第二，融资需求。保密加剧了企业和外部市场参与者之间的信息不对称。对于技术密集型行业中的高增长企业来说，保密的代价尤其高昂，因为这些企业通常通过在股票市场上出售股份来筹集资金。股票流动性通常被认为是上市企业的理想特征，因为越高的股权可交易性越可以引起外部投资者更大的兴趣，并降低企业从股票市场筹集资金的成本。然而，企业和市场参与者之间的信息不对称会造成股票流动性不足，进而使企业无法顺利实现融资目的。

第三，工艺过程。一般就制造工艺而言，在保护工艺创新不被重复或受到竞争的影响时，商业秘密和先发优势比专利更重要。工艺方法通常更难被他人探测到，因此，更适合使用商业秘密进行保护。不过，使用商业秘密来保护一种易获取和探测的工艺方法往往也很困难。

第四，先发优势。先发优势通常被认为是使用商业秘密的主要原因。事实上，常见的"临时禁令"的目的是"防止被告通过使用被盗的商业秘密在获得竞争优势的有限时间内使用商业秘密"。专利和商业秘密都可以被战略性地用来创造市场先发优势。

第五，竞争与合作。商业秘密可能在促进甚至迫使某些行业中企业达成合作方面发挥作用。最常见的商业诉讼案涉及离职员工，他们离职后加入原企业的竞争对手，或成立一家新公司与原企业形成竞争关系。因此，那些不主动对外合作的企业，会由此害怕知识的传播。从经济学的角度来看，这种传播通常被视为有益的知识溢出。一项针对3900家德国工业和服务公司的研究发现，企业普遍认为专利和商业秘密对于防止知识溢出非常重要。

第六，研发。关于商业秘密如何影响企业研发的行为，存在相互矛盾的实证研究结果。有些积极创新的企业会更积极地使用商业秘密，有些则不然。

第六节　商业秘密保护与企业市场价值

长期以来，商业秘密包含有关市场数据、生产技术诀窍、化学配方和技术数据的信息。由此，有学者认为，在美国，它是最重要、最容易引起诉讼的知识产权，也被视为企业的"王冠上的宝珠"。

有研究认为，企业拥有持续竞争优势的关键是其所持有资源的价值。特别是，随着世界经济的知识密集程度不断提高，表现优于竞争对手的企业越来越依赖于发展自营业务的相关知识。这时，商业秘密保护如何影响企业的市场价值？实际上，企业加强对商业秘密的保护力度有双面性，而保护商业秘密的效果取决于其本质。企业商业秘密保护对企业市场价值的影响主要由市场与法律决定。发现这一现象的是葡萄牙与美国的三位经济学家弗朗西斯科·卡斯泰拉内塔（Francesco Castellaneta）等。这一节通过他们的发现进行对相关问题进行介绍。

一、市场信息的不对称性

一方面，加强商业秘密保护可能会减少竞争对手所获得的高价值企业特有信息，从而进一步提高企业的自身价值。另一方面，加强对商业秘密的保护可能会削减潜在投资者获得有关目标企业及其竞争对手的信息，从而降低该企业的价值。[1] 当投资人不太能够获得目标企业及其竞争对手所持有的知识资产的非公开信息时，投资人会倾向于贴现，因为此时目标企业的总体价值存在更大的不确定性。同样，当目标企业的价值不确定性很高时，潜在收购方甚至可能会退出竞标过程。这会进一步降低目标企业的市场价值。当目标企业的行业表现出较大的资源价值不确定性和较高的不良投资风险时，企业的市场价值蒙受负面影响。

二、法律保护的正面影响

加强对商业秘密的法律保护，可以通过减少向竞争对手泄露有价值的秘密信息来增加目标公司的价值。

---

[1] 在收购或其他融资活动中，目标企业是指潜在被收购或被投资的企业。

加强商业秘密保护，通过严厉惩罚盗用商业秘密的行为，限制对手对商业秘密相关信息的了解，可以增加目标企业的市场价值。因为当商业秘密这类无形资产得到更好的保护时，受竞争对手的影响也相对减少一些。因此，那些无形资产受到更好保护的企业比那些保护力度较弱的企业更有价值，且投资者也愿意为购买其股份支付更高的价格。

并且，更强有力的商业秘密保护可能会降低现有企业员工的流动性及其在外部劳动力市场的吸引力。当对盗用商业秘密行为实施重大处罚时，员工甚至可能失去与雇主讨价还价的能力，这可能导致员工工资下降和企业盈利能力提高。在知识型员工流动风险较高的行业，由于员工议价能力丧失企业盈利能力提高这一现象尤为明显。同时，对商业秘密的保护越强，知识型员工流动所面临的法律风险越大，企业的市场价值就越高。这越利于企业在市场上融资。

三、法律保护的负面影响

强化商业秘密保护后，企业的市场价值也可能会下降。因为商业秘密保护减少了潜在投资者了解有关目标企业及其竞争对手的信息，增加了目标企业价值的不确定性。

具体来看，增强商业秘密保护可能会限制目标企业及其竞争对手向潜在投资人所提供的信息内容和数量，因为其中很大一部分投资人感兴趣信息的内容都因商业秘密被隐藏和保护而无法公开，从而目标企业价值的不确定性可能会导致投标人不得不降低报价。

然而，当商业秘密可以得到更好的保护时，目标企业自愿向潜在投资人披露的信息数量依然不太可能会增加。在尽职调查阶段，无论是通过与目标公司合作还是私下采取其他手段，投资人仍然可以获取目标企业通过商业秘密隐藏的一些信息。此外，由于存在更有力的商业秘密保护措施，投资者所能获得的信息可能会进一步减少。但其既有、用于评估目标企业价值的有用性信息的质量可能会由于其他信息的不完整性而下降，因为有关竞争对手的信息更加难以获得。

结合如上的讨论，一方面，随着商业秘密保护的增强，目标企业在知识型员工流动性较高的行业经营时，市场价值增加；另一方面，在资源价值不确定性高、投资风险低的行业，目标企业的市场价值会由于经营方式而下降。

第七节 商业秘密保护与产业孵化

商业秘密保护与区域产业孵化有关系吗？如果有，那么是一种怎样的关系呢？在阐述这个问题之前，先要简要介绍一下美国最有名的两个产业孵化园区的情况。一个是位于加州的硅谷产业孵化园（以下简称"硅谷"），另一个是位于马萨诸塞州的128号公路产业孵化园（以下简称"128号公路"）。自斯坦福大学法学教授隆纳·吉尔森（Ronald Gilson）通过细解与对比这两个产业园区以说明商业秘密政策与法律对企业成长与产业孵化的影响以来，再谈到相关问题，就再也绕不开这两个园区的故事及吉尔森的对比了。

128号公路和硅谷都起源于当地的高校。128号公路临近哈佛大学、麻省理工学院，硅谷临近斯坦福大学。这些高校是产业孵化园成长的核心。正是不同的机缘和因素在这些特定大学的周围造就了著名的工业区。

一、128号公路的故事

在第二次世界大战和冷战期间，美国国防科技支出的增加，成为128号公路的一个关键事件。麻省理工学院在第二次世界大战期间，接受的军事资助比其他任何大学都多。这在很大程度上要归功于麻省理工学院教授、当时政府资助机构的负责人——万尼瓦尔·布什（Vannevar Bush）。有了这笔资金，麻省理工学院创建了辐射实验室。同样，1951年，在冷战初期，美国空军的资助使麻省理工学院建立了林肯实验室。到了20世纪60年代中期，波士顿地区大学从事相关研究的实验室雇用了大约5000名科学家和工程师。由于这次拥有成熟技术且经验丰富的工程师的聚集，而得以出现集聚经济，这个地区成为商业技术发展的温床。例如，林肯实验室的科学家成立了50家企业，其中包括计算机企业迪集多（Digital Equipment Corporation，DEC），另有55家企业由麻省理工学院仪器实验室的科学家成立。

二、硅谷的故事

和128号公路一样，硅谷的现有形式也是在第二次世界大战之后形成的。20世纪30年代，惠普（Hewlett-Packard）和利顿（Litton）工程实验室相继成立。在无线电和信号领域迅速发展的这一背景下，相关领域的专家弗雷德里克·E. 特曼（Frederick E. Terman）发现了硅谷这块宝地，造就了硅谷崛起的初始条件。作为麻省理工学院布什教授的学生和第二次世界大战期间哈佛大学无线电研究实验室的主任，特曼第一次看到了高校与产业合作，即产学结合的潜在好处。第二次世界大战后，他回到斯坦福大学，率先努力构建高科技工业园区所必需的国家级集聚性经济氛围。他扩增了斯坦福大学工程项目的规模，到1950年，斯坦福大学获得资格颁发电气工程博士学位，与麻省理工学院相当。

20世纪50年代，斯坦福大学不断扩大产学结合的范围。斯坦福大学创立了斯坦福研究所，明确地将其作为大学研究和商业应用之间的桥梁。斯坦福大学还启动了荣誉合作计划（Honors Cooperative Program），鼓励当地企业的工程师回归校园在高校接受教育，从而形成了高校与公司之间持久的互动。最后，斯坦福大学将校园附近的一些土地规划成了斯坦福工业园区，这确保了高校与工业区之间的联系得以加强。到了1961年，该工业园区已设有25家公司，占地超过3957.6亩。

三、128号公路与硅谷的比较

最初，这些高校和地方政府为企业所提供的有利条件是不同的。第二次世界大战与冷战期间的军事基金为麻省理工学院和128号公路提供了契机，特曼教授的努力也区别于布什。就特曼来说，他和硅谷早期的成就部分是由他自己在波士顿的经历塑造的，并成为之后通往斯坦福大学和硅谷的动力。

20世纪60年代，与硅谷相比，波士顿的128号公路地区被视为一个更重要的技术中心。到了20世纪70年代中期，硅谷已赶超上来。此时，这两个产业园区都被看作电子工业的关键创新中心，但有不同的优势：硅谷擅长半导体芯片，而128号公路则擅长小型计算机。这个类别介于IBM公司主导的超级计算机（或大型机）部门和苹果公司开创的新兴"微型计算机"部门。从20世纪80年代早期开始，硅谷超越了128号公路，成为世界上最卓越的信息技术中心。但128号公路并没有衰弱，它所在的波士顿地区在生命科学、计算机系统设计、电信设备、数据存储、技术仪器和面向行业的软件工具方面依然保持着重要创新地位，特别是在生命科学（包括生物技术和医疗设备）领域。

四、影响产业孵化的因素

有大量的学术研究围绕产业孵化和商业秘密保护进行理论与实证分析，其中不仅包括吉尔森教授的研究，也包括南加州大学法学院教授乔纳森·巴奈特（Jonathan Barnett）与西切尔曼教授的探讨。结合他们的研究，可以发现，美国在过去30年对相关问题的探讨和关注主要集中在以下四个方面：①竞业限制；②商业秘密法；③不可避免泄露原则（Inevitable Disclosure Doctrine, IDD）；和④流动性文化。

（一）竞业限制

加州商法下的劳动法条款规定："任何被限制人从事任何合法职业、贸易或商业活动的合同无效。"令人好奇的是，虽然加州法律对同业禁竞合同进行全面禁止，但加州的科技公司依然经常在雇佣协议中加入同业禁竞条款。现有的数据显示，大型上市企业采用同业禁竞条款的比例约为60%。这并不比没有类似法律州的企业采用非竞争条款的比例低得多。

加州已经认识到，同业禁竞条款的法定禁令不适用于为了保护雇主的商业秘密或机密信息而在雇佣合同中对员工离职后的限制。基于这一例外，加州法院在20世纪八九十年代以及现在都适用了商业秘密例外条款来强制执行不征求和不披露义务。

加州法院将不会强制执行在另一个州所签署的同业禁竞合同，即使这个州通常承认并强制执行同业禁竞合同。然而，如果企业和前员工受到执行同业禁竞条款的外州法院的管辖，而且该外州的裁决是最终裁决，那么在加州同业禁竞合同通常是可被强制执行的。

相对而言，马萨诸塞州坚持执行同业禁竞条款。马萨诸塞州的法律在同业禁竞条款的可执行性方面增强了企业信心。然而实践中，该州法院认为，同业禁竞合同应以有利于员工的角度被解读。该州最高法院曾在判决书中强调，同业禁竞条款只有在保护雇主的商誉、商业秘密或机密信息的范围内才能被强制执行。它将合同的合理性标准扩大到要求员工在终止雇佣合同时放弃某些延迟补偿的合同条款，理由是这些合同条款隐含了同业禁竞性质。

（二）商业秘密法

加州和马萨诸塞州法律下的商业秘密法是类似的。如果说有什么区别的话，那就是自1984年颁布《加利福尼亚州统一商业秘密法》以来，加州法律在一些领域对商业秘密持有者的保护稍微强一些。特别是，根据普通法，马萨诸塞州将只承认在"业务中持续使用的"信息才是商业秘密，商业秘密法保护范围较加州窄。相比之下，《加利福尼亚州统一商业秘密法》放弃了对信息使用的连续性这一要求，而且，正如法条的立法过程中所明确的那样，即使商业秘密申请人尚未使用该信息,也承认该商业秘密。

(三) 不可避免泄露原则

根据对不可避免泄露问题的补救办法,法院可以一个人"不可避免地泄露"属于前雇主的商业机密为由,禁止此人为新雇主工作。马萨诸塞州似乎更愿意接受 IDD,因为该州的上诉法院从未明确拒绝过这一原则。而加州法院却曾明确拒绝承认这一原则。然而,这种表象的区别是欺骗性的。

截至 20 世纪 70 年代末和 80 年代初,这两个州都没有承认 IDD 或商业秘密法下的任何同等规定。然而,1984 年,加州通过采纳 UTSA,对 IDD 表示了开放态度。《加利福尼亚州统一商业秘密法》规定,如果法院发现存在"挪用的威胁",原告可以根据商业秘密法获得救济。尽管加州表面上已经拒绝了不可避免泄露问题的补救措施,但是它实质上保留了根据商业秘密法获得关于面临盗取商业秘密威胁补救的可能性。

(四) 流动性文化

流动性文化可以简单理解为跳槽。加州禁止执行同业禁竞合同,马萨诸塞州可强制执行同业禁竞合同。加州和马萨诸塞州关于员工离职后保证不参与原企业竞争的不同法律规定,有助于解释员工工作流动性的差异。离职后依据合同不与原企业竞争,有可能严重限制员工在现有企业和初创企业之间流动。因此这严重限制了由员工传播所实现的知识溢出。

在硅谷的流动性文化下,开放式架构的创新氛围在当地逐步形成,同时形成的还有对纵向一体化的偏见。这的确比 128 号公路由更多传统组织构建的垂直一体化创新结构更能形成技术员工的长期就业文化,更有利于创新知识的集散。

第四章 商业秘密法的不确定性、复杂性和局限性

在美国，商业秘密法是从各州普通法发展起来的，经历了《侵权法重述（第一次）》、《统一商业秘密法》（*Uniform Trade Secrets Act*，UTSA）、《经济间谍法》（*Economic Espionage Act*，EEA）和《保护商业秘密法》（*Defend Trade Secrets Act*，DTSA）的发展变化。由于州法与联邦法、普通法与成文法、狭义知识产权法与商业秘密法的复杂交织，以及商业秘密法本身法源、法律词语概念定义等众多问题，商业秘密保护在实践中具有不确定性和复杂性，并表现出局限性。

第一节 商业秘密法涉及的几个基本重要概念

商业秘密法是在各州普通法中发展起来的，但有12项基本法律概念特别重要。这些基本概念由本节罗列，并在各章中详细展开。

一、商业秘密信息

从1939年的《侵权法重述（第一次）》，到1979年的UTSA，再到1996年的EEA，又到2016年的DTSA，法律都对商业秘密（trade secret）进行了定义。尽管商业秘密的定义在这些法律中不完全一致，但一致的是，受法律保护的商业秘密应具有两方面要件。第一方面要件关于商业秘密的定义，即怎样的信息构成商业秘密：①不为大众所知；②具有经济价值；③经过持有人合理努力保密。第二方面要件指的是诉讼中，商业秘密盗用的构成要件要素有：①被告获得的信息是通过不正当手段（improper means）获取的；②被告不适当挪用或盗用（misappropriation）了商业秘密信息。

DTSA对商业秘密的定义，一部分来自EEA，另一部分沿袭了UTSA。它

的语言与 UTSA 多处一致。除了所适用的"信息"范围有区别外，它对商业秘密的定义与 UTSA 完全相同。具体来说，UTSA 中的信息泛指所有信息，DTSA 仅针对受到商业秘密保护的信息。然而，实践中，UTSA 的具体适用范围取决于各州的普通法和对 UTSA 的适用程度。

二、人

"人"（person）指自然人、公司、商业信托企业、房地产企业、合伙企业、协会组织、合资企业、政府、政府分支机构或代理机构，或任何其他法人或商业实体。

三、商业

商业（commerce）指国会可以依法监管的所有商业活动。

四、不正当手段

"不正当手段"（improper means）包括任何低于合理的商业道德标准的行为，包括盗窃、贿赂、不正当手法引诱、违反或诱使他人违反保密义务，或通过电子或其他手段从事间谍活动。

UTSA 通过举例而非定义的方式解释了"不正当手段"的含义。它规定的"不正当手段"包括"盗窃、贿赂、不正当手法引诱、违反或诱使他人违反保密义务，或通过电子或其他手段从事间谍活动"。

DTSA 对"不正当手段"的定义与 UTSA 的定义一样，是一个说明性清单，其中包括了一系列犯罪和侵权行为。如果这些犯罪和侵权行为是以不正当获取或不正当披露或使用商业秘密为目的，则视为构成"盗用"或"不当挪用"。

尽管许多法院和法学家引用了杜邦迪纳摩公司诉克里斯多夫案（案件背景见第三章），认为"不正当手段"可以包括一些本身并非犯罪、侵权或违约的行为，"不正当手段"的确切含义和范围在州法律中尚未得到明确解释。这样的要求也体现在 DTSA 和 UTSA 的语言当中。

五、不适当挪用或盗用

UTSA 给出了一个相对彻底的关于不适当挪用或盗用（misappropriation）的定义：

（1）知道或有理由知道商业秘密是他人以不正当手段从另一人的商业秘密处取得的；或

（2）下列情况中未经另一人明示或默示同意而披露或使用其商业秘密的：

（a）以不正当手段获取商业秘密；或

（b）在披露或使用商业秘密时，知道或有理由知道他对该商业秘密的知识获取是（i）源自或通过某人以不正当手段取得的；（ii）在产生保密义务或被限制使用义务的情况下取得的；或（iii）源自或通过对秘密持有者负有保密义务或被限制使用义务的人取得的；或

（c）在该人立场发生重大变化之前，知道或有理由知道这是一项商业秘密，并知道这一知识是由于意外或错误获得的。

根据 UTSA 对"不正当手段"的定义，可以通过几种方式产生保密责任。进而，不适当挪用或盗用一般包括：①在有保密责任或被限制使用秘密的情况下，未经同意予以披露或使用秘密信息；或②以不正当手段获取秘密信息。

DTSA 中所载的不适当挪用或盗用的定义不在 EEA 的原文中，而是和 DTSA 的其他新规定一样，逐字逐句借鉴了 UTSA，一并加上去的。与 UTSA 一样，DTSA 的条款也非常复杂，其中界定了以下内容：①商业秘密持有者的各种过失；②盗用者所必须具备的心理动机；以及③潜在的第三责任方以不正当手法对直接盗用者的诱因。其中，不适当挪用或盗用的定义很大一部分依据的是通过先例引用而未经立法系统确认的州案例法，包括一些界定"不当手段"和保密义务的法律原则与道德原则。具体来看，这些原则包括确定何时设定明示和默示保密义务的合同法原则，以及关于保密义务法律管辖的法律程序原则。

两种一般类型的不适当挪用是：①不正当手段取得或②披露（或被称为"泄露"）。不正当的手段包括雇员明知、但要离开雇主而抄袭雇主的机密资料，以及租用飞机为竞争对手正在兴建的工厂拍照的人。因披露而造成的挪用，是指某人在获得商业秘密后，未经所有者同意而使用或披露该商业秘密。

一般来说，法院会在以下三种情况下认定不适当挪用或盗用的法律责任：①被告违反了由合同或保密关系设立的保密义务；②被告违反了单独的法律规范（如惩罚侵占、欺诈或盗窃的法律）；③被告以违反商业道德标准的方式侵占或盗用了商业秘密。

六、保护期

商业秘密保护没有固定的期限（duration）。商业秘密保护在理论上可以永

久存在，提供了长期竞争优势的前景。只要秘密持有人满足对信息进行保密和为保密而作出合理努力的要求，其保护就可以持续很长时间。固定的保护期限既带来机会，也带来风险。然而，由于秘密持有人在"合理努力"上的失败，或受第三人行为的影响而使商业秘密不复存在，秘密持有人在任何时候都可能面临突然丧失商业秘密相关权利的不确定性。

七、意外泄露

在意外泄露（accidental disclosure）商业秘密的情况下，信息获取人在获取信息方面既不需要采取任何明示行为，也不存在巨大成本。这是由于秘密持有者的错误，偶然泄露了相关信息。

八、补救措施或救济

对违反商业秘密法的传统救济（remedy）是直截了当的，而且直到现在也是如此。传统的商业秘密盗用救济措施包括禁止进一步使用和泄露的禁令、临时使用产生的损害赔偿等。如果有不适当挪用或盗用商业秘密的行为，则一般的补救措施是发布禁令。但是，法院也可以授权使用费、损失的利润、律师费和/或其他惩罚性损害赔偿等形式判给损害赔偿。

UTSA明确规定，禁令仅在商业秘密有效期内有效，如有必要，还可延长一段合理的时间以消灭盗用行为为被告带来的商业利益，其中会考虑秘密持有人的实际损失，以及被告者的任何额外不当得利。

法院还可以在涉及故意和恶意盗用商业秘密的案件中除了判给原告损害赔偿，也可以判定惩罚性赔偿，例如律师费。

九、禁令救济

（1）可以禁止实际或有威胁的商业秘密盗用。原告向法院提出申请，之后在商业秘密不复存在的情况下禁令（injunctive relief）终止。但禁令可以延长一段合理的时间，以消灭被告盗用商业秘密可能产生的商业利益。

（2）在特殊情况下，禁令可规定被告日后使用秘密信息的条件为向原告支付合理的授权使用费，但授权期限不得超过禁止使用的期限。例外情况包括但不限于，在获得知情权或有理由知悉禁令之前发生的实质性和有害的立场变化是由盗用公款等不公平或不当的动机造成的。

（3）在适当情况下，法院可以下令强制采取保护商业秘密的平权行为。

十、不可避免泄露原则

不可避免泄露原则（Inevitable Disclosure Doctrine，IDD）产生于不适当挪用或盗用的威胁这一概念，但两者之间的关系依然存在争议。该原则提出，雇主可以通过证明，前雇员在其他企业的新工作职责将不可避免地使其利用该雇主的商业秘密，从而禁止该前雇员在特定地理范围区域内加入某些特定新企业或在特定技术领域内开展新工作。

一般来说，基于不适当挪用或盗用商业秘密的威胁，IDD允许法院禁止雇员为其雇主的竞争对手工作。雇主必须证明其雇员能够获得其商业秘密，而且该雇员与新雇主有类似的法律责任，因此他在为新雇主履行职责时不可避免地使用或泄露这些商业秘密。如果雇主证明其前雇员不可避免地会向竞争对手泄露其商业秘密，法院可以给予临时禁令，或者在极少数情况下给予永久禁令，禁止该雇员为竞争对手工作或参与竞争对手的某些工作。但在适用这一原则时，企业和个人相互冲突的利益之间存在一个根本的政策性矛盾：雇主保护商业机密或有价值信息的需求，以及支持劳工自由流动的需要。

十一、同业禁竞合同

同业禁竞合同（Covenant not to Compete，CNC）可能是企业与股东、员工、供应商、经销商、特许经营商或顾问之间合同的一部分。同业禁竞合同是为了保护雇主的利益而签署的，这些利益包括商业秘密、机密信息，或者商誉。虽然同业禁竞合同可以延伸到雇员以外的人，但他们通常也是雇佣法的主体。法院在决定是否执行同业禁竞合同时，会在雇主的利益与雇员就业权利之间取得平衡。根据雇员的工作和技能，法院会以地理（特定的距离或地理区域，如市或县）和时间（以月或年为单位）为单位对同业禁竞合同的执行加以限制。

历史上，同业禁竞合同受普通法管辖。各州关于同业禁竞合同的法律在多个方面有所不同，包括保护雇主利益的种类及范围、地理和时间范围、对同业禁竞合同的充分考虑因素、可用的禁令和金钱损害赔偿，以及民事诉讼程序。现在，在面对一份同业禁竞合同时，只要该合同在范围、地域和期限上是合理的，并且对雇主的保护是必要的，大多数法院就会选择支持和执行。然而，有些司法管辖区会采取更严格的观点，禁止任何企业或机构对个人从事某一职业有所限制。

第四知识产权——美国商业秘密保护

有些州已经颁布了关于同业禁竞合同的法令。其中，最典型的就是加州。《加利福尼亚商业和雇佣法》第16600条规定："除本章另有规定外，任何人被限制从事合法职业、贸易或任何种类业务的任何合同，均属无效。"

十二、保密协议

企业用以确定什么是受法律保护的商业秘密的一个方法就是通过起草和签署同业禁竞合同和保密协议（Non-disclosure Agreement，NDA）[①]。但这两类合同有所区别：保密协议只禁止员工获得授权去披露雇主的机密信息，而非限制其职业发展。相对于同业禁竞合同，保密协议通常在诉讼中更容易得到法院支持。其中一项有力证据就是，签署保密协议本身就在告知雇员，雇主所有的资料具有秘密性。

使用保密协议存在一些问题。首先，保密协议可能不适用于新企业或小公司，因为这些企业或公司获得高质量法律咨询的机会有限。劳资纠纷通常在雇佣关系结束后发生，而保密协议必须在雇佣关系一开始就签订，因为双方通常不会考虑解除雇佣关系；此外，员工在签署保密协议时，通常并没有预期尽快更换雇主。其次，还有一个试图保护未知信息的问题，即在雇佣关系外部界定商业秘密是不可能的，因为基础的研究和开发还没有完成。因此，员工在签署保密协议时不一定会清晰了解到保密对象。

第二节 商业秘密法的不确定性

相对其他类型的知识产权法，商业秘密法是知识产权领域的一个反常现象。商业秘密法主要是其他法律规范的集合。然而，商业秘密的概念本身，无论是信息这一事实，还是秘密这一事实，都不能为现代商业秘密法所规定的法律责任提供令人信服的理由。对著作权、专利权、商标权、肖像权的保护以及其他对抗不正当竞争、侵权行为的权利赋予了权利人对抗外界的财产权。这些权利约束了与权利人没有优先关系的人，禁止侵占和使用权利客体，而不考虑权利人是如何获得的权利。相对而言，商业秘密法注重具体的信赖关系义务，只有在盗用或不适当挪用的情况下才会被施加赔偿责任。在这种情况下，商业

---

① 或被称为不使用或披露秘密信息的协议。

第四章　商业秘密法的不确定性、复杂性和局限性

秘密保护需要参照单独的法律规范。这也恰恰体现出它的不确定性。

在实践中，商业秘密法的诉讼结果具有很大的不确定性。该不确定性主要来源于商业秘密法在法理上的争论，商业秘密法中法律词汇的定义，各州的普通法和刑法、UTSA、EEA、DTSA 的差异及适用，联邦法对州法的无优先权等因素，主要具体体现在以下六个方面。

1. 商业秘密法的起源：财产还是关系？

部分商业秘密判例可以追溯到相关法律产生的概念，但总体上缺乏明确性。商业秘密法根植于两种截然不同的法律理论：财产和侵权。这里的侵权可以简单理解为基于信赖关系的义务。早期美国法院对商业秘密保护的法律基础持完全不同的观点：一些法院认为保护商业秘密是由于商业秘密属于财产，一些法院认为商业秘密保护是基于双方之间存在的保密关系。这两种观点都没有错。在转让商业秘密时，更容易将其认定为财产，但在谈到保护问题时，观点现在依然不是很清晰、一致。关于商业秘密法理依据的分歧造成了商业秘密法律保护和应用过程中的困难，也增加了商业秘密案件在诉讼中的不确定性。

2. 可保护的"知识与技能"与不可保护的"常识与技能"之间的界限

通过 DTSA、USTA、《侵权法重述（第一次）》、《不正当竞争法重述》就可以简单了解到，商业秘密盗用主要有两项诉讼要件：①证明存在商业秘密；②证明存在不适当挪用或盗用。在分析商业秘密案件时，如果无法证明第一项要件，那么作为原告与被告之间的关系就商业秘密盗用问题在本质上就是不相关也不成立的。

传统上，法院将可保护的信息与不可保护的信息分开，使用"技术专有信息"一词表示可保护的信息，使用"一般知识和技能"一词表示不保护的信息。然而，这些术语对于阐明或划定商业秘密保护的界限几乎没有作用。有的律师甚至学者会认为商业秘密即等同于技术专有信息，但美国法院已经认识到"技术专有信息"一词的含义并不明确，有时会与不可保护的雇员的一般知识相重叠。雇主可保护的"技术专有信息"与员工的个人知识和技能之间的界限在长期担任技术或工程职位的员工身上尤其模糊。

UTSA 的重要意义不是从根本上改变了来源于普通法的商业秘密法，而是再次聚焦在商业秘密的保护范围上，限制了不必要的商业秘密诉讼。从内容中可以看出，UTSA 给出了一个非常详细的商业秘密定义。UTSA 简化了商业秘密案件中原告与被告的关系问题，但是扩展了对商业秘密的保护。

UTSA 在保护商业秘密时进行了排除。除了符合具有商业秘密定义所要求

的保护客体，它并不保护所有秘密信息。作为被保护的商业秘密，一项保护客体不能是"一般知识"或"可合理查明的"信息。

3. 不适当挪用或盗用商业秘密的责任

虽然法律上还没有定案，但是对不适当挪用或盗用进行判定的趋势是在加强商业秘密保护及当事人和第三人的责任，即不仅会因为不当使用或泄露他人的商业秘密，还因为不当获取他人的商业秘密而负有法律责任。

根据普通法的规定，披露或使用他人商业秘密的人，如果是通过不正当的手段发现该秘密的，那么须承担法律责任。这种规定以保护商业秘密的侵权理论为基础，侧重强调通过"不正当手段"获取商业秘密。这相当于违反了当事人间的保密关系。

在一个人知道或者有理由知道该商业秘密是通过不正当手段取得的情况下，针对该人取得他人的商业秘密的行为，UTSA规定了盗用该商业秘密的法律责任。很明显，这比普通法的责任对象更为广泛。然而，不足的是，如何确定"知道或者有理由知道"，以及什么是需要知道的。这些问题在各州适用UTSA时基本上没有探讨，还依然有待解决。当涉及被指控的商业秘密盗用者是未参与最初盗用的第三方时，这个问题尤其重要。因此，实践中，很多企业在面临这样的指控，又不确定自己获取相关知识的渠道是否涉及商业秘密盗用问题时，为降低法律风险，会选择主动和原告和解。

此外，普通法要求责任对象实际使用商业秘密。相对而言，UTSA规定了未经他人明示或暗示同意，披露或使用他人商业秘密的赔偿责任形式。这样比较来，普通法和UTSA对于未实际使用而仅取得商业秘密是否足以触发法律责任这一问题存在分歧。

4. 保密义务

什么是保密义务？这些义务又是如何形成的？在美国，根据大多数州的法律，保密义务可以通过多种方式产生，可以通过法规、职业规范或合同来限定。在商业秘密相关事宜中，除可能适用反欺诈法规的相关情况外，订立保密合同义务既可以是书面的，也可以是口头的、明示的或事实上暗示的。

就保密义务这一问题，DTSA或UTSA中都没有明确定义。DTSA中有许多条款是从UTSA借来的，许多相关语言也是直接取自UTSA，并得以定义。因此，关于保密义务，我们很难预测美国联邦法院未来在适用DTSA时，将如何借用各州所适用的UTSA，并保持联邦法的一致性。

5. 惩罚性赔偿

根据 UTSA 或 DTSA 裁判惩罚性损害赔偿时，法院需要判定不适当挪用或盗用商业秘密的动机存在故意或恶意。什么是"故意"和"恶意"？

这个问题非常重要，因为这是原告根据 UTSA 和 DTSA 寻求律师费补偿的唯一途径和依据。如果原告声称商业秘密被"恶意"盗用，那么法院可能会要求被告支付原告律师费。在美国，这一笔费用非常不菲。然而，无论是 DTSA 还是 UTSA，都没有试图明确定义这些要求，也仅仅在定义中提供了几种选择。这些选择虽不尽然彼此冲突，但其中不乏个别相互排斥的。

6. 补偿衡量标准

首先，法院所面临的最重要的问题是，在补偿方法的选择上应何时判以授权使用费代替禁令；如果裁定被告支付授权费，具体金额应如何计算。

DSTA 和 UTSA 都允许商业秘密案件原告收回其因挪用而造成的实际损失，以及商业秘密盗用者的不当得利。但这两者不能同时适用，以避免重复计算。这种类似的措辞在其他联邦法规中也存在，包括著作权法和《兰哈姆法案》。

然而，对商业秘密持有者的实际损失和商业秘密盗用人不当得利的衡量标准是什么？是否可以参照专利法中已得到充分认可的填平原则，以防止商业秘密持有者获得与其商业秘密价值不对等的诉讼收益？这些问题都有待回应，甚至是政策性回应。

第三节 商业秘密的复杂性

商业秘密法的表达通常包括很多不精确和可延展的术语，例如"一般不知道"或"不易查明"和"根据情况，合理地努力保守其秘密的主题内容"。这些要素决定了秘密信息的持有人是否具有受到商业秘密法保护的资格。"不适当挪用"或"盗用"会触发对符合资格的商业秘密的保护。对这些行为的判断取决于被告是否违反了"保密或被限制使用的义务"或使用了"不正当的获取手段"。

提供一致和连贯内容的唯一途径是制定一个强有力的政策框架，从而准确地指出哪些利益值得保护，以及为什么需要保护。

商业秘密法的基本理论要求比较容易阐明。然而，在没有充分政策指导的情况下，法院很难在特定事实的文本中赋予其具体内容。在实践中，商业秘密的复杂性主要体现在以下四个方面。

1. 保密及维持保密的合理努力

受保护的信息或资料必须是机密的,而秘密持有人必须采取适当的预防措施,以保持机密性。实际上,法律并没有使用一条高标准却明确的界限——绝对保密作为保密要求,而是留给法院来决定什么时候信息是足够保密的、秘密持有者所作出的保护努力是否是合理的、是否足以实现商业秘密法律保护。

在实践中,对有价值的信息保密总是必要的,但不一定是绝对的。当出于获利的动机时,分享信息是允许的,也是必要的。然而,正是如此,界定保密产生了困难。从原创信息分享中获利的欲望几乎激发了每一个自愿披露重要商业秘密的秘密持有者,并随后诉以商业秘密盗用,以防止其他人对秘密的进一步使用或传播。如果企业允许为了利润而无限制地分享商业秘密,那么保密要求就几乎不存在了。

为了达到维护保密这一要求,无论秘密持有者有怎样的获利动机,动机有多强烈,法院必须决定秘密持有者披露的程度和方式是否合适、是否跌破了商业秘密保护的底线。由于缺乏明确的政策目标来限制法律和法院作出保密要求的功能,法院只能就案件作出临时决定。这就加剧了商业秘密法的复杂性以及不确定性。

2. 不适当挪用或盗用的范围:大于渎职、侵权或犯罪

不正当获取他人财物的问题,例如盗窃、贿赂和不正当手法引诱他人盗窃,通常会受刑法和侵权法或不正当竞争法管辖。这些手法也同样是商业秘密法下不正当获取商业秘密的手段。一个困难的问题是,商业秘密法下的"不正当手段"是否应包括非刑事或非侵权的"不正当"行为。EEA 已将盗用商业秘密归类于刑事问题。尽管没有任何"非法入侵,其他非法行为,或破坏保密关系"的情况,但是法庭还是允许商业秘密持有人追回相关损失,因为商业秘密盗用不限于特定的几类过失行为,而是包括各种过失和故意的不当手段。

无论每个案件的判决结果是否恰当,司法系统和执法系统在处理商业秘密保护上的困难和问题在于,面对企业在保护商业秘密时,采取不合理的预防措施、抑制发明动机的举措和对他人商业道德的检验,并不能提供太多的分析指导。

3. 作为财产权的商业秘密

这一点与商业秘密的不确定性相关联。如上一节介绍过的,商业秘密是否

是财产这一争议还远未解决。这个问题除了是一个学术热点,也会对裁判的结果产生重大影响。

4. 鼓励发明

通过第一章对莱姆利教授的相关学术观点与贡献的介绍,不难发现,关于商业秘密保护"鼓励发明"最好从基本的经济原理来理解。虽然创造信息的成本和费用可能极其昂贵,但其他人通常可以仅支付极少的边际成本来获取和使用它。因此,商业秘密法可被视为与专利法、著作权法类似,有"鼓励发明"的功能。在受到法律保护而限制未经授权的第三方获取和使用商业秘密的范围内,商业秘密法减少了第三方通过不公平竞争对商业秘密持有人造成的不利影响,并且其继续鼓励发明。

虽然"鼓励发明"这一基本原理是有说服力的,但正如莱姆利教授等学者提醒过的,商业秘密法的这一功能有两个严重的缺点:首先,除非完全排除他人对相关信息的使用,商业秘密保护所赋予的所谓"永久性权利"非常不牢固。商业秘密法允许某些类型的信息开发或收集行为,包括独立发现和反向工程。因此,必须率先找到一个基础,对相关保护加以限制,例如,明确特定的信息保护模式、加强排他权在诉讼中的可预测性。其次,"鼓励发明"的激励理由更适用于其他形式的保护,如专利法和著作权法。商业秘密激励作为一种有效的"激励"功能,必须是对专利法和著作权法规定激励的补充,而不是冲突、重复、替代或吸收。

第四节 商业秘密法的局限性

在费特斯诉乡村电话公司案(*Feist Publications v. Rural Telephone Service*)中,美国最高法院明确了纯粹的信息不在著作权的保护范围。美国社会也认识到著作权的保护是有限的,并将目光转向商业秘密法和商业秘密保护。

然而,商业秘密法也存在一定的局限性。这主要是由其法律内容和原则的局限性与实现商业秘密保护过程手段的局限性所造成的。

第一,商业秘密法排除了"一般知识和技能"受其保护的潜在可能。因为商业秘密法不保护公共信息,并遵循公平原则保护员工的劳动成果。并且,UTSA 也不适用于纯粹的机密或专有信息。依据 UTSA 第七章,UTSA 与合同法救济并不冲突,但合同救济可适用于被错误使用的却不符合商业秘密资质要求的信息。

近些年，虽然使用合同拓展商业秘密保护已非常常见，但商业秘密法不仅不是由合同法创建的，且商业秘密法还限制了一些合同条款的潜在有效性。

第二，商业秘密法保护排除了"可合理查明"的信息。可合理查明信息是指在期刊、参考书或出版物中的信息，也包括在市场通过反向工程或简单观察得到的信息。根据《侵权法重述（第一次）》，法庭将重点放在被告和业界是否真正了解相关信息上。然而，UTSA 在这个保密要求的基础上，增加了一个更加有限的要求，即信息不能"随时查明"。因此，根据 UTSA，法院会调查这一领域的专家是否能够找到现有的公共信息，并利用公共信息制定程序。《侵权法重述（第一次）》和 UTSA 要求中的差异很重要，可以深刻地影响案件的结果。

在不同的州中，受政策偏好影响，不受商业秘密法保护的一般知识和技能、经验和可查明信息的范围也不同。例如，被这两项因素排除保护的范围在商业秘密保护主题范围较广的加州就更窄一些。

第三，商业秘密法提出"合理努力"这一要求。商业秘密持有人必须作出合理努力来保护它。该要求的基本原理是，如果商业秘密持有者不愿意作出努力保护，那么法院也不愿意保护。换言之，商业秘密的保护总是有成本的。

第四，商业秘密法提出关于"独立的经济价值"的要求。商业秘密是否具有经济价值这一判定问题并不太受到学者、法官和律师的过度关注，因为虽然《侵权法重述（第一次）》只是简略地要求了经济价值，之后的 UTSA 才提出了更加具体的价值要求，即使过去有一些法院混淆了经济价值与其他价值的含义，但 UTSA 的措辞相对清楚。

由于商业秘密法存在这些局限性，不是任何信息都一定可以获得商业秘密的保护的。这也造成了在现实中商业秘密诉讼成本高、诉讼结果不确定性大的现象。大量企业虽然频繁使用商业秘密保护这种手段，却不能完全依赖于此。

第五章 企业保护商业秘密的措施与手段

商业秘密作为一类知识产权和无形资产,已成为企业保持核心竞争力的重要资源。依据商业秘密信息的种类、各州的普通法、商业秘密法、《统一商业秘密法》(*Uniform Trade Secrets Act*,UTSA)、《保护商业秘密法》(*Defend Trade Secrets Act*,DTSA),制定知识产权保护战略已成为企业最重要的战略组成部分。

第一节 商业秘密类保护的信息分类

一、商业秘密分类

商业秘密必须是"信息"。这一保护主题所涵盖的范围甚广,是商业秘密保护的主要好处之一。然而,这样一个宽泛的定义对构成商业秘密的信息并未进行分类管理,这对一般人造成了较大困难。了解信息的分类对学习商业秘密法很有帮助,一般将商业秘密信息进行以下几种分类。

(一) 按信息产生的渠道分类

第一类是企业在保密交换中生成、拥有并传递给员工或外部合作对象的信息,例如,企业为其员工提供的企业开发的有关技术蓝图,或者在员工培训期间展示如何进行内部安全检查。

第二类是员工或合作组织在为一家企业履行职责或合同责任的过程中产生的信息。根据普通法下的所有权规则,如果员工签署了一项成果转让协议,或者被视为"受雇从事某项发明",即他们的主要工作责任是为企业创造发明并推导出技术解决方案,那么他们就不再拥有在工作中产生信息的所有权。如果是非雇佣关系的合作关系,技术开发团队根据约定是有可能保有开发成果的所有权的,而委托开发的企业只被授权或独家授权使用相关技术成果。

第三类是完全由雇员或合作方产生的信息,但完全超出了他们的职责或合同范围,并没有太多占用企业的资源,例如,想象一下某制造业企业员工在业余时间开发出了一款网络游戏。

(二) 按行业了解程度分类

信息尤其是经营信息一般可按行业人员的了解程度,简单概括地分为三个基本类别:某一特定领域或行业的所有人实际都知道的信息;某一特定领域或行业的多数人知道,但少数人不知道的信息;某一特定领域或行业的少数人知道,但多数人不知道的信息。

(三) 按诉讼主题分类

针对1995~2009年美国各州法院与联邦法院的商业秘密诉讼案件,阿尔莫林等人将商业信息分为以下9类:①公式;②技术信息与技术诀窍,包括方法和技术工艺;③软件与计算机程序;④客户信息,包括客户名单;⑤内部商务信息,例如营销、财务与发展战略;⑥外部商业信息,包括供应商、竞争对手及非客户的第三方信息;⑦组合商业秘密;⑧未被投入使用的商业或技术信息;⑨其他或未知的信息。

(四) 按信息流动所形成的信息对称程度分类

第一类是企业内部的对称信息,即企业知道及具有资格的员工知道;第二类是企业内部的非对称信息,即企业不知道但仅员工知道,或企业知道但企业不知道有多少员工知道及员工知道多少;第三类是企业外部的对称信息,即其他企业知道该秘密信息的存在,但不知道该秘密信息的具体内容;第四类是其他企业完全不知道该秘密信息的存在。

在笔者一项关于雇佣关系间商业秘密问题的研究中,通过整理技术秘密在员工和企业及企业外部流动的情况,对技术秘密信息进行了分类。合作对象间的商业秘密类型也可以类比参照该图。根据图5.1,披露的公共信息有:D、P_1;企业与员工共享的信息有:P_2、P_3、P_4、P_5;员工独自掌握的信息有:L、H_1、H_2。

二、技术信息持有者

英美法系中,法律规定关于信息披露主题可以分为两部分:人力资本信息和企业信息。员工和企业都是信息的载体,商业秘密的法律问题集中在员工和企业之间及组织和组织之间的关系上。

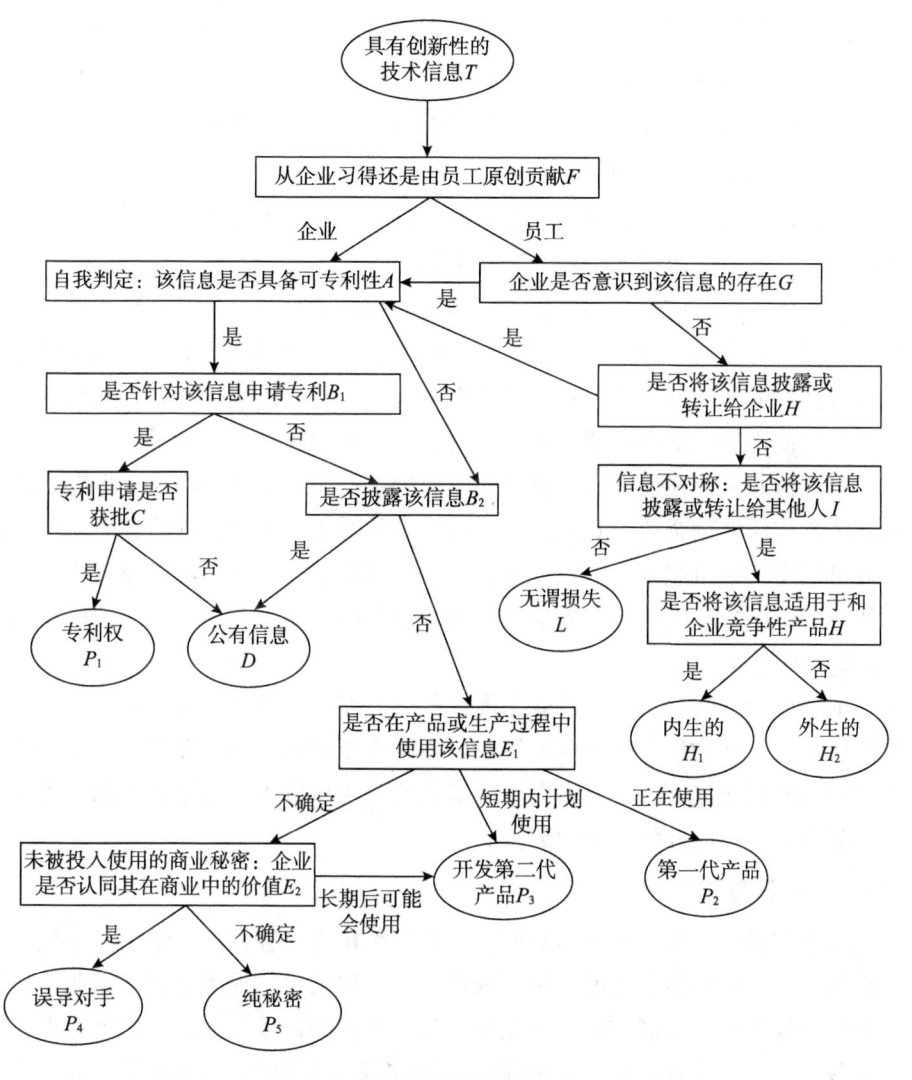

第五章　企业保护商业秘密的措施与手段

图5.1　企业内雇佣关系间技术秘密信息分类及流动图

（一）体现在人力资本中的信息

一般情况下，人力资本对许多企业来说是一项非常有价值的资本。同时，员工在获得企业认可时，也可以在就职的企业中获得有价值的信息。具体的人力资本是指，仅对某一企业有特定价值的人力资本。企业会为获得这项资本持续支付对价，即要么通过培训员工，要么付给员工高报酬。提供培训以增加一般人力资本的企业可以安排其培训计划，以便在特定时间有计划地向员工提供特定内容的培训。

— 99 —

例如，在信息背景下，一家企业有价值的人力资本是对该企业经营程序了解的员工。了解这些信息仅对该企业有贡献，从而企业必须支付必要的员工培训费用。也许这些信息还对其他企业有价值，但员工不能窃取供其他人使用。

（二）体现在企业中的信息

企业也拥有信息，其中一部分是初创时期由企业主自己形成的，另一部分是在经营过程中，通过人力资本不断积累的。

企业所持有的信息与人力资本所拥有的信息不同，存在形式是非自我占有型的。当一份商业秘密写在一张纸上被锁在企业管理者保险柜里，或者作为了解或持有该秘密的员工人力资本的一部分而存在时，是很容易被人看到的。当信息仅以使用的记忆和习惯形式存在时，就不太容易被人看到了。

以上这两种存在形式的信息对企业的创新都非常重要。例如，将知识传递给外部合作伙伴是企业向其他公司，包括竞争对手，传递信息的有效途径。拥有对市场中其他组织具有潜在价值的知识，增加了企业对与创新相关的潜在合作伙伴的吸引力。因此，与外部共享知识更有可能建立和促成更多的机构间协作，以加强创新。

市场所面临的现实是，企业为促成各类合作，必须偶尔向潜在的买家、授权许可对象、企业投资人或其他第三方披露商业机密。为了在保持正常业务关系的同时对商业秘密进行保密，企业必须将保密事宜恰当地通知外部各方，使各方配合，并积极监控保密效果。

（三）信息盗用者

持有信息的人和组织还包括所谓的信息盗用者，存在如下情况：①他们或是得到了商业秘密持有者的现员工或前员工的协助；②或者得到了商业秘密持有者的现任客户，或者前任或者预期的商业伙伴的协助，如授权许可对象、原始设备制造商、合营伙伴、经销商或者供应商；③可能是无关的第三方，我们将其定义为没有得到现任或前任员工或商业伙伴的协助，但获得了身份不明人士或组织的协助；或④可能是身份不明的组织或个人。

（四）政府

政府机构根据其监管职能会定期从企业中获得大量信息，其中不乏一些企业认为是属于商业秘密的信息。

因此，总的来说，对于信息的掌握者主要有以下两类：第一类源于企业内部，包含企业自身、企业员工；第二类源于企业外部，包含离职员工、竞争对手、合作伙伴、与企业无关联的第三方、不明身份组织与个人、政府监管者。

第五章　企业保护商业秘密的措施与手段

第二节　商业秘密保护排除原则

一、商业秘密保护排除原则的内容

企业是否可以利用商业秘密法阻止员工利用在工作中学习和收获的知识和技能？在美国，所有50个州的法院都持否定态度。员工的一般知识、技能和经验不能作为商业秘密受到相关法律保护。商业秘密法的一个基准原则是，企业可以与员工分享商业秘密，只要企业采取合理的措施来维护信息的保密性。

这就产生了一个悖论，直指商业秘密法的核心：企业被法律鼓励与员工交流商业秘密，而一旦这些信息成为员工的一般知识、技能和经验的一部分，就失去了法律保护。

可以从一个经典的商业秘密案例来认识和了解这个问题。2007年，当谷歌刚开始进行自动驾驶汽车项目时，项目团队中有一位名叫安东尼·莱万多夫斯基（Anthony Levandowski）的机器人专家兼工程师。后来，当该项目分割为Waymo后，莱万多夫斯基也是Waymo的创始人之一。莱万多夫斯基的工作是开发Waymo汽车的光探测和测距，所必不可少的一项工具是激光雷达。激光雷达是一个放置在车顶的激光扫描仪，使自动车辆能够识别道路上的物体。

2016年，莱万多夫斯基离开了谷歌，创办了一家新公司——Otto货运，并以6.8亿美元的价格将其出售给了Waymo在自动驾驶汽车领域的主要竞争对手——优步。在并购完成后，优步继续雇用了莱万多夫斯基作为优步自动驾驶汽车团队的负责人。这之后，其他Waymo无人驾驶汽车团队的员工也辞职加入优步。莱万多夫斯基的职业目标，用他自己的话说，是代表优步"复制"了Waymo的技术。这就是为什么他离职前偷偷下载了Waymo 14000页文件。然而，由于一封误发的电子邮件，Waymo得知了这一情况，并立即在加州北部联邦地区法院以盗用商业机密为由，对优步提起诉讼，并向法院寻求禁令，迫使优步停止使用Waymo的商业秘密，并归还所有Waymo的财产。这是当下硅谷最臭名昭著的商业秘密盗窃案。

正如威廉·阿尔苏普（William Alsup）法官在一次早期听证会上所说："很少有案子能够直接证明，有人下载了14000页文件，然后第二天就离开了"。阿尔苏普法官批准了 Waymo 的要求，即"立即免除莱万多夫斯基任何与激光雷达有关的角色或职责"，并"采取一切力所能及的措施，防止优步与其他人就激光雷达进行任何交流"。

然而，随着审判的临近，Waymo 逐步意识到自己在诉讼中的弱势。一方面，Waymo 很难证明被莱万多夫斯基所下载的 14000 页文件或任何其他谷歌文件被优步使用，且莱万多夫斯基援引了宪法第五修正案，根据其宪法权利，拒绝解释发生了什么。这对 Waymo 的案子来说是一个大问题。另一方面，莱万多夫斯基获取的那些信息是否构成商业机密也变得越来越不清楚。优步声称，这些信息在光学领域是众所周知的，并且已经在专利和公开的文献中向公众披露。即使假设这些文件中的一些信息在 Waymo 之外是未知的，并且对业内其他公司具有经济价值，优步也认为这是莱万多夫斯基"灵活运用知识和技能"的一部分，且这些知识和技能是他在工作中学习到的，Waymo 不能合法地保护这些商业秘密。

的确，从优步的角度来讲述莱万多夫斯基的故事，和谷歌的视角完全不同。自 2004 年以来，莱万多夫斯基一直在自动驾驶汽车行业工作，作为硅谷相关技术领域的明星专家，是几家公司的创始人。当他在谷歌和 Waymo 工作期间，为 Waymo 发明了多项自动驾驶汽车专利。并且，Waymo 正在就其中一项相关专利对优步提出专利侵权主张。也许，莱万多夫斯基就是那个把激光雷达知识传授给谷歌的人；也许，法律不应该阻止他继续开发自动驾驶汽车的解决方案。最后，优步律师成功地敦促法院指示陪审团，解释商业秘密"不包括员工在工作中发展的技能、才能或能力，即使这些技能或能力的发展可能是以企业的利益为代价的"。

我们永远不会知道陪审团会作出什么决定。庭审 4 天后，当事人达成和解。但是优步的辩护强调了商业秘密法中一个基础的、却经常被广泛误解的原则。优步认为，商业秘密法不能用来阻止没有签署同业禁竞合同的员工在离职后使用他们在受雇过程中获得的一般技能、知识、培训和经验成为或去帮助企业的竞争对手。虽然该原则缺乏一个明确的法定标准，但无论是《侵权法重述（第一次）》、UTSA、DTSA、法院裁判、学术论文，都承认它的存在。这背后最主要的两个理由：一个是出于促进社会创新这一政策原则，另一个是出于公平保护员工权益的考虑。

当然，谷歌和莱万多夫斯基的故事并没有就此结束。当民事争议和解后，加州检察官就莱万多夫斯基下载了 14000 页文件这一问题对其提起了刑事诉讼。虽然一开始民事诉讼获得和解，这位硅谷精英对刑事诉讼也信心满满，但随着案件的发展，他最终在2020年夏天认罪，选择入狱18个月，并主动赔偿谷歌75.7万美元和9.5万美元罚金，以避免天价赔偿和更久的牢狱之灾。

回到民事问题中，这个案件似乎为判定在雇佣关系中的商业秘密盗用问题提供一个简单的二分法。它区分了员工的一般知识、技能和经验。这些知识、技能和经验不能用商业秘密法来保护，而仅有企业的商业秘密可以用商业秘密法来保护。正如有学者所说，尽管商业秘密法律有严格的规定，但一般知识、技能和经验是"每个人从一份工作到另一份工作为所获得信息而记录的一份松散的学习笔记"。

二、商业秘密保护排除原则的法律理论根源

虽然商业秘密保护的相关法律文本没有直接将一般知识、技能和经验排除在保护主题之外，但这一原则是存在的并且有很深的根源。美国学者中将这一原则介绍并剖析得最为深刻的是阿克伦大学法学教授卡米拉·赫迪（Camilla Hrdy）。她介绍过这一原则起源于对商业秘密保护的约束：商业秘密法不保护①业内人士普遍知道的知识和资料；②不会带来足够经济价值的秘密；或③未经过商业秘密持有人为保密而作出"合理"努力的信息。这些限制明确地收录在有关法规的文本中。根据最初的解释，排除一般知识、技能和经验是为了保留员工在工作中提高技能的权利，之后将这些技能带到其他工作领域或商业领域。因此，商业秘密法有时也被解释为不保护员工继续从事其职业所必需的信息。

更长远一点来看，赫迪教授找到，排除对一般知识、技能和经验的保护最早出现在关于同业禁竞合同或其他合同相关条款的可执行性的英国普通法中。在裁判中，英国法院对这类合同条款进行了调整或拒绝执行，理由是，不应允许工人通过合同"剥夺自己"使用"他的劳动、技能或天赋"的权利。法院认为，排除对这些知识的保护是因为在"公平"方面法院有权出于公共政策的原因拒绝给予企业救济。当美国法院开始根据美国普通法保护商业秘密时，尽管企业依据商业秘密法享有一定的权利，但法院保留了对员工工作权利的关怀。

虽然商业秘密保护的排除原则源于普通法，但后期并没有在1979年和1985年的UTSA或2016年的DTSA中进行明确规定。赫迪教授曾表示，这并从不意味着它是一纸空文。相反，UTSA的起草者本就在编纂普通法，因此不

存在与普通法在一些细节要求上的冲突,而这种排除法也自然被认为是现代商业秘密法律制度的一部分。事实证明,在阅读 UTSA 时,想找到该排除条款的话需要一点想象力;除了要对相关普通法非常熟悉,还需要了解 UTSA 是非常依赖和忠实于普通法的。

赫迪教授发现,这种排除原则也得到了契约理论的支持。员工同意为企业提供某些服务,代表企业将现有的技能、知识和经验应用于指定的任务。作为交换,员工得到工资和相关福利,并有机会向受雇的企业进一步学习相关技能、知识和经验。企业和员工之间的信息和知识交易必然是双向的。员工,特别是非常熟练专业技术和知识的专家,期望将信息和知识传递给企业,通过企业实现自己的技术价值。同时,企业也乐于向员工传授他们以前没有接受过的知识和技能,为方便他们更好地服务于企业自己。

三、商业秘密保护排除原则的政策意义

关于一般知识、技能和经验排除原则的政策理由通常仅被认为与商业秘密保护本身的政策理由完全一致。法院和立法机构认为,保护商业秘密有几个原因:第一,商业秘密法是为了维护商业道德标准和防止违反信任义务而设立的。第二,商业秘密保护用以奖励和鼓励投资开发各种信息,如技术信息、商业流程、营销数据和详细的客户名单。这种投资动机的说法常常与专利法联系在一起,但保护范围可能远远超过专利保护范围,这是由局限的专利主题范围和创新者的策略选择共同造就的。第三,商业秘密法鼓励信息披露。通常,专利法被认为是通过法律规范鼓励公开披露,而商业秘密法则被认为是鼓励企业之间和企业内部的信息披露。

对员工来说,该排除原则是一种公平原则,它的发展是为了减轻在受雇过程中因商业秘密保护的限制而在人生中被强加的不当成本。对企业来说,该排除原则的规范作用是,促进企业和员工之间的信息交流。这也是商业秘密法存在的一项重要理由,并隐含在法律历史演变的轨迹中。

第一章已介绍过,现代商业秘密保护出现在英国工业革命。在那个时候,工作环境正从师父带学徒的小作坊环境转变为大规模生产的工厂,其中,许多家庭或熟人圈子以外的普通员工也会由于工作需要而接触到企业的商业秘密。在具体管理和运营环节中,企业与员工之间交流的信息必然涉及越来越多除公开知识以外的具体商业秘密,如生产流程、技术设计图和主要客户名单等。这样的交流不仅是单向的披露,企业有时必须培训员工熟悉使用这些知识及商业

秘密信息。

除了如上罗列的几类具体商业秘密，企业为有效培训员工学习如何操作新设备和内部软件、如何执行专门的任务和程序，也要传授相应必需的信息和知识。而这些信息都是使一家企业比同行更有生产力的部分决定性因素。总的来说，所谓"培训"既可以与其他形式的知识与信息分享没有什么不同，只是传递秘密信息或知识，也可以非常注重"培训"质量，确保员工能熟练、有效地掌握并应用相应的知识和工具。

四、商业秘密保护排除原则所造成的问题

明确这样一个排除原则虽然可以继续促进企业和员工之间有效地分享信息，但也有可能破坏商业秘密法的实践，从而无法实现其意义。在实践中，这个排除原则不可避免地增加了商业秘密法保护范围的不确定性，例如，在企业能够保护哪些信息以及能够安全地向员工披露多少信息方面。

决定哪些信息构成一般知识、技能和经验，需要法院对如何在特定的商业秘密纠纷中适用排除原则有一个成熟的理解。赫迪教授曾遗憾地表示，目前美国的法院缺乏对这个问题的理解。

她解释称，许多法院不会单独评估诉求中的商业秘密是否构成不可保护的员工的一般知识、技能和经验，而只是评估该商业秘密是否通常为企业以外的人所知，或者其员工在接受这份工作之前就已经知晓。因此，常有法院忽略了信息和知识的政策意义，对商业秘密进行了过度保护。有些信息虽然从技术或保护层面上来说可能是企业的商业秘密，但仍然不应受到保护。这样的过度保护实际上阻碍了商业秘密法的发展，并对商业秘密法产生了潜在的破坏性影响，即过度限制人才流动。即使一个人没有和企业签署同业禁竞协议，也可能会在换工作时受到莫大的阻碍。一方面，他们可能会面临商业秘密诉讼的风险；另一方面，潜在的新雇主出于担心面临商业秘密诉讼的风险，可能不愿意接收他们，这就会对创新起到阻碍作用。

赫迪教授整理、研究发现，大多数州的法律允许企业通过同业禁竞合同或其他合同的相关条款来限制员工在离职后使用其知识、技能和经验的能力。执行这些合同的条件是，对限制员工未来就业的范围和期限上必须是合理的，并且这样的限制对保护雇主的合法商业利益是必需的。有时，执行这类合同仅可以用来保护机密的信息。这取决于企业所在的州。但无论如何，商业秘密法本身不能用来保护雇员的知识、技能和经验。

事实上，在许多情况下，人们都可以从一项秘密的披露或使用中获得包括经济价值在内的多种价值，这也是商业秘密保护的目的和意义之一。显然，获益群体必然包括接触这项秘密的员工。这就是为什么许多商业秘密案件中的员工离开公司自己创业或加入其他企业工作，有时是为了更高的薪水或其他就业条件。

因此，在决定普通法的排除要求是否暗示法院必须将员工的一般知识、技能和经验排除在商业秘密保护范围之外时，关键问题是，商业秘密法所对抗的外界是否包括企业自己的员工、什么时候包括自己的员工。

尽管如此，赫迪教授悲观地表示，UTSA 和《侵权法重述（第一次）》的含糊不清可能已经对排除原则的完整性造成了持久的损害。许多法院现在将一般知识、技能和经验排除与 UTSA 的要求混为一谈，即信息必须"不为业内人士所普遍知晓"或"易于查明"。但这同样不意味着排除原则的不可靠或已退出历史舞台，法院所体现出来的这些问题经常遭到包括赫迪教授在内的美国法学学者的讨伐。

赫迪教授等信奉法经济学理论的商业秘密学者都严厉提醒过，如果企业不明确什么是不可保护的知识、技能和经验，可能会被迫采取昂贵的措施来保护自己员工所能接触到的商业秘密，和员工分享知识或培训员工。同时，那些接受企业有价值的商业秘密并因知识和能力得到提升的员工，此后由于专业知识不断增长，反而无法在自己效率最高的行业中得到进一步提升，因此商业秘密保护对信息适用的限制依然会再度适用于该员工身上，使他们无法准确评估自己在职业规划中的法律风险。

五、排除原则在商业秘密法的未来发展趋势

现在美国有关商业秘密的主要法律来源是联邦法规，即《美国法典》第 18 章 DTSA。DTSA 修订了 1996 年的《经济间谍法》(Economic Espionage Act, EEA)，为盗用或不适当使用商业秘密的行为创造了一种新的联邦民事（而非仅仅是刑事）补救办法。DTSA 本身的术语，采用了 UTSA 对"商业秘密"的定义，以及对"不当挪用或盗用"和"不正当手段"的定义。应用中，DTSA 并不优先于州法，这意味着两者可以结合起来。它也没有赋予联邦法院独有的管辖权，所以原告可以在州法院和联邦法院之间作出选择。因此，总的来说，DTSA 早期会以 UTSA 和其他州法为指导，后期在原告选择偏好影响下一定会逐步扩大影响，并得到发展。而排除原则未来将成为解释 DTSA 条款的重要方

法，也并不意外。

排除原则通过对企业的法律诉求范围加以限制，来减轻商业秘密保护的相关手法对员工的压力。但如果适用不当，会剥夺员工在新的职业上使用其上一段职业经历新增加的技能和知识的能力，进而剥夺了商业秘密法对企业的保护。因此，适用这种排除原则要求法院平衡双方的利益：一方面，企业需要保护商业秘密；另一方面，员工需要不断学习，并追求卓有成效的职业技能。

第三节　企业保护商业秘密的手段和方法

从商业秘密信息的产生、分类及掌握信息者的情况来看，企业保护商业秘密信息主要有两种手段：一种是法律手段，另一种是非法律手段，也称物理手段（含计算机手段）。从商业秘密信息产生及不对称信息的存在来分析，企业最担心的是由员工造成的泄密问题。

有时候，只有当一个员工在宣布要离开公司，加入其直接竞争对手的时候，才显得这个人和他所掌握的知识和信息最有价值。此时，这家公司才可能突然意识到，员工早已熟知其业务核心的关键信息。他可能知道秘密配方、特殊加工技术、正在开发的产品或关键的市场数据，如产品展示时间表；他可能已经学会了如何重新配置现成的机器，以提高其效率或使其适应新的用途；经过几个月甚至几年的努力，他可能已经收集了一份非常详细、专业的客户名单；他可能已经开发了可以大大减少处理业务时间和费用的计算机软件。一旦他离职，竞争对手就可能从这些有价值的信息中获益。简而言之，很明显，关于员工在一份工作中学到的有价值的信息，许多竞争对手都饶有兴趣，希望通过雇佣这个人而获取，其中不乏很多机密信息。

一、法律措施

商业秘密保护的法律有各州的普通法、刑法、UTSA 或相当于 UTSA 的商业秘密州法、EEA、DTSA，主要体现在：合同约束、刑事制裁和民事救济。因此有必要区分美国法律中可用于保护商业秘密的三个分支：对保密信息的合同保护、对盗取商业秘密行为的刑事制裁，以及侵犯商业秘密行为的民事救济。有分析表明，合同以外的民事救济对商业秘密持有者具有一定的优势，在没有保密协议或其他可约束商业秘密流转的协议或条款的情况下为商业秘密持有者提供了救济。这些救济是刑事制裁所不能提供的。

(一) 合同保护

在美国，常用于保护信息的限制性合同包括同业禁竞合同和保密协议。同业禁竞合同相对来说有所争议，但美国普遍承认保密协议。如果一个保密协议包含了一项重要的商业秘密，那么合同法将有助于保护这个秘密。如果合同的一方同意对某些信息保密，但最终没做到，那么法律将把这种合同执行失败视为合同的违约和终止，会追究违约方的民事责任。

在美国，合同保护与侵权法对信息的保护截然不同。例如，在波音公司诉Sierracin公司案（*Boeing Co. v. Sierracin Corp.*）中，波音公司向Sierracin公司提供了关于飞机窗户的机密性说明。合作合同中要求Sierracin公司保护具体的秘密，并要求其生产的飞机窗户只能向波音公司供货。尽管如此，Sierracin公司还是使用了波音公司的机密性的技术规格，试图获得政府对其零部件在市场中的认证。在庭审中，陪审团发现，Sierracin公司违反了保密协议，破坏了其与波音公司的保密关系，并盗用了波音公司的商业机密。上诉时，Sierracin公司认为下级法院没有将这些各种诉讼理由合并成一个盗用或不适当挪用商业秘密的单独诉讼理由是错误的。但是，华盛顿州最高法院驳回了该论点，在判决书中明确说明：关于违反保密协议的诉讼，并不要求协议保密的信息必须是商业秘密；盗用或不适当挪用商业秘密的行为，是独立的诉讼理由。法院随后确认了前审法院的判决结果，维持了永久禁令，并将原陪审团因故意盗用商业秘密而给予的损害赔偿金增加了一倍。

作为一个单独的诉讼理由，要求依据合同索赔比依据侵权法索赔所涉及的信息范围更广。商业秘密法规定，作为"商业秘密"保护主题的相关法律信息必须具有竞争性（可以理解为，是经济价值的一种体现），其持有者必须作出"合理的努力"来保守秘密。如果所谓的秘密被公众知道或获得，那么至少该秘密持有者的同业内竞争对手可以从中获利。根据侵权法，该秘密会失去了作为商业秘密而受到法律保护的基础，尽管根据合同法，该秘密可能仍然受到有限的保护。

然而，合同法有一个严重的缺点：在没有合同的情况下不能主动保护商业秘密。而侵权法可以，而且确实在没有合同的情况下为秘密持有者，提供民事救济。作为侵权法的延伸发展，美国商业秘密法规定了相关的法律权利和义务，而没有具体要求任何合同关系。即使提起一项商业秘密诉讼是基于被告违反了一项基本的保密关系，它也不需要保密合同。因为在未达成协议的商业谈判中，可能产生一种侵权法下认可的保密关系。在这种情况下，侵权法既承认保密关系，也承认由此产生的法律责任。

因此，与合同法不同的是，侵权法保护商业秘密以防止与商业秘密持有人没有保密协议的不特定人盗用或泄露商业秘密。从商业秘密持有者的角度来看，这些可能是最危险的潜在盗用者。调整企业与员工、供应商、其他合作伙伴，或者顾客之间的关系可以使用经济杠杆。但如果这些群体误用了商业秘密，企业可以通过一个持续的商业关系，对他们施加影响。或者至少，这些人对企业的侵害行为是可以被发现的，而企业也可以定位加害人。但是，如果企业是未知方经济间谍或破坏活动的受害者，或者企业的员工、供应商、其他合作伙伴或客户向其竞争对手泄露了秘密，企业就没有实际追索权，必须依靠法律提供保护。在这种情况下，只有侵权法，目前是商业秘密法，而不是单纯的合同法，才能提供有效的救济。这样的逻辑在美国早已在20世纪80年代就已被德拉特勒提及了。

（二）刑事制裁

整体来说，美国对商业秘密盗用问题的刑事制裁标准很高。美国有几个州的刑法规定，未经授权使用窃听器是犯罪行为。然而，由于种种原因，这些法律未能为商业秘密持有者提供足够的保护。这些法律通常要求有足够可证明对方有罪的证据，才能对其采取特殊侦查手段，仅仅有合理怀疑是不够的。因此，与民事案件相比，为了实现刑事案件的成功检控，检控方既需要更多的证据，也需要承担更重的举证责任。

此外，对商业秘密盗用的刑事制裁有时也可能是无效的，因为无法有效涵盖不明身份的第三方。因此，对于第三方盗用商业秘密的情况，在许多情况下，受害方和检控方都无法使用有效的制止手段和补救措施。由于这些原因，早在20世纪80年代，美国学界就已认可，刑法不能替代侵权法以及侵权法发展出的独立的商业秘密法。侵权法和商业秘密法允许受害企业向第三方采取行动，并为它们提供有效的救济。

（三）民事救济

由于刑事制裁存在主要缺陷——无法为侵犯商业秘密行为的受害者提供真正的补救，不能弥补受害者失去控制秘密信息的权利，在大多数情况下，也不能阻止未经授权的人使用其秘密信息，因此民事补救方式非常重要。

但是，当商业秘密盗用者与受害者没有契约关系时，应用于违约的民事救济也同样无效。此时，合同法不能提供给受害者任何救济，例如当一个陌生人

第四知识产权——美国商业秘密保护

通过经济间谍、盗窃、收买员工或者间接通过他人的盗用而获得秘密时。因为受害企业的竞争对手通常是不与其签订合同的非合作企业，合同法不能保护受害者免受失去商业秘密的恶果，即竞争对手未经授权使用它的商业秘密。此时只有侵权法才能提供保护。因此，民事侵权救济特别是禁令救济是美国商业秘密保护的关键特征。

在英美衡平法的判例中，禁令属于法律救济，区别于金钱形式的经济损害赔偿，足以使原告恢复原状，为原告提供有效的救济。因为商业秘密保护的目标正是要做到这一点，而且由于经济损害赔偿一般不足以做到这一点，禁令在美国知识产权救济方案中，尤其是商业秘密案件中，起着关键作用。在美国，不提供或不假设提供禁令的补偿方式与思路，不仅不受欢迎，也不合理。因此，在绝大多数盗用或不适当使用商业秘密的案件中，如果原告请求了禁令救济，那么通常是可以被批准的。法院在这些案件中对禁令的使用要求的确会比专利等其他知识产权类型更宽松。

这是由于经济补偿不仅不能准确地衡量原告的损失程度，而且忽视了商业秘密盗用的一些无形但非常真实的影响。第一，如果商业秘密具有商业重要性，那么盗用可能会剥夺其持有者在相当长的一段时间内主导整个技术领域的能力。第二，通过复制其他人的一个重大的技术进步，即使以经济损害赔偿作为代价，盗用者可能由此从原始创新者手中夺取技术发展和应用方向的控制权。第三，盗用商业秘密可能会剥夺商业秘密所有者对市场的控制权，即其在市场上处于第一位的营销和宣传优势，包括在树立公众意识、建立忠诚的顾客群体以及在创造性和创新的声誉方面的先导优势。事实上，如果没有得到禁令，盗用者则可能会不公平地对公众声称和宣传自己拥有创新者的身份和地位。第四，通过使用或者仅仅通过控制一项被盗用的商业秘密，这个被盗用的秘密会就此被揭露，缩短它原有的寿命，从而将原始创新者在研发上的投资置于风险之中。第五，盗用商业秘密可能会剥夺原始创新者原本应获得的其他一些商业和财务优势，包括从投资者、其他潜在授权人、供应商和市场处获得的利益和尊重。

二、非法律措施

保护商业秘密信息的非法律措施，或称为物理保护手段，在企业内部管理中，主要有以下几个方面。

第一，必须首先确认这些秘密的内容；然后，必须积极采取措施，向员工发出合理的通知，要求在他们雇佣合同期间和之后对这些信息保密；

第二，为确认商业秘密信息的内容，周期性向全体人员征询，开列保密事项清单，然后确定哪些是秘密信息；

第三，对接触商业秘密信息人员的身份进行识别，采用物理隔离手段，禁止与秘密信息无关人员接触；

第四，运用网络安全手段，防止黑客侵入；

第五，持续性对员工加强安全教育与检查，防止意外泄密；

第六，建立商业秘密审计制度，使内部反省与外部审查相结合，周期性审查保密漏洞，做到防患未然及亡羊补牢。

从商业秘密泄密损失的风险的影响因素入手，全方位对秘密信息进行保护。

第六章 商业秘密保护诉讼可能遇到的问题

在实践中,由于商业秘密保护及商业秘密法存在的不确定性、复杂性和局限性,因此可能会遇到众多问题。本章主要介绍这些问题。

第一节 企业商业秘密的诉讼对象、意图及法律要求

一、诉讼对象

2010年,阿尔莫林与美国美迈斯律师事务所(O'Melveny & Myers LLP)的其他4名律师[①]对美国各州和联邦法院1950~2009年接收的几百个商业秘密诉讼案件进行统计。他们发现,在绝大多数的商业秘密案件中,被指控的盗用者是商业秘密所有者所认识的人,即大多数被指控的商业秘密盗用者是商业秘密所有人的员工或商业合作伙伴。

具体来说,在93%的州案件中,被指控的盗用者是企业的员工或商业合作伙伴。这个比例与联邦调查的比例相当。联邦调查显示,90%的案件中被指控的商业秘密盗用者是员工或商业合作伙伴。州法院和联邦法院案件之间的一个主要区别是,虽然78%的州案件中被指控的盗用者为员工,但只有53%的联邦案件涉及员工盗用商业秘密。

涉嫌商业秘密盗用的人员基本上是:①商业秘密所有人的现任或前任员工,或得到该员工协助的人;②该商业秘密所有人的现任或前任客户,前任或预期的商业合作伙伴,例如负责、原始设备制造商、合资经营者、分销商或供应商,或者获得了这些人帮助的人;③无业务关联但已知身份的第三方;或④其他不知身份的人员或组织(见表6.1、6.2)。

[①] David S. Almeling、Darin W. Snyder、Michael Sapoznikow、Whitney E. McCollum 和 Jill Weader.

表 6.1　1995~2009 年美国各州法院商业秘密案件被告人员身份统计

被起诉的人员身份	案件占比
雇员或前雇员	77%（278 件）
业务合作伙伴	20%（70 件）
不相关第三方	9%（31 件）
其他或未知	3%（10 件）

注：美迈斯律师事务所阿尔莫林等人统计。

表 6.2　1950~2008 年美国联邦各法院商业秘密案件被告人员身份统计

被告人员身份	1950~2007 年占比	2008 年占比
雇员或前雇员	52%（142 件）	59%（71 件）
业务合作伙伴	40%（109 件）	31%（37 件）
不相关第三方	3%（8 件）	8%（10 件）
其他或未知	7%（19 件）	5%（6 件）

注：美迈斯律师事务所律师及阿尔莫林等人统计。

在《保护商业秘密法》（Defend Trade Secrets Act，DTSA）出现之前，联邦法院对商业秘密案件不具备联邦案件初审管辖权，但可以通过多元或异籍管辖权（diversity jurisdiction）等其他渠道，听取商业秘密诉讼问题，并适用州商业秘密法。然而，联邦法院对涉及员工的案件通常可能缺乏多元或异籍管辖权。一般情况下，员工很可能和雇主居住在同一个州。除非被告员工居住在另一个州进行远程办公，或已经搬到了另一个州，联邦法院才具有多元或异籍管辖权。相对而下，业务合作伙伴可能不像员工那样受地域限制，因此更有可能建立多元或异籍管辖权。

当缺乏多元或异籍管辖权时，商业秘密所有者可以提出另一个联邦问题诉讼理由，以建立补充管辖权。阿尔莫林等人发现，原告经常根据其他联邦法律提出诉讼，例如就专利侵权、盗版、违反《计算机欺诈和滥用法案》（Computer Fraud and Abuse Act，CFAA）、山寨以及其他知识产权侵权问题提起诉讼，再在同一案件中提出商业秘密盗用问题。即便如此，涉嫌员工的案件可能仍然只能在州法院处理。

相对而言，州法院处理商业秘密盗用的民事问题就比较直接了。州法院具有一般初审管辖权，可以审理涉及商业秘密、雇佣纠纷、违约和其他诉讼案件。这些案件所涉及的法律问题通常以州法为基础。

二、诉讼意图

近年来，越来越多的企业为了削弱竞争对手通过人才和知识产权而获得的竞争能力，除了加强自己的研发，尝试从竞争对手处寻求情报与人才。从阿尔莫林等人的统计与分析来看，员工流动性的增加导致了越来越广泛的信息流失。一家企业可以通过雇用另一家同行企业的员工来实现研发，以这样的方式获取知识的成本比完全独立开发知识的成本低得多，从而减少投资。相应地，当一名员工离职时，企业可能会承担三项成本：①对员工培训的投资损失；②员工可以向竞争对手传递专有信息、知识和技能；③员工可以向竞争对手传递其所掌握的不对称信息。

因此，限制员工加入竞争对手企业工作、削弱竞争对手或限制竞争对手获得商业秘密信息、索取经济损失赔偿、提高市场影响力等构成了企业进行商业秘密诉讼的主要意图。

三、法律要求

为进行商业秘密诉讼，原告有责任建立起相关法律要素。现代商业秘密诉讼的要素一般包括：①原告拥有一项商业秘密；②被告通过不正当方式获得、披露或不适当挪用或盗用原告的商业秘密；③被告的行为对原告造成了损害。

第一要素的构成需要满足三个条件。第一，商业秘密必须是"信息"。《侵权法重述（第一次）》、《统一商业秘密法》（*Uniform Trade Secrets Act*，UTSA）、《经济间谍法》（*Economic Espionage Act*，EEA）、DTSA 对此保护主题均有定义。这些法律对保护主题的定义范围甚广，是商业秘密保护相较其他知识产权保护的主要好处之一。第二，被保护的信息必须具有独立的经济价值。没有经济价值的信息即使是秘密，也不构成商业秘密。经济价值要求信息具有某些实际或潜在的商业价值，拥有该信息应为竞争至少提供潜在的经济优势。第三，信息必须"经过在特定情况下的合理努力受到保密"。法院不保护商业秘密持有者自己不作出合理努力而保护的所谓"商业秘密"。实践中，在许多商业秘密纠纷中，商业秘密持有者对保守秘密作出的努力经常成为一个关键的攻击点。

法律保护符合条件的商业秘密不被他人盗用或企图盗用。不适当挪用或盗用责任一般包括：①在有责任维持保密状态或被限制使用的情况下，未经同意予以披露或使用了商业秘密，或②以不正当方式获取商业秘密。"不正当方式"

包括"盗窃、贿赂、不正当手法引诱他人（盗窃、贿赂）、违反职责或诱使他人违反职责"。

商业秘密保护没有固定的期限。只要其持有人满足保护主体要求，并作出了合理努力进行保密，保护期限就可以无限持续。

为证明不适当挪用或盗用，原告可能需要证明，被告自己知道或有理由知道，被告是通过不正当手段获得了其商业秘密。原告还可能需要证明"未经某人明示或默示同意而披露或使用另一人的商业秘密"。一旦原告满足了盗用商业秘密的要件，法院主要会给予禁令这种救济方式。

传统的商业秘密盗用救济包括：禁止进一步使用和泄露的禁令以及临时使用造成的损害赔偿金等。赔偿金的计算通常会考虑商业秘密持有人的实际损失加上侵盗用者的任何额外不当得利。此外，UTSA 还纳入了强制许可这一补救办法：根据案件的情况，如果法院认为，禁止被告未来使用商业秘密是不合理的，则被告有权在支付合理的使用费后继续使用商业秘密信息。

如果存在明确的保密协议、同业禁竞合同或相关条款，商业秘密所有者可以依据合同，提出违约索赔。根据 UTSA，有一些法院要求，在给予禁令救济之前需判定被告存有恶意或原告证明其有不可弥补的损害。另一些法院适用 UTSA 时，会适用不可避免泄露原则（Inevitable Disclosure Doctrine，IDD），即只要原告证明被告会不可避免地披露或使用原告的商业秘密，即可给予禁令。是否适用 IDD 的中心问题是：①被告是否会获取到被视为原告商业秘密的信息，以及②被告在随后的工作中，是否会不可避免地依赖该信息。当 DTSA 为商业秘密的不适当挪用或盗用提供了联邦民事诉讼理由时，它纳入了 IDD。

第二节　不可避免泄露原则及其影响

一、不可避免泄露原则的含义及原理

IDD 允许法庭在存在商业秘密盗用威胁的情况下，临时禁止一名前员工为原雇主的竞争对手工作。IDD 背后的基本原理是，员工在为一家企业工作期间，获得了该企业的秘密信息，因此，他在受雇于该企业竞争对手的期间，不可能忘记或不依赖相关涉密的知识。换句话说，鉴于一名员工在以前的职位上能够获得商业秘密信息，竞争对手在雇佣这名员工后，将不可避免地使用这些

信息。

二、不可避免泄露原则的法律起源及经典案例

IDD 源于商业秘密法，由各州管辖。1979 年后，各州普通法主要是基于《侵权法重述（第一次）》管辖商业秘密盗用行为。UTSA 出台修正后，逐步被各州适用，进而普遍依赖于 UTSA。

在商业秘密法中，IDD 源于"盗用威胁"的概念，区别于"真实盗用"的情况。IDD 提出，企业可以通过证明其前员工的新工作职责将不可避免地使其依赖自己的商业秘密，而禁止该前员工加入新单位或新岗位。最初，该原则仅适用于技术领域的员工，但逐渐地，法院已将其扩大到包括拥有各种商业秘密类型（包括金融、制造、生产和营销信息）的员工。

该原则最早可以追溯到 1919 年伊士曼柯达公司诉鲍尔斯胶片产品公司案（*Eastman Kodak Co. v. Powers Film Products, Inc.*），法院首次提出了 IDD。1960 年，佛罗里达州上诉法院在瀚德坐垫泡沫公司诉肯尼思·方丹和迈阿密泡沫产品有限公司案（*Fountain v. Hudson Cush - N - Foam Corp.*）中再次援引了 IDD。被告人方丹是生产聚氨酯泡沫产品的瀚德坐垫泡沫公司的首席生产主管。在执行方丹与公司签订的同业禁竞合同时，法院指出，"受雇于瀚德坐垫泡沫公司使方丹获得其商业秘密和制造工艺知识的机会，因此，似乎可以合乎逻辑地假设他被瀚德坐垫泡沫公司的竞争对手雇用，最终将导致这些信息的泄露"。

1995 年，美国第七巡回上诉法院在百事公司诉雷德蒙德案（*PepsiCo. Inc. v. Redmond*，简称"百事案"）中援引 IDD，成为界定和应用 IDD 的开创性案例，被业界认为是在适用 UTSA 之后，讨论 IDD 问题的著名案件。该案被告威廉·雷德蒙德（William Redmond, Jr.）在百事公司工作了 10 年，是百事北美分公司北加州业务部的总经理。由于工作性质及高级的职位等级，雷德蒙德获得了大量百事公司的专有信息，并对百事公司的财务目标和来年的战略规划有深入了解。

百事公司的产品有涉及竞争激烈的运动饮料和"新时代果汁饮料"（例如，思乐宝 Snapple 和水果国度 Fruitopia）的市场。桂格公司（Quaker）为巩固其在相关市场的领先地位，也在 1995 年成为"新时代果汁饮料"思乐宝和佳得乐（Gatorade）的分销商，成为百事公司在该领域的竞争者。一方面，百事公司试图通过其新的运动饮料全运动（All - Sport）来赶超桂格公司；另一方面，其高管雷德蒙德离职，并即将加入桂格公司。尽管雷德蒙德签署了保密

协议，声明他不会泄露机密信息，但由于其接受桂格公司的职位邀约时，没有对百事公司作出坦率的交代，百事公司仍然担心其商业机密的保密性。

因此，百事公司对雷德蒙德提起诉讼，要求法院颁发一个临时禁令，禁止他在桂格公司担任新职务。在法律上，联邦第七巡回上诉法院确认，伊利诺伊州商业秘密法支持为"实际或威胁盗用商业秘密"提供强制性救济——禁令。因此，原告企业可以通过证明被告员工的新工作将不可避免地导致他依赖其商业机密来证明其商业机密被盗用的主张。在案件事实上，联邦第七巡回上诉法院认定：①雷德蒙德对百事公司的战略目标及商业机密了如指掌；②由于他在桂格公司的职位与在百事公司类似，他在百事公司获得的知识会对他在桂格公司的职位产生影响；③雷德蒙德的行为显示了他不坦率，并证明了他有意愿滥用百事公司的商业机密，即不守信用。

法院在该案的意见中指出，该员工已被证实知悉商业秘密相关资料，他必会以所知悉相关商业秘密等资料为基础，在原告的竞争对手处展开工作。而法院也认定，必须以此假设作为基础对相关案件作出裁决。

最终，美国联邦第七巡回上诉法院支持了该临时禁令的主张，禁止雷德蒙德在桂格公司任职5个月，并批准了一项永久禁令，禁止他使用或泄露百事公司的商业机密。并且，法院裁定，原告可以通过证明被告雷德蒙德的新工作将不可避免地使其依赖原告百事公司的商业秘密，而证明商业秘密不适当挪用或盗用的主张。

百事案在伊利诺伊州所适用的UTSA下产生，涉及的是非技术领域，并建立了一个法律判定标准，据此，法院可以对不可避免的泄露进行评估。自百事案后，IDD受到社会和司法界的欢迎，也常在商业秘密盗用案件中受到法院的考虑和讨论，并在很多州得到了普及，最终也被DTSA采纳。

三、不可避免泄露原则的适用

通常，在原告发起临时禁令动议时，法院会讨论IDD是否适用。一般来说，为了让法院发布临时禁令，动议方必须证明：①其在审判中胜诉的可能性；②在没有禁令的情况下，可能对其造成不可挽回的损害；③平衡相关的权益；④对公共利益的影响。对于第一个要求，法院通常会按照商业秘密案件的要求进行分析。对于第二个要求，法院对于不可挽回的损害是否被推定为不可避免的泄露有不同的看法，要视劳动合同中限制性条款存在与否而定。最后两个要求相对自由，却不确定高。

（一）限制性条款存在时的不可避免泄露原则适用情况

适用 IDD 时，法院应尊重为保护企业商业秘密而狭义订立的劳动合同及相关限制性条款。如果法庭在确定有效、狭义的限制性合同或相关条款存在的情况下，则原告企业还需承担举证责任以证明以下内容：第一，员工在受雇期间获得了原告企业（即前雇主）的商业秘密；第二，员工会在与原告企业直接竞争的企业任职；第三，员工在企业竞争对手的岗位责任类似于他在原告企业的岗位责任，因此该员工不能在不依赖原告企业商业秘密的情况下完成这些岗位责任。

如果一名员工签署的劳动合同包含一项范围狭窄的限制性条款，以保护原告企业的商业秘密，且该企业已经证明了如上三个因素，则法院可以推定，支持执行相关劳动合同条款及 IDD，禁止该员工在企业竞争对手处谋得职位。此外，为防止该员工在无恶意的情况下泄露商业秘密，即使法院颁布了禁令，禁令的范围和期限应合理。

（二）缺乏限制性条款时不可避免泄露原则适用情况

如果法院最初裁定没有有效的劳动合同或相关限制性条款，则应该推定，不禁止员工在前雇主企业的竞争对手中担任职务。因为企业在雇用员工时，具有谈判地位上的优势。也许员工也偏好不在劳动合同添加某些限制性条款，但企业有能力在签订劳动合同时，以雇用为条件迫使员工对相关条款作出妥协。因此，当员工选择离开该企业，加入其竞争对手时，不应为这样的企业依据 IDD 提供禁令救济。

但这并不绝对意味着因缺乏相关限制性条款，IDD 的适用会被完全限制。在这种情况下，企业如果可以满足前述劳动合同存在时需要满足的三项基本要素，并同时具备第四个因素——该员工不诚实或不诚信，就具备了需要禁令救济的强有力的推定条件。

（三）什么是限制性契约

限制性契约一般分为两类：保密协议或保密条款和同业禁竞合同。保密协议是员工承诺对雇主信息保密的合约。同业禁竞合同是指，员工在一段时间内不得为企业的竞争对手工作，通常对竞争对手所处的地理位置范围也有所限制。

从技术上讲，限制性契约的存在只是在原告的诉讼中增加了一个违约索赔理由。商业秘密、保密协议和同业禁竞合同在 DTSA 颁布前，是州法及州法院而不是联邦法或联邦法院主要管辖的事项。无论员工是否受到限制性契约的约束,在许多州,商业秘密普通法及其他普通法仍然禁止员工泄露商业秘密,即"不得泄露的义务"。然而,当考虑不可避免泄露商业秘密赔偿问题时,一些法院表明,愿意加强对在雇佣初期就同意保护雇主秘密员工的忠诚度的认可,但缺乏限制性契约可能有利于离职员工。也有法院已经认定,设定保密协议或相关保密条款是阻止不可避免的泄露情况的重要因素,因为这类协议表明企业清楚地预料到前雇员在获得其机密信息后,可能会改变雇佣关系。

(四) 竞争关系与泄露的必然性

在大多数情况下,新老雇主存在竞争关系。然而,这不一定意味着不可避免的商业秘密泄露,有可能只是有泄露风险或泄露威胁,并非事实上的泄露。

一些学者认为,IDD 在功能上等同于同业禁竞合同或条款,因为它阻止员工加入竞争对手或开办初创企业,与前雇主竞争。实践中,法院会使用 IDD 作为一种调节企业与员工公平关系的工具。在适用 IDD 时,法院经常引用 UTSA 的禁令,对禁止威胁盗用提供法定支持。

一些学者认为威胁盗用和 IDD 这两种理论是同一种理论,另一些学者认为这两种理论是不同的理论,还有一种学者认为不可避免的泄露是威胁盗用的一种类型。实践中,有些法院认为,是否真实泄露商业秘密这样的事实并不重要。UTSA 如果允许保密信息自由流入公共领域,无论是否是通过竞争对手流入的,则说明根本不会对商业秘密提供任何真正的保护。

鉴于 IDD 的定义相互冲突,通常各法院以不同的方式阐述和适用该原则。表 6.3 展示了各州适用 IDD 的概况、相关法条和重要判例。

表 6.3 美国各州商业秘密法执行环境

行政区	UTSA 适用年份	同业禁竞公司	IDD/存在真实或威胁的盗用
阿肯色州	1988	不适用, Bendinger v. Marshalltown Trowel Co., 338 Ark. 410 (1999)	IDD, Bendinger v. Marshalltown Trowel Co., 338 Ark. 410 (1999)
亚利桑那州	1990	适用, Gann v. Morris, 122 Ariz. 517 (1979)	未决

第四知识产权——美国商业秘密保护

续表

行政区	UTSA适用年份	同业禁竞公司	IDD/存在真实或威胁的盗用
加利福尼亚州	1984	不适用， CA. 1941 BUS. & PROF. §§ 16600-17365（West 2020）	无 IDD，仅适用于真实损害， Whyte v. Schlage LockCo. 125 Cal. Rptr. 2d 277（4th Dist. 2002）
科罗拉多州	1986	不适用， Saturn Sys. Inc. v. Militare, 252 P. 3d 516（Colo. App. 2011）	未决
康涅狄格州	1983	适用， Aetna Retirement Servs. v. Hug, 1997 Conn. Super. LEXIS 1781（June 18, 1997）	IDD， Aetna Retirement Servs. v. Hug, 1997 Conn. Super. LEXIS 1781（June 18, 1997）
特拉华州	1997	适用， W. L. Gore & Assocs. v. Wu, 2006 Del. Ch. LEXIS 65（Del. Ch. Mar. 30, 2006）	IDD， E. I. DuPont de Nemours & Co. v. American Potash & Chem. Corp., 200 A. 2d 428（Del. Ch. 1964）.
佛罗里达州	1988	整体不适用，但部分情况有可能适用， Fountain v. Hudson Cush-N-Foam Corp. 122 So. 2d 232（Fla. Dist. Ct. App. 1960）	适用于威胁损害， Del Monte Fresh Produce Co. v. Dole Food Co., Inc., 148 F. Supp. 2d 1326（S. D. Fla. 2001）
佐治亚州	1990	适用，但仅对重要员工适用， O. C. G. A. § 13-8-50 et seq., Blair v. Pantera Enterprises, Inc., 349 Ga. App. 846（2019）	IDD， Essex Group, Inc. v. Southwire Co., 501 S. E. 2d 501（Ga. 1998）
伊利诺伊州	1988	不适用， 820Ill. Comp. Stat. 90/10（2017）	IDD， PepsiCo, Inc. v. Redmond 54 F. 3d 1262（7th Cir. 1995）；765 ILCS 1065/3（a）（2009）
印第安纳州	1982	不适用， Bridgestone/Firestone, Inc. v. Lockhart, 5 F. Supp. 2d 667（S. D. Ind. 1998）	IDD， Ackerman v. Kimball Int'l, Inc., 652 N. E. 2d 507（Ind. 1995）

第六章　商业秘密保护诉讼可能遇到的问题

续表

行政区	UTSA适用年份	同业禁竞公司	IDD/存在真实或威胁的盗用
艾奥瓦州	1990	适用， Lamp v. American Prosthetics, Inc., 379 N. W. 2d 909（Iowa Super. 1986）	IDD， Barilla American, Inc. v. Wright, 2002 U. S. Dist. LEXIS 12773（S. D. July 5, 2002）
堪萨斯州	1988	适用， Idbeis v. Wichita Surgical Specialists, P. A., 279 Kan. 755（2005）	IDD， Bradbury Co., Inc. v. Teissier-Du-Cros, 413 F. Supp. 2d 1203（D. Kan. 2006）
肯塔基州	1990	适用， Charles T. Creech, Inc. v. Brown, 433 S. W. 3d 345（2014）	无IDD，仅适用于真实损害， Invesco Inst.（N. A.）, Inc. v. Johnson, 500 F. Supp. 2d 701（W. D. Ky. 2007）
路易斯安那州	1984	不适用， La. R. S. 23: 921	IDD， La. R. S. § 51: 1432（1981）
马里兰州	1989	适用但不常见， Millward v. Gerstung International Sport Education, Inc., 268 Md. 483（Md. App. 1973）， Ecology Servs. v. Clym Envtl. Servs., LLC, 181 Md. App. 1（2008）	无IDD，仅适用于真实损害， KeJeune v. Coin Acceptors, Inc., 849 A. 2d 451（Md. 2004）
马萨诸塞州	2018	适用， Mass. Gen. Laws. c. 149 § 24L, Boulanger v. Dunkin' Donuts, Inc., 442 Mass. 635（2004）	IDD， ArchiText, Inc. v. Kikuchi, 2005 Mass. Super. LEXIS 487（May 19, 2005）
密歇根州	1999	适用但不常见， Mich. Comp. Laws Serv. § 445.774a, Huron Tech. Corp. v. Sparling, 2014 Mich. App. LEXIS 1675（Sep. 11, 2014）	IDD， MCLS § 445.1903（1998）

续表

行政区	UTSA适用年份	同业禁竞合同	IDD/存在真实或威胁的盗用
明尼苏达州	1987	适用， La Calhene, Inc. v. Spolyar, 938 F. Supp. 523（W. D. Wis. 1996）	IDD， La Calhene, Inc. v. Spolyar, 938 F. Supp. 523（W. D. Wis. 1996）
密苏里州	1995	适用， Healthcare Svcs. of the Ozarks, Inc. v. Copeland, 198 S. W. 3d 604（Mo. Super. 2006）	立法纳入了IDD， Mo. Rev. Stat. § 417.455.1；但法院并未承认IDD， Panera, LLC v. Nettles, 2016 U. S. Dist. LEXIS101473（E. D. Mo. Aug. 3, 2016）
新罕布什尔州	1989	不适用， NH RSA 275：70	无IDD，但适用于威胁损害， Allot Communs., Ltd. v. Cullen, 2010 N. H. Super. LEXIS 11, 7（Feb. 2, 2010）. RSA 350－B：2（1990）
新泽西州	2012	适用， Nat'l Starch & Chem. Corp. v. Parker Chem. Corp., 530 A. 2d 31（N. J. Super. 1987）	IDD， Nat'l Starch & Chem. Corp. v. Parker Chem. Corp., 530 A. 2d 31（N. J. Super. 1987）
新墨西哥州	1989	适用， Bowen v. Carlsbad Ins. & Real Estate Inc., 104 N. M. 514 P. 2d 223（1986）	未决 Insure N. M., LLC v. McGonigle, 128 N. M. 611（2000）
内华达州	1987	不适用， Nev. Rev. Stat. § 613.330（2017）	无IDD， Ginkgo v. V., 2016 Nev. Dist. LEXIS 3183（Dec. 5, 2016）
纽约州	2020	适用但不常见， Bdo Seidman v. Hirshberg, 93 N. Y. 2d 382（1999）， Sutherland Global Servs., Inc. v Stuewe, 73 A. D. 3d 1473（N. Y. App. 2010）	IDD， Spinal Dimensions, Inc. v. Chepenuk, 16 Misc. 3d 1121 [A],（N. U. Sup. 2007）

第六章 商业秘密保护诉讼可能遇到的问题

续表

行政区	UTSA 适用年份	同业禁竞合同	IDD/存在真实或威胁的盗用
北卡罗来纳州	1989	适用， N. C. Gen. Stat. § 75-4 (2005)	IDD， Travenol Labs., Inc. v. Turner, 228 S. E. 2d 478 (N. C. App. 1976)
俄亥俄州	1994	适用， P&G v. Stoneham, 140 Ohio App. 3d 260 (2000)	IDD， P&G v. Stoneham, 140 Ohio App. 3d 260 (2000)
俄勒冈州	1987	适用但可作废， Or. Rev. Stat. § 653.295 (2020)	IDD， ORS 653.295
宾夕法尼亚州	2004	适用， Pittsburgh Logistics Sys. v. BeeMac Trucking, LLC, 202 A. 3d 801 (Pa. Super. 2019)	IDD， 12 Pa. C. S. A. §§ 5302-03
得克萨斯州	2013	适用， Tex. Bus. & Com. Code § 15.50 (2009)	无IDD，仅适用于真实损害， Cardinal Health Staffing Network v. Bowen, 106 S. W. 3d 230 (Tex. App. 2003)
犹他州	1989	适用， TruGreen Cos., L. L. C. v. Mower Brothers, 2008 UT 81 (2008)	适用威胁损害， CDC Restoration & Constr., LC v. Tradesmen Contrs., LLC, 2016 UT App 4 (2016)
佛蒙特州	1996	适用但不常见， Dicks v. Jensen, 172 Vt. 43 (2001)	未决， Davison v. Caleidoscope Commun. Co., 2004 Vt. Super. LEXIS 88 (Nov. 8, 2004)
弗吉尼亚州	1986	适用， Assurance Data, Inc. v. Malyevac, 286 Va. 137 (2013)	无IDD，但适用于威胁损害， Motion Control Sys. v. E., 546 S. E. 2d 424 (Va. 2001)
华盛顿州	1981	适用， Sheppard v. Blackstock Lumber Co., 85 Wn. 2d 929 (1975)	IDD， Moore v. Commercial Aircraft Interiors, LLC, 168 Wn. App. 502 (2012)

(五) 员工和新雇主不诚实的证据

一些法院会要求原告证明被告的行为具有恶意，或提供被告存在不诚实行为的证据，然后才会根据 IDD 发出禁令。有些法院只是将当事人的恶意视为加重处罚的因素。有些法院也会考虑被告员工的新雇主是否诚实。实际中，法院并非总使用特定的短语——"恶意"，但是仍然将员工或其新雇主的行为作为判定是否适用 IDD 的一个因素。

(六) 限制性原则适用界限

员工有权使用一般知识、技能和经验，但不得使用企业的机密或商业秘密信息。因此，涉及商业秘密保护主题的主要问题就变成一般知识和商业秘密信息之间的界限在哪里。

(七) 政策考虑

在大多数不可避免的泄露案例中，寻找政策的平衡是一个重要因素。通常需要考虑如下三个方面：

第一，企业利益。该角度支持采用 IDD。具体来看，企业希望能够获得具有特定技能的员工，同时希望保护和追求创新方面的投资。没有法律保护，企业就没有动力投资于具有经济价值的商业秘密开发和交流。

第二，员工利益。该角度拒绝支持不可避免泄露原则。反对 IDD 的人认为，阻止员工选择希望工作的地方是不公平的，例如哈佛大学法学教授瑞贝卡·图施耐特（Rebecca Tushnet），这些人尤其认为，在没有同业禁竞合同的情况下，以及在相关判例法不一致的情况下，使用 IDD 是对员工不公平的。

第三，社会利益。在考虑社会利益时，一项政策性考虑是，社会希望鼓励竞争以鼓励创新，并为商品和服务创造一个竞争性市场。另一项政策性考虑是，鼓励公平的商业行为和商业道德，以及对更高商业道德的认可。

第三节 同业禁竞合同、保密协议、不可避免泄露原则对人才流动的影响

人才流动是促进知识、技术外溢的重要方式。当工程师和科学家们换工作时，他们将知识从一家企业传递到另一家企业。知识的溢出效应、创新和经济增长，依赖于影响专业知识流动性的制度。通过商业秘密保护的方式和强度，司法系统对人才流动有重要的社会影响。

第六章 商业秘密保护诉讼可能遇到的问题

企业和员工可以依据相关法律签订合同,以实现企业的经济效益——无论是员工稳定地在当前企业工作,还是限制企业的专有知识在其他地方使用。当企业希望限制其员工为竞争对手工作或泄露有价值的商业或技术信息时,它们会签订书面的同业禁竞合同或保密协议等限制性合同。

同业禁竞合同与保密协议可能是企业与股东、员工、供应商、经销商、特许经营商或顾问之间的合同的一部分,是为了保护企业的利益,其中包括商业秘密、机密信息或者商誉。虽然同业禁竞合同与保密协议的签署对象可以延伸到员工以外,但他们通常是劳动法的保护对象。其中,同业禁竞合同在美国的争议较大。

同业禁竞合同历史悠久,可以追溯到500多年前,但关于这种限制的利弊争论一直持续。例如,在奥巴马执政期间,非常强调和倡导在就业环境中限制同业禁竞合同的执行。因此一般规则是,同业禁竞合同通常是不可强制执行的。但随着普通法的发展,人们认识到,如果签订同业禁竞合同是出于合法目的,且限制内容与范围合理,也许是可以被接受的。

历史上,同业禁竞合同受普通法管辖,此后一直由州法及州法院管辖。各州关于执行同业禁竞合同的法律在很多方面都有所不同,包括企业可以通过同业禁竞合同保护的利益、执行同业禁竞合同被限制的地理和时间范围、执行同业禁竞合同时需要充分考虑的因素、禁令和损害赔偿是否可用,以及民事诉讼程序。一些州颁布了有关同业禁竞合同的法规。然而,和商业秘密法相比,各州处理同业禁竞合同问题没有统一法律规定。

目前,各州对同业禁竞合同的可执行性问题通常采取两种截然相反的方法:一种观点认为同业禁竞合同是不可执行的,只有少数情况例外;另一种观点认为,这种协议是可执行的,除非不合理时才不可执行。巴奈特教授与西切尔曼教授曾归纳过:与加州接近的是夏威夷,限制同业禁竞合同及相关条款在"科技企业"中实施;马萨诸塞州、密歇根州、马里兰州、密苏里州、华盛顿州和威斯康星州也在考虑采纳类似的立法。

在决定是否执行同业禁竞合同时,法院会在企业利益与个人从事其行业或专业的权利之间寻找平衡。根据员工的工作和技能,法院可以限制同业禁竞合同所执行的地理范围(以市或县划分界限)和时间范围(以年或月为单位)。总的来说,很多州和州法院在执行同业禁竞合同时,游走于这两个极点之间,因此,诉讼结果往往难以预测。

总的来说,同业禁竞合同、保密协议、IDD都可能影响专业人士在企业之间的就业流动。商业秘密法律保护越强,企业对其专有信息所拥有的权利就越强,包括设计、配方、算法和流程等技术知识。如果企业对技术知识拥有更大的权利,那么其工程和技术专业人员可以向其他企业提供的信息就会受到更大的限制。因此,工程和技术专业人员对其他企业的吸引力会降低,他们中更少会有人选择离开。

有法院提出了一个支持替代执行限制性契约(保密协议或同业禁竞合同)的论点——应用 IDD。实际上,这是在企业雇佣前期未经考虑的情况下,法院替企业对员工施加了禁止竞争的限制。在分析商业秘密法如何抑制了工人的流动性时,很多美国法学学者认为,执行同业禁竞合同和 IDD 对创新和创业明显会造成负面影响,尤其批判了 IDD。

第四节 法律优先权、诉讼救济及经济价值

商业秘密属于一类知识产权。在商业秘密诉讼中,商业秘密法是否相对其他法律具有优先权?原告所追求的商业秘密的诉讼救济是什么?商业秘密本身的经济价值又是如何?这些问题对于实践中的商业秘密诉讼案件都有较大的影响。

一、法律优先权问题

首先,需要了解美国有两个法律体系——州系统和联邦系统。这两个法律体系涉及两种不同类型的法律优先权——依据州商业秘密法索赔的优先权和依据联邦专利法索赔的优先权,两者会在应用管制技术信息知识产权的法律法规中相互影响。

由于法律统一的意义和州法法条的权威性,在很多州适用了 UTSA 后,州法院通常认为 UTSA 优先于普通法。因此,在非法侵犯商业秘密的诉讼中,争论通常集中于商业秘密法的相关要素。近年来,一些州法院和联邦法院一直采取以下做法,当 UTSA 与其他州法律侵权索赔条款重叠时,UTSA 有优先权的条款。

例如,有法院认为,当原告要求对非专利信息提供类似专利的保护时,适用 UTSA 优先于适用州法的不正当竞争、不当得利等普通法民事索赔条款。最后,有法院建议,可以通过商业秘密法提供的法律补救措施来保护这些创新的

第六章 商业秘密保护诉讼可能遇到的问题

秘密性,从而最终鼓励企业对没有受到专利法保护但有价值的创新进行投资。此外,依据合同约定等限制性条款的索赔被排在商业秘密法的索赔顺序之后。

也有部分法院不认同 UTSA 相对其他州法具有优先权。一般在这种情况下,UTSA 的保护要件也无法得到满足,即 UTSA 无论是否存有优先权,原告都不具备符合商业秘密保护的条件。然而,有些时候,原告仍然可以某种不明确的方式得到法律保护。法院会允许企业基于不符合 UTSA 商业秘密条件的信息提出侵权索赔。这也被称为信息的"第二层保护",独立于以 UTSA 为基础的对秘密信息的"第一层保护"。具体来说,部分州法院可能允许在侵权行为的框架下,设立一个模糊的信息保护区域,创造出一些宪法上无效的知识产权类别,例如转化(conversion)、不当得利、不当商业惯例等民事权利请求。

现实中,许多商业秘密案件涉及企业对其前员工的索赔。因此,企业和员工一直试图根据可预测的法律风险,制订合理的管理计划和职业规划。企业需要确认、员工在一项工作中学到了哪些信息、哪些部分可以在未来的工作中重复使用,哪些信息是企业可以禁止其继续使用的。在这些案件中,州法院常常关注的是雇佣关系产生的合同义务和忠诚义务,而不是有关涉案信息的知识产权性质。

在这样的过程中,法院会为"机密但非秘密"或"专有但非机密"的信息提供保护。然而,它们却没有解释商业秘密信息与试图保护的"机密"信息或"专有"信息之间的区别。这些另类的"类知识产权"被含蓄地创造出来,可能存在侵犯公共领域的问题。进而,这样的裁决可能会与另一种不同类型的优先权——联邦专利优先权相冲突。

由于联邦系统的权威性,大多法院认为在应对很多问题时,联邦专利法优先于州法,尤其是管辖民事侵权问题的(州)普通法。联邦专利法依据美国宪法,以促进创新为目的,从公共利益角度出发,禁止各州保护在公共领域可获得的非专利技术信息,并以此进行侵权认定、赔偿。

然而,不承认 UTSA 优先权的法院总是无法确定基于非商业秘密信息的索赔是否仍然受联邦专利法的优先权管辖。它们所新设立的"类知识产权保护"可能为企业和离职员工添加不必要的法律不确定性。

相对而言,适用 UTSA 的大多数州都承认其相对其他州法的优先权。它们通常不允许原告以其他类似于商业秘密法却并非 UTSA 的普通法方式进行诉讼和对信息进行保护。这并不意味着它们不承认转化、不当得利、不当商业惯例、不正当竞争这些普通法下的民事权利请求,只是要求,原告需要以不低于

UTSA 的条件，提起替代性侵权诉讼。

在这样的司法管辖区内，由于 UTSA 已经优先处理任何可能与联邦专利政策相冲突的主张，对信息保护的州法以及法院对信息保护问题的处理通常与联邦专利法优先权并不冲突，并且，它们对商业秘密及相关问题进行管辖也符合美国最高法院关于州管理知识产权权力范围的裁决。此时，联邦专利法优先权也同样适用于雇佣关系的纠纷中。在这些司法管辖区，州法仅保护商业秘密信息，从而侵权法不能对使用公共领域信息的行为予以限制。

然而，同样是联邦法律，DTSA 却并非必然优先于州法。除非需要适用检举人（"吹哨人"）条款，否则 DTSA 并不明确优先于各州法律。

一方面，DTSA 的立法历史对法律优先权的选择并未作出任何规定。DTSA 没有平衡商业秘密法的两项利益冲突：提供强有力的商业秘密保护，以及鼓励员工流动和公平竞争。总的来说，DTSA 加强了商业秘密的保护，但也一定程度上牺牲了员工的流动性和公平竞争。

另一方面，美国国会担心现在还不成熟的 DTSA 可能过早取代已经非常成熟的州商业秘密法，并可能使法院倾向在裁判中选择的州商业秘密法。美国各州花了几十年来解释 UTSA 的适用规则，相关先例奠定了商业秘密法律保护上的确定性。DTSA 作为一项新法，虽然大部分内容使用了与 UTSA 相同或相似的语言，从而可以被较好解读，但依然缺乏针对性解释 DTSA 的先例。因此，如果美国国会和法院希望在适用 DTSA 的过程中，避免法律的不确定性，就没有必要选择不先发制人的 UTSA。当然，国会也可能出于享有普通法好处的目的，允许各州成为立法创新的实验室，选择 DTSA 不优先州商业秘密法。这是联邦法 DTSA 普遍引用州法 UTSA 的好处。因此，各州依然可颁布反映其具体政策目标的州层面立法，并制定不受联邦优先权限制的商业秘密保护法律及政策。

此外，国会在 DTSA 中的措辞，同样也不能使 DTSA 下的 IDD 具有法律优先权。一方面，DTSA 为防止任何实际或威胁的商业秘密盗用或不适当挪用的发生，赋予法院使用禁令对企业进行补偿的权力。即使 DTSA 中规定，法院不得仅基于某员工所知悉的资料而对其发出禁令，以阻止其建立劳动关系，而须基于其真实或有威胁挪用商业秘密的证据，再颁布禁令，很明显，这样的语言也不足以阻止 IDD 的实施。然而，DTSA 的其他部分，对法院关于商业秘密盗用案件中能实施的禁令类型加以进一步的限制：法院不得在与限制合法职业、行业或商业活动的相关州法相抵触的情况下颁发禁令。综合来看 DTSA 的措辞，国会并不打算通过 DTSA 授权法院限制劳动力流通，而且 DTSA 也允许那些注重保持劳动力流动性的州拒绝对人才流动加以限制，如适用 IDD。

二、诉讼补救

对商业秘密盗用的传统救济措施包括禁止进一步使用和泄露商业秘密的禁令、为盗用者临时使用商业秘密对商业秘密所有者所造成的损害进行经济赔偿等。一般来说，一旦法庭发现盗用商业秘密，就必然会发出禁令，并判给原告其可证明的损害赔偿。通常，法庭会明确考虑，禁令只会持续到商业秘密的有效期内。如果有必要的话，还会给予一段合理的额外时间，以消除盗用商业秘密所带来的"商业利益"。

然而，在商业秘密法发展的早期，由于传统的普通法与衡平法分离的损害赔偿观念，无论是禁令还是损害赔偿，原告在不正当竞争案件通常很难获得任何形式的救济。关于禁令救济，早期案件通常探讨的是索赔的性质和获得禁令救济的可能性。早期法庭若想颁布一项禁令救济，往往错误地将商业秘密简单定性为财产权，并将违反保密条款视为违反信托责任，或侵犯财产权。关于经济补偿，原告很多时候难以证明自己由于不正当竞争而利润遭到损失，当被告并非商业秘密所有者竞争对手的情况下尤其如此。这样的问题导致了很多商业秘密所有者求偿难，并一直困扰着很多企业。

目前，新颁布的 DTSA 放宽了法院发布禁令的标准，只要不妨碍一个人的就业，允许法院发布禁令"以防止实际或威胁挪用"商业秘密。尽管 DTSA 禁令条款内容是直接从 UTSA 中借用的，但是 DTSA 提供的禁令救济和 UTSA 建议的禁令救济存在一个细节区别。UTSA 规定："商业秘密不复存在时，禁令终止。但禁令可以延长一段合理的时间，以消除盗用商业秘密可能产生的商业利益。"DTSA 没有这样的限制，并允许法庭以其认为合理的条件发布禁令。目前，还不清楚这种语言上的差异会产生什么影响。在适用 UTSA 时，一些州针对禁令条款进行了调整和修改，形成了不同于 UTSA 和 DTSA 的法规。例如，虽然亚拉巴马州和科罗拉多州适用 UTSA，但没有"当商业秘密不复存在时，禁令应终止"这样的限制。

三、条文时效

DTSA 下的索赔时效为 3 年，这一点与 UTSA 一致。然而，一些州已经在适用 UTSA 时，通过了与 3 年期限不同的商业秘密法诉讼时效。例如，亚拉巴马州议会把诉讼时效缩短为 2 年。根据缅因州、内布拉斯加州和俄亥俄州的法律，诉讼时效被延长至 4 年。佐治亚州、伊利诺伊州和密苏里州的法律将诉讼时效延长到 5 年。佛蒙特州的商业秘密法相对 UTSA 的诉讼时效增加了一倍，长达 6 年。

四、经济损失

DTSA 授权法院对商业秘密盗用造成的实际损失提供经济补偿，并可在任何不公正使用商业秘密的情况下，裁定超出实际损失数额的经济赔偿。一方面，DTSA 授权商业秘密所有者向被告要求支付合理的使用费；另一方面，DTSA 规定，在故意和恶意挪用或盗用责任的情况下，原告可要求惩罚性或惩戒性损害赔偿，赔偿金最高可达合理补偿金和损害赔偿金的两倍。

UTSA 也有类似的措辞，规定同样的损害赔偿标准。然而，UTSA 同时规定，经济补偿是针对商业秘密所有者过去的损失。但是，如果由于一个人在有理由知道其商业秘密是通过另一个盗用者或不适当挪用者而获得的之前，已发生了实质性的职位变化，一项忠诚禁令（royalty order injunction）作为对商业秘密持有者的补偿就足够了，法院不应再要求此人为自己了解该情况前的行为对商业秘密所有者作出经济损害赔偿。

当然，各州在采纳 UTSA 时可以不包括这一限制。很多州的法院依然可以根据商业秘密持有者的实际损失，并加上盗用者的额外不当得利，对其提供经济损害赔偿。如果法院认为，根据案件的具体情况，禁止未来使用相关信息将是不合理的，那么法院有权要求被告在支付合理使用费的条件下，允许被告继续使用相关商业秘密。但是，迄今为止，鲜有探讨这一强制性许可替代方法的案例。

五、律师费和诉讼费

DTSA 和 UTSA 都有规定，如果原告对商业秘密盗用的诉讼请求是恶意的，法院可以要求原告向被告支付合理的律师费；同时，如果存在故意或恶意盗用商业秘密的情况，或被告请求终止禁令的动议是恶意的，法院可以要求被告向原告支付合理的律师费。

实践中，一些已采用 UTSA 的州调整或已经改变了这条规则。例如，佛蒙特州的商业秘密法允许法院将律师费和诉讼费判给胜诉的一方。加州、新泽西州和宾夕法尼亚州的商业秘密法，允许追回律师费和诉讼费。但是，阿拉斯加州、艾奥瓦州、密苏里州和内布拉斯加州的商业秘密法，都没有关于律师费赔偿的规定。

六、经济价值

商业秘密法要求信息具有经济价值。这一要求服务于两种对商业秘密保护对象的成本限制功能：一方面，它限制了商业秘密法的保护范围。具体来说，商业秘密保护请求中所包含的信息应可被用于商业或其他企业的经营，具有足够的价值和机密性，并能够提供实际或潜在的经济优势。因此，限制商业秘密法的保护范围，并提升任何获取相关信息的成本，建立了基于市场的政策考虑和不适当挪用或盗用行为之间的必要联系。这样一项要求，也将限制获取非商业秘密信息以及与市场无关的政策考虑适当地留给了其他法律管辖。

另一方面，该价值要求商业秘密持有人重视对信息的保护。如果信息持有人不重视对信息的价值和保护，那么限制其他重视这些信息价值的第三方获取的理由就会消失。一般来说，信息持有人有针对寻求法律救济的投资意愿就足够了。虽然这样的行为并不完全意味着信息持有人会获得商业秘密保护，但证明了商业秘密保护并非无偿施加的。

法律救济不考虑或超出商业秘密价值会有两个不可取的效果。首先，法院将不得不对其职权范围之外的商业事务作出价值判断。这样的判断过程非常困难。这也将意味着，法院可能需要重新猜测盗用者的职责，或其挪用行为的恶劣程度。这些判定要求会加强判定的不确定性，并会严重削弱法律对创新的杠杆激励，增加诉讼成本。其次，当商业秘密的商业价值受到威胁损害时，法院若支持商业秘密持有人的求偿主张，那么被告可能需要通过其他重要事实，证明商业秘密的政策保护目标在案件中确实不存有争议，不需要进一步补充。实际上，这是在滥用程序进行索赔，加重了被告的举证责任。

第五节　普通法学说与成文法规定在商业秘密保护的差异

一旦某项法律被统一法律委员会通过，统一的法律内容必须通过各州立法机构的适用和执行，才成为生效法律。因为这个过程需要时间，从涉及商业秘密保护的《侵权法重述（第一次）》到 UTSA 的转变并不是立竿见影的。经过

| 第四知识产权——美国商业秘密保护

二十几年，UTSA首先取代了《侵权法重述（第一次）》，成为美国管理商业秘密的主要法律。

米切尔·哈姆林法学院的沙仑·山登教授（Sharon Sandeen）曾失望地表示，当时的法院和法学家很少注意到这个法律发展的节点，很多律师和法官继续在实践中依赖《侵权法重述（第一次）》，"就好像它是拯救相关法律问题的福音一样"。她认为，这不仅导致了很长一段时间内，美国很多地区的法院适用不正确的法律和法律体系，而且这个体系给予了《侵权法重述（第一次）》不适当的信任和权威。其实，它充其量只是适用商业秘密法的次要法源。当时也没有及时认识到，《侵权法重述（第二次）》排除了所有有关不正当竞争和商业秘密保护的部分，这部分在1998年被《不正当竞争法》所取代。

从过去到现在，侵权法重述系列的内容都是美国法律协会的成员对适用商业秘密法的解释。这些成员包括法官、学者和律师。美国法律协会的创始理事威廉·德莱普·刘易斯（William Drapper Lewis）曾解释过，侵权法重述系列的目的不只是编纂法律，而是通过提供一个容易理解和明确的被整合的法律语言，进而说明了美国法律协会为什么引领了各州对各种法律解释的多数观点。他解释说："尽管先例的意义和权威的范围经常引起争议，但是根据先例的权威性而整合成的早期规则，一直得到法律体系的遵守。《侵权法重述（第一次）》正是代表了那些构建它的人，对于根据判例来决定法律和其解释这种思维方式下的一些意见。"

在许多情况下，《侵权法重述（第一次）》的起草者在预测法院将如何裁决各种法律问题时，并没有太多依据。根据马萨诸塞州、纽约州和宾夕法尼亚州等诸州在20世纪40年代进行的一项研究，在许多州，缺乏适用先例的判决百分比为50%～74%，甚至在马萨诸塞州、纽约州和宾夕法尼亚州等，《侵权法重述（第一次）》大部分内容没有被当地的判例法所涵盖。这也解释了为什么《侵权法重述（第一次）》的某些条款比其他条款更加详细。如果在某一问题上没有太多判例法，那么为了避免制定法律，针对这些问题的普通法条款首先必须更加一般化。1939年的商业秘密法就处于这样的情况。然而，设定越多的一般化普通法原则，为了给这些原则提供更合理的解释，《侵权法重述（第一次）》的起草者就不得不使用更多的语言。

从《侵权法重述（第一次）》的结构和内容两方面特点可以看出，它作为商业秘密法在实践中被适用的不足，即缺乏法律管辖权，以及作为商业秘密法条款而被优先适用的一般性。《侵权法重述（第一次）》的主要意义在于确定不法行为的性质。这些条款并没有对其中使用的任何术语的含义进行详细说明，更不用说如何应用了。相反，这些条款的适用细节将留给各州的法院，按照普通法的传统来制定。

如果司法系统在这些被保留的问题上，积累了足够的先例，《侵权法重述（第一次）》将会被修订和修正，以反映法律的动态发展，正如后来《不正当竞争法》的通过。此外，虽然《侵权法重述（第一次）》的许多条款首先包括批注和评论，但是这些批注和评论并没有得到美国法律协会的正式批准，仅构成了起草者的个人意见。与《侵权法重述（第一次）》的文本条款一样，如果一个法律是以与批注和评论不一致的方式发展起来的，那么以发展起来的法条和判例为准。

与侵权法重述系列相反，山登教授强调表示，UTSA 的目的不仅仅是重申现有法律，而是要制定和编纂法律。UTSA 规定了商业秘密保护原则，自此成为改变商业秘密法未来发展和适用的轨迹和参照点。作为一套法律体系，特别是在已适用的各州中，每个州作为司法管辖区都基于 UTSA 编纂了自己的商业秘密法，并区别于其他州对 UTSA 的适用。因此，侵权法重述系列成为法律的次要法源，而 UTSA 是主要法源，法律管辖权也大于侵权法重述系列。

正如本书第一章介绍的 UTSA 历史，UTSA 的目的是在某些方面补充、改变普通法。事实上，这也是律师们首先提倡适用 UTSA 的原因之一。执业律师不满意商业秘密普通法的发展速度和发展道路，倾向采用统一的法律，加快和完善这一法律发展进程。由于由普通法法院制定的许多商业秘密法律原则在各州之间存在差异，因此，UTSA 的起草者通过努力，编订了他们认为较为合理的商业秘密法原则，并在 UTSA 中加以编纂。在这个过程中，他们否定了一些普通法原则。那些被排除的普通法原则通常缺乏明确性，会导致法律不确定性或者对商业信息的保护过于宽泛。UTSA 的起草也考虑了州商业秘密法的适用范围，并对其加以限制，以免与联邦专利政策有冲突。

多位美国学者曾表示过，UTSA 的重要性也是普通法发展与成文法发展的根本区别所致。将商业秘密法编纂成法条的一项法律发展效果是，将商业秘密普通法的发展限制在法条本身的范围内。当一个州适用了 UTSA 后，法官不能根据公平和公正的一般原则、《侵权法重述（第一次）》和其他先例或其他普通法原则来自由决定是否以及如何给予商业秘密索赔者救济，而是要根据所在州的商业秘密法进行裁判。

在商业秘密案中，当人们首先根据 UTSA 和《侵权法重述（第一次）》审查商业秘密的定义时，普通法和成文法之间的区别也许最为明显。在 UTSA 中，商业秘密的定义非常精确和详细。在法律上被认定为商业秘密的一项信息必须满足以下条件：①是秘密的（即一般不为人所知或不容易查明）；②秘密持有者能从秘密中获得独立的经济价值；③秘密持有者在特定情况下，为维持该秘密而作出努力。如果一项商业秘密的原告不能证明上述任何一项要素，那么就不存在受法律保护的商业秘密，也就不能就商业秘密盗用提起诉讼。

相比之下，《侵权法重述（第一次）》缺乏对受保护信息的严格定义和界定，进而使商业秘密保护主体和范围不定。这是由于《侵权法重述（第一次）》的特性，即它是对不同普通法法院在考虑一项信息是否值得保护这样的基本问题的裁判汇编。然而，根据 UTSA 的起草者的说法，依据《侵权法重述（第一次）》的裁判方法被证明缺乏可预测性，并在某些情况下，导致了信息的过度保护。

此外，UTSA 作为一个整体，试图在自由竞争和防止不正当竞争之间达成平衡。因此，如果忽略 UTSA 中有利于统一法律原则的任何条款，就会首先使这种平衡处于危险之中。这并不是说，法院在解释和适用 UTSA 方面没有任何作用。虽然 UTSA 不仅填补了许多普通法法院没有解决的商业秘密法的空白，而且为自由裁量和灵活裁判留有余地，例如，法院有决定什么是"合理努力"的自由裁量权。在裁判书中，法院也可以在一个说明性的清单上，增加不适当和适当挪用的手段。

无论是《侵权法重述（第一次）》还是 UTSA，在解释这些商业秘密法相关法条的时候，法院在司法管辖范围内，首先应该了解其本身的语言。如果相关法条和法规的措辞不明确或不完整，那么就可以采用各种法律解释方法去正确适用法规。这通常取决于某一法官所倾向的法条解释模式。

第六节　从统计和实证分析看法院处理商业秘密诉讼案

州法院对商业秘密民事案件行使初审管辖权，因为实质性的商业秘密法主要是州法。联邦法院对商业秘密民事索赔行使补充或多样性管辖权，并且根据 EEA 对涉及商业秘密盗用的刑事问题行使管辖权。依据阿尔莫林与美迈斯律师事务所的其他律师于 2010 年完成的对美国联邦和各州 1950～2009 年的几百个商业秘密诉讼案件整理结果，可以深入地从统计层面，系统地了解与认识美国商业秘密诉讼案件。本章第一节已经介绍了他们统计的商业秘密案件的主要诉讼对象。这一部分将围绕案件本身，介绍商业秘密案件的类型、法院在诉讼中所面临的问题、诉讼结果以及上诉和抗辩的统计情况。

通过他们的统计发现，加州、得克萨斯州、俄亥俄州和纽约州是听取商业秘密案件最多的州。其中，听取商业秘密诉讼案件最多的州是加州。这样的统计结果是显而易见的，因为加州、得克萨斯州和纽约州是美国人口较多的三个州。

一、诉讼案件类型

商业秘密的保护主体不限于特定的类型。实际中，只要满足定义要求，任何主题或信息都可以是商业秘密。美迈斯律师事务所律师将在各州法院所处理的商业秘密种类大致分为两类信息：经营类信息和技术类信息。经营类商业秘密包括客户名单、内部商业信息等，技术类商业秘密包括公式、配方、技术专业信息和软件或计算机程序等。具体如表6.4所示。

表6.4 1995~2009年美国各州诉讼中的商业秘密类型统计

涉案商业秘密种类	案件占比
公式	5%（16件）
计算机信息与专业技能	27%（98件）
软件或程序	6%（23件）
客户名单	52%（187件）
内部商业信息	42%（150件）
外部商业信息	3%（10件）
组合商业秘密	0（0）
未被投入使用的商业秘密	0（0）
其他或未知	6%（23件）

注：美迈斯律师事务所律师及阿尔莫林等人统计。

二、法院受理判决涉及的问题

（一）法律体系适用

大多数法院适用州民事法规，少数法院继续适用普通法。在2016年之前，实质的商业秘密民法都是州法。1995~2009年，除了4个州（得克萨斯州、纽约州、马萨诸塞州和新泽西州），其他州都适用了UTSA。因此，这4个州继续遵循自己的普通法，作为主要商业秘密法，而其他州适用 UTSA 框架下的商业秘密法来处理相关民事纠纷。此外，超过一半的州颁布了关于商业秘密盗窃的刑事法规，尽管这些法规在法院发布禁令和施加惩罚方面设有很多限制。

（二）法院常用的商业秘密保护法律及法规

法院所使用的法律来源可以决定案件的结果。这就是对法院援引法律进行统一的意义。自 1939 年发布以来的 40 多年里，《侵权法重述（第一次）》几乎被各州法院普遍引用，实质上已成为现代商业秘密法的基石。然而，这个时代已经一去不复返了。

在对联邦政府所处理的商业秘密民事诉讼研究中，美迈斯律师事务所的律师们发现，在各州相继适用 UTSA，并颁布了自己的商业秘密法后，《侵权法重述（第一次）》的统治地位从 20 世纪 80 年代起开始削弱，被联邦法院引用的频率开始降低。超过 25% 的法院引用 UTSA。这个曾经的商业秘密法的主要法源，现在已经让位给了 UTSA。一方面原因是，大多数州已经颁布了 UTSA 的商业秘密法，不再需要引用《侵权法重述（第一次）》；另一个原因是，当时 4 个尚未颁布 UTSA 的州一直以来所遵循的是普通法，并不断引用自己的判例法，而非《侵权法重述（第一次）》。这样的习惯也被当地联邦法院尊重和采纳。

相对联邦法院，具有说服力的《侵权法重述（第一次）》在近代被州法院援引的频率就更低了。1995～2009 年，仅有 5% 的判决中，州法院引用了《侵权法重述（第一次）》。这是因为每个州都有自己的商业秘密法，无论是后来根据 UTSA 所制定的法规还是一直被使用的普通法。州最高法院经常就新的法律问题进行处理，并在具有竞争性的处理方法之间作出决断，形成判例法。在这个过程中，它们也会常常在现有的判例外，通过借用和援引其他法律对案件的相关问题进行管辖和处理，范围远远不局限于《侵权法重述（第一次）》。因此，在各州最高法院的指导下，各州其他法院不需要引用任何其他法律来证明它们的决定是正当的，只需要延续自己州法的发展路径就好。

（三）成文法与普通法之间的选择

州法院在处理商业秘密问题中，应用成文法的频率高于普通法。数据显示，适用州法规的判决数量逐年增加，适用州普通法的判决随之减少。其中，伊利诺伊州频繁引用的成文法法规并非商业秘密法，而是物权法。

（四）保密协议

除非企业采取合理措施保护其商业秘密，否则，商业秘密所有人无权就相关商业秘密获取法律保护。法律对于所采取措施的类型和适用程度，没有明确的要求。不过，商业秘密所有人必须制订计划，以保护他们的专有资料。因此，关于最佳措施的建议比比皆是。然而，所有关于这些措施有效性的研究都是传闻性的，没有经验性的研究来确定哪些措施是最常见的、最有效的。

其中，企业与员工或第三方的保密协议是保护商业秘密最重要的合理措施。阿尔莫林等人通过统计发现，保密协议，尤其是企业与员工签订的保密协议，是联邦法院和州法院在商业秘密诉讼案件中最经常被援引的合理措施。具体来说，11%的州法院和联邦法院引用了这样的协议。

在州法院和联邦法院处理的商业秘密案例中，三个最重要的商业秘密合理保护措施是：①基于物理的保护；②基于计算机的保护；和③与员工或第三方的保密协议。基于物理的保护包括上锁和限制接触到特定信息的人的身份，在6%的联邦法院案件中以及8%的州法院案件中提到了这些保护方式。基于计算机的保护措施包括加设密码和限制访问。在5%联邦法院案件和6%州法院案件中，引用了这类保护措施。随着计算机与网络在现代工作环境中的重要性日益突出，现代物理保护措施自然将计算机保护措施考虑在内。除了案件中占比最大的与员工签署保密协议，与第三方签署的保密协议这种保护途径也同样重要。3%州法院的商业秘密案件以及7%联邦法院的商业秘密案件引用与第三方签署保密协议这类保护方式。

三、诉讼结果

（一）谁是胜诉方

商业秘密所有人诉讼成功的可能性，部分取决于案件中的被告是其员工还是其商业伙伴。州法院的商业秘密诉讼的统计结果显示，商业秘密所有人在41%的案件中获胜，被指控的商业秘密盗用者在58%的案件中获胜。经过上诉，商业秘密所有人再次胜诉的案件比例为41%，被指控的盗用者再次胜诉的案件比例为57%。统计分析显示，被指控的商业秘密盗用者胜诉的次数多于败诉的次数，并构成了统计学上的显著性。这意味着，总的来说，原告在商业秘密案件中败诉的比例更大。

具体来说，商业秘密所有人的诉讼情况在一定程度上，还取决于其起诉对象是员工还是商业伙伴。这两类不同的被告在案件结果存在统计学上的显著差异。针对员工的诉讼，商业秘密所有人胜诉的可能性几乎为42%。如果此时商业秘密所有人申请临时禁令救济，则其失败的可能性为51%。如果诉讼针对的是商业秘密所有人的商业伙伴，则这两个数字分别为23%和77%。

当涉案盗用者是企业的商业伙伴而非员工时，该企业的胜诉概率较低。在州法院的一审案件和上诉案件中，当被告是原告企业的商业伙伴时，原告企业的胜诉率要低于被告是其员工或前员工时。当涉案盗用者是企业的员工或前员工时，商业秘密所有者在初审法院和上诉州法院的胜诉率分别为44%和42%。当涉案盗用者是其商业伙伴时，胜诉率下降到32%和34%。因此，州法院系统似乎是一个商业秘密所有人起诉商业伙伴比起诉员工更难成功的系统。

（二）申请临时禁令的情况

在申请临时禁令时，原告通常必须满足四个要素：第一，没有临时禁令，会对原告造成不可弥补的损害；第二，公共利益的平衡倾向于发布临时禁令；第三，如果临时禁令得不到批准，其他利害关系方将受到损害；第四，原告有可能根据案情获胜。即使这些要求苛刻又沉重，商业秘密所有人为了减轻其遭到的损害，也会奋力申请。

阿尔莫林等人的统计显示，在州法院的商业秘密诉讼中，商业秘密所有人在临时禁令问题上占了上风，1/3以上的临时禁令动议获得了法院的支持。看到这个统计结果，他们表示，这个比例高到让人惊讶。

（三）裁判理由分布

在初步证据确凿的商业秘密案中，法院最有可能就商业秘密的有效性或不适当挪用问题作出裁决。根据联邦法院裁决的频率，以下是对这些裁决中初步证据涉及的要素进行的排序：①商业秘密的有效性（60%）；②不适当挪用或盗用（50%）；③是否采取合理措施（37%）；④商业秘密是否具备经济价值（14%）。该顺序和州法院判定的法律要素的顺序基本一致。

其中，在初步证据确凿的案件中，诉讼双方依然可以对案件有各自的不同辩论要点和角度。法院在这类案件的审判中，主要对商业秘密主体的问题作出裁决——是否存在有效的商业秘密。其次，法院会重点考虑的要件是，该有效的商业秘密是否被盗用或不适当挪用。

关于涉案商业秘密的价值，虽然涉及商业秘密盗用问题的两项法律——UTSA和《侵权法重述（第一次）》，都提出了相关要求，但UTSA要求商业秘密通过其他人不普遍知道或不能以适当方式随时查明，产生独立的实际或潜在的经济价值，并能从其披露或使用中获得经济价值，《侵权法重述（第一次）》要求商业秘密须被用于其所有人的业务中，并提供获得相对于不知道或不使用它的人的竞争优势机会。

通过对联邦商业秘密诉讼案件进行整理，阿尔莫林等人发现，联邦法院在处理相关问题时，往往会为涉案商业秘密假定一个价值，根本不讨论实际价值。他们的统计数据表明，只有少数法院会在实践中处理商业秘密价值这一要素。并且，只有少数法院认为，原告未满足该要求。总的来看，在法院讨论的案件中，法院针对商业秘密价值问题设置了一个较低的门槛。

此外，他们的统计数据显示，联邦法院在处理商业秘密案件中出现了三种趋势：第一，案件审理时间越长，法院就越有可能裁定商业秘密所有人不拥有有效的商业秘密。第二，与之相似，案件进展的时间越长，法院就越有可能裁定商业秘密所有人没有采取合理的措施来保护其商业秘密。第三，相反，如果案件进展得越慢，法院就越有可能裁定商业秘密所有人拥有被他人不适当挪用其权利。在临时禁令阶段，法院发现50%的案件不能满足不适当挪用或盗用这一要素的要求。但在简易审判程序中，这一比例降至30%。

四、上诉与抗辩

（一）上诉结果分布

州商业秘密上诉案件的确认/撤销率与联邦上诉巡回法院在其他类型知识产权案件的确认/撤销率相似，尤其是专利案件。州上诉法院以超过2：1的比率确认了商业秘密的初审判决。大多数时候（68%），上诉法院维持初审判决，但在少数的案件（30%）中，上诉法院会推翻初审判决。

其中，商业秘密所有人在初审中获胜的判决比被指控的盗用者获胜的初审判决更容易在上诉过程中遭遇逆转。被指控的盗用者更容易在上诉过程中，推翻商业秘密所有人在初审法院获得的胜利。

（二）抗辩理由分布

与所有民事求偿案件一样，在商业秘密诉讼案中如果被告可以提出可靠的抗辩理由，就不再对原告负有赔偿责任。其中，通过阿尔莫林等人的统计发现，最常见的抗辩理由有如下五种：

第一，反向工程。反向工程具体是指，从已知或公开的产品开始，反向推导出有助于其开发或制造的过程。这个过程必须经过公平和诚实的手段，例如从公开的市场上购买产品。第二，独立开发。当案件涉及的产品或工艺是被告自己独立努力开发的成果时，就构成了独立开发。第三，非针对商业秘密的恶意诉讼。第四，根据宪法第一修正案，声称受自由言论的保护，从而为不当行为开脱。第五，诉讼时效问题。

第四知识产权——美国商业秘密保护

通过阿尔莫林等人的统计发现，1950~2008年，联邦法院每年会发布数百起关于商业秘密的判决，而且这个数字还在逐年增加。鉴于商业秘密可以是任何机密信息，商业秘密案件的增长上不封顶，且无法预计。商业秘密的增加会增加商业秘密诉讼，并积累相关的法律，这对法院和当事人提出了许多挑战：一方面，法院必须处理越来越多的商业秘密纠纷；另一方面，企业必须就创造什么商业秘密、如何保护这些秘密以及是否提起诉讼作出重要决定。

第七章 《经济间谍法》与《保护商业秘密法》的颁布及影响

在《经济间谍法》(*Economic Espionage Act*, EEA)和《保护商业秘密法》(*Defend Trade Secrets Act*, DTSA)通过之前,美国的商业秘密法几乎都出于州法律规定之下。相对而言,专利法一直是联邦法独立管辖。

在凯文尼案(*Kewanee Oil Co. v. Bicron Corp*)中,美国最高法院明确了,联邦专利法不优先于州商业秘密法适用。虽然该案不是联邦法院认定州法在保密信息方面或知识产权保护方面优先于专利法管辖的第一个案件,但依然由此成为社会焦点。

在该案前期,联邦第六巡回上诉法院出具意见书,把这个问题提交给美国最高法院来衡量。最高法院认真考虑了不同类型的发明以及它们是否有资格获得专利保护,之后认为,虽然宪法授予国会在知识产权领域立法的权力,但这并不禁止各州也通过旨在促进创新的法律和政策。最高法院最后得出结论,对于非专利的商业秘密信息,专利法对商业秘密法显然不存在优先管辖权。例如,一项商业秘密不属于可专利主题的保护范围,或者仅仅是对现有条款的明显或微不足道的改进,从而不满足专利的其他保护要求。最高法院承认,更难的一个问题存在于,当商业秘密的保护主题涉及可能获得专利的技术和信息。对于这类信息,多数人的结论是,专利法不优先于商业秘密法适用。因为商业秘密法最终在许多方面提供的保护还会远远弱于专利法。例如,商业秘密法不禁止独立发明或反向工程。如果一项秘密被披露或广为人知,根据商业秘密法,相应的法律保护可能会丧失。

当最高法院对凯文尼案作出判决之后,美国律师协会和统一法律委员会恢复了之前商业秘密领域停滞不前的努力,继续创建一个示范法规,以帮助统一国家商业秘密法。最后,统一法律委员会于1979年公布《统一商业秘密法》(*Uniform Trade Secrets Act*, UTSA),并于1985年进行修订。

随着1996年EEA的颁布,美国国会首次对商业秘密领域产生有意义的影响。在审议 EEA 的过程中，国会成员们曾考虑在法案中增加民事诉讼理由，但最终没有实现。随着商业秘密案件诉讼的增多及对经济影响的日益加重，国会议员重新审议了关于对商业秘密挪用提起民事诉讼的想法，最终产生了 DTSA。

总的来说，美国 EEA 及 DTSA 将传统的商业秘密保护从普通法层面提到了联邦法的层面，加强了对商业秘密保护的力度，随着时间的推移必将产生多方面的影响。

第一节 《经济间谍法》的颁布及影响

美国的商业秘密保护并没有牢固的刑法根基。事实上，盗用商业秘密的行为历来是侵权法的管辖范围，最初出现在《侵权法重述（第一次）》中。后来，许多现代商业秘密法仍然被应用于民事纠纷中。1979 年，统一法律委员会发布了一项商业秘密保护示范法律条文，称为 UTSA。UTSA 是一套完全的民事法律条文。

在 20 世纪 60 年代中期，将窃取机密的商业信息定为刑事犯罪成为美国法律应用的优先选项。此后，许多州颁布了关于不当使用计算机数据行为的法律，同期，又颁布了用于规范商业秘密盗用或不适当挪用行为的法规。这些法规在各州之间差别很大，没有统一的保护或惩罚模式。1996 年，EEA 成为第一套解决商业秘密盗窃罪的联邦刑事条文法。在 EEA 颁布之前，没有联邦法律涉及商业秘密盗用问题，相关问题也不能在联邦法院诉讼。EEA 颁布后，被纳入《美国法典》第 18 编第 1831～1839 条中（18 U.S.C. §§1831 - 1839）。

一、《经济间谍法》的核心构成

EEA 主要由两部分组成，涵盖了美国国外和国内的知识产权盗窃。第一部分将为外国政府、机构或代理人（绰号"间谍"）谋利的盗窃商业秘密的行为定为犯罪。第二部分将盗窃"与外州或外国经营、生产或销售的产品"有关或包括在其中的商业秘密定为犯罪。

第1831 条规定：(a) 一般地，故意或者明知以下罪行会有利于外国政府、外国机构或者外国代理人的，明知（1）盗窃、擅自占有、携带、隐匿、欺诈、诈骗取得商业秘密的；（2）擅自抄袭、复制、绘制、拍照、下载、上传、变更、

第七章 《经济间谍法》与《保护商业秘密法》的颁布及影响

销毁、影印、传送、发送、邮件、交流或者传递商业秘密的；(3) 收受、购买或者拥有商业秘密，明知被盗窃、侵占、获取或者擅自转化的；(4) 企图实施第 (1) 项至第 (3) 项所述犯罪的；或 (5) 与其他一人或多人共谋犯下第 (1) 至 (3) 项所述的任何罪行，且其中一人或多人为实现共谋目的而作出任何行为，除第 (b) 款规定外，应处以不超过 50 万美元的罚款，或处以不超过 15 年的监禁，或两者兼处。

(b) 组织及实施第 (a) 款所述任何违法行为的任何组织，处以不超过 1000 万美元的罚款。

第 1832 条规定：(a) 任何人，有意为所有者以外任何人的经济利益而转化一项涉及州之间或外国商业生产、服务或使用的产品的商业秘密的，并有意或明知这种罪行将损害该商业秘密的任何所有者的，明知 (1) 盗窃，或未经授权擅自窃取、占有、带走或隐藏，或通过欺诈、设陷或欺骗手段获得此类信息；(2) 擅自抄袭、复制、绘制、拍照、下载、上传、变更、销毁、影印、发送、邮件、通信或者传送的；(3) 接受、购买、拥有上述情报，明知被盗窃或者擅自占有、获取、转化的；(4) 企图实施第 (1) 至第 (3) 项所述犯罪的；或 (5) 与其他一人或多人共谋犯下第 (1) 至 (3) 项所述的任何罪行，且其中一人或多人为实现共谋目的而作出任何行为，除第 (b) 款规定外，应根据该法处以罚款，或处以不超过 10 年的监禁，或两者兼处。……

由此看来，EEA 对商业秘密的定义，与 UTSA 大体相似，包括各种形式和类型的金融、商业、科学、技术、经济或工程信息。技术类信息中包括模式、计划、汇编、程序装置 (program devices)、公式、设计、原型、方法、技术、过程、工序、程序或代码，无论是有形的还是无形的，以及是否或如何以物理、电子、图形、照相或书面形式储存、汇编或存储。同时，EEA 也要求所有者试图保守秘密，并从其秘密中获得价值，但没有个人间的诉讼理由。EEA 明确表示，它的适用并不优先于任何其他商业秘密法律，使企业可以干预联邦或州的行动。

二、《经济间谍法》的立法形成

(一)《经济间谍法》形成的环境背景

1996 年 11 月 11 日，美国国会颁布 EEA，目的是协助检察官阻止美国企业的知识产权被盗。到 20 世纪 90 年代中期，由于迅速发展起来的技术革新和贸易全球化，美国国会认为，外国实体窃取美国商业机密已经成为一个重大国家问题。

这些盗窃行为大多是为了外国实体的利益。据称,其中许多实体雇用了冷战前时期的政治间谍,他们的才能同样在经济间谍世界中发挥出色。这一国际间谍文化促成了早期 EEA 立法的发展,而所有这些立法也都只涉及外国实体的盗窃行为。因此,第 1832 条几乎是第 1831 条的复制品,但专门针对国内商业秘密盗窃,而且看起来似乎就是匆忙地复制粘贴上去的。

(二) 第 1832 条的模糊语言

在修订前 EEA 的第 1832 条中,可能最具争议的细微差别是要求"与州之间或对外贸易生产的产品相关或包括在其中"的商业秘密。这些内容在最初的参议院法案中没有,虽然第 1831 条中省略了,但国会后来在第 1832 条中增加了。这些内容后来在美国诉阿列尼科夫案(*U. S. v. Aleynikov*,简称"阿列尼科夫案")中被证明,是法院对 EEA 解释的关键分歧。

(三) 模糊无效原则

在涉及第 1832 条的案件中,被告经常援引"模糊无效"原则进行抗辩。这表明修订前 EEA 缺乏明确和一致的解释。根据"模糊无效"原则规定,法规"必须足够明确,以告知受其制约的人,他们的行为将使他们受到法规的惩罚"。该法律原则要求被告接受充分的告知,以证明他们违反了特定的法令。根据"模糊无效"原则,三个经常被引用以质疑修订前 EEA 三个不同方面的案例是:美国诉徐案(*U. S v. Hsu*)、美国诉库鲁瑞伊案(*U. S v. Krumrei*)和美国诉吉诺维斯案(*U. S v. Genovese*)。

美国诉徐案是法院根据 EEA 第 1832 条审理的首批案件之一。它反映了该法条涉及商业秘密定义的语言有三个部分模糊:第一个部分是"与州之间或外国商业生产的产品相关或包括在其中",第二个部分是"采用合理的措施保护商业秘密",第三个部分是"公众普遍知道的或容易确定的"。美国诉库鲁瑞伊案所涉及的语意模糊的部分是,"合理的保护措施可能使 EEA 任意执行"。美国诉吉诺维斯案所涉及的语意模糊的部分有关商业秘密的具体定义,有关"一般常识"。

虽然在上述任何一个案件中都没有成功地驳倒"模糊无效"原则的适用,但该原则如此频繁地出现在诉讼中这一事实表明,修订前 EEA 的法律可靠性存在问题。因此,第 1832 条在模糊无效原则的影响下很少被援引,且在普通法里,对这方面提供的指导很少,最终其内容可能被视为不明确或模糊不清。

第七章 《经济间谍法》与《保护商业秘密法》的颁布及影响

(四) 以高频交易为例

上面三个案例的涉案商业秘密技术都涉及高频交易（high-frequency trading, HFT）。高频交易是一种自动化的算法交易形式，涉及使用高度复杂的计算机程序进行证券交易。从事此类交易的公司每次持仓数秒，通常在交易日结束时没有净头寸。交易决策是通过对市场数据的高速数学分析作出的，并仅利用几分之一秒即可完成运算和交易。

高频交易为金融机构带来了巨额收入，但风险也是巨大的。高频交易系统增加了股票买卖价差之间的价格波动，据称，导致了不止一次的"闪电式暴跌"，使股票市场突然陷入混乱。有力观点认为，高频交易对美国国内和国际金融市场的影响亟须联邦政府的干预。这种交易机会的不平衡可能会诱使小微企业将盗窃作为一种比内部开发高频交易系统更有效的选择。也正是这种捷径，让谢尔盖·阿列尼科夫（Sergey Aleynikov）在法庭上败诉（*U. S. v. Aleynikov*）并入狱。

2007年5月至2009年6月，阿列尼科夫任职于纽约高盛，当一名程序员。后来，他接受了一家芝加哥初创公司Teza的邀请。在离开高盛的两个月前，阿列尼科夫开始逐步把职位和工作的相关数据通过一个德国服务器上传至网上。在这个过程中，他千方百计避免被发现，删除了他的加密密钥，并试图清除相关历史记录。引用法庭的话，他窃取的文件包括"连接到各种证券交易所的组件、读取即将收到的价格数据、定价算法、交易策略、将交易决策传送回交易所的基础设施；以及监测交易系统的所有这些复杂部分表达的应用程序"。在阿列尼科夫离开公司后不久，高盛安全团队的成员注意到他盗窃了相关专有文件，并立即通知了有关部门。

2009年7月3日，联邦调查局（FBI）在纽瓦克机场逮捕了刚从芝加哥与Teza会面回来的阿列尼科夫。当时，他带着一个闪存盘和一台笔记本电脑，里面存有高盛的源代码。FBI后来搜查了阿列尼科夫的家，发现他的个人电脑上也有相关专有代码。在芝加哥时，他至少上传了两个相关文件，其中包含了高盛的专有源代码。在他发给Teza同事们的一封邮件中，他暗示所上传的两个文件中的源代码是自己写的，默认了他为高盛工作而创作了这些源代码。他虽然最后获得民事责任豁免，但还是因为这些行为遭到了刑事处罚。

三、《经济间谍法》的影响与问题

2012年11月27日，美国佛蒙特州参议员派屈克·雷希（Patrick Leahy）

| 第四知识产权——美国商业秘密保护

向参议院提交了 2012 年《窃取商业秘密澄清法案》(*The Theft of Trade Secrets Clarification Act of* 2012，TTSCA)。该法案本身相当简短，它就是简单地修正了修订前 EEA 第 1832（a）（1）条之前的事项，即批判了"与州之间或外国商业生产的产品相关或包括在其中"这个短语，并将其改为"在其中使用或拟用于其中的产品或服务"。

此外，国会也给了一个修正第 1838 条的机会，以解决 EEA 与数字时代的冲突。第 1838 条规定：本章不得解释为抢占或取代任何其他救济，由美国联邦（U.S. Federal）法、州法、联邦（commonwealth）法、占有法，或领土法为盗用使用商业秘密而提供的民事或刑事救济。简而言之，EEA 不存在联邦优先管辖权。

在引用 EEA 的情况下，不存在联邦优先管辖权。这其实引起了社会的不安和大量的法律不确定性，因为大多数州已经颁布了自己的刑事商业秘密盗用法。在互联网时代，州法根本不足以处理一些人广泛突破传统地理管辖权而盗用信息的技术。因此，被告常可以在 EEA 下逃脱定罪。而仅仅被指控犯有类似的州层面某些其他较轻罪名，既不罕见，也不被禁止。

大法官路易斯·登比茨·布兰代斯（Louis Dembitz Brandeis）曾经说过："一个勇敢的国家，如果其公民选择，可以充当一个实验室，尝试新的社会和经济实验，而不会给这个国家其他地区带来风险。"然而，互联网以其非线性、无国界的普遍性，扩大了这些"实验室"的范围。各州可以在不对其管辖范围之外的活动产生不利影响的情况下，实验自己的管理政策。这一观念与互联网思维直接冲突。虽然从法律层面，网络访问受到地理管辖范围的限制，但事实上，大多数组织与参与大型互联网活动的人在大多数或所有国家都要承担法律责任和属人管辖权。然而，就互联网本身的性质而言，一个人的地处环境并不妨碍其对其他地域的人和企业施加影响和干预。

尽管各州法律在互联网问题上存在无效性和不适当性，得克萨斯州众议员拉马尔·S. 史密斯（Lamar S. Smith）在讨论修改第 1838 条时，声称的目标是使"EEA 的范围适应数字时代"，但《窃取商业秘密澄清法案》并没有纠正 EEA 明确地缺乏优先管辖权的情况。从目前所能查找到的少量美国早期立法历史并不能看出，在起草宪法时，国会曾经讨论过优先管辖权问题。最终，国会放弃了这次以解决与数字时代需求不和谐的问题为目标，而修改第 1838 条的机会。

也正是如此，《窃取商业秘密澄清法案》尽管使得 EEA 的语言确实为未来

第七章 《经济间谍法》与《保护商业秘密法》的颁布及影响

的商业秘密窃贼提供了更清晰的指引，但无助于缓解 EEA 的这种局限性。毋庸置疑，阿列尼科夫知道他窃取的高频交易代码是私有的，而且是"用于或打算用于"商业中的产品或服务。尽管如此，鉴于《窃取商业秘密澄清法案》的通过过程中缺乏大力宣传，现在的商业秘密窃贼也许对法律的了解还不及在修订前 EEA 时期对法律的认识。

美国联邦政府在紧急情况下没有优先管辖权，这给像阿列尼科夫这样的商业秘密窃贼的命运蒙上了阴影。高频交易是一种互联网活动，而阿列尼科夫盗取的高频交易代码在一个几乎无处不在的电子世界中执行交易任务。阿列尼科夫的案件为大众描绘了一幅复杂的画面：俄罗斯出生的程序员，从纽约的一个计算机系统中偷取代码，上传到德国的一个服务器上，然后交给他在芝加哥的新雇主。纽约州的法律可能适用于阿列尼科夫的盗窃案，伊利诺伊州的法律也可能适用。面对如此复杂的法律状况，即便适用强有力的纽约法，一开始还有公益组织为阿列尼科夫筹款申冤，但随着案件的一步步推进，大家也放弃了在联邦监狱服刑的阿列尼科夫。

的确，根据商业秘密盗窃案件的复杂程度，许多州及其各自的法律都可能牵涉一个案件之中。在这些情况下，由互联网产生的法律环境，将造成一种局面，即最严格的州的法律将统治天下。

第二节 《保护商业秘密法》的颁布及影响

2016 年，美国国会颁布了商业秘密民事保护法案——DTSA。毫无疑问，这将对美国商业秘密使用与保护产生重大影响。具体会如何影响？由于 DTSA 的适用时间还短，我们可以拭目以待。

一、《保护商业秘密法》的形成背景

早在 1965 年，美国国家层面的立法者就试图建立一个统一的或联邦层面的民事商业秘密保护机制。在 DTSA 通过之前，他们就不断为此付出努力。1979 年，统一法律委员会公布了 UTSA，为商业秘密盗用问题提供了一个简单而灵活的民事解决方案，并被多个州采纳。它既纳入了主要的普通法原则，填补了很多法院留下的空白，也为各州的实践留有一定的灵活度。联邦立法者于 2012~2015 年每年，向美国国会提出关于商业秘密民事保护的法案，但都未

通过。最终，美国国会于 2016 年颁布 DTSA。

时任美国总统贝拉克·侯赛因·奥巴马（Barack Hussein Obama II）于 2016 年 5 月 11 日签署了 DTSA，使之成为生效的法律。历史上，2016 年要么被标记为商业秘密保护成熟的一年，商业秘密被视为与专利、著作权和商标同等重要的知识产权保护形式；要么被视为是商业秘密法转向灾难的一年，DTSA 对商业秘密判例造成了破坏，并使商业秘密法律系统复杂化；要么被视为介于两者之间。

DTSA 补充了 EEA，创建一个针对盗用或不适当挪用商业机密行为的联邦民事诉讼理由。在过去的 5 年中，EEA 已经多次修订，以加强对涉及商业秘密的相关违法行为的处罚力度。具体来说，它增加了刑事诉讼理由，扩大了商业秘密的定义，以及被判定为非法行为的类型。通过 DTSA 而促成的联邦民事诉讼的产生，是对保密生态的进一步扩展。DTSA 的条款，扩大了联邦法律对商业秘密的保护。

到目前为止，DTSA 在美国已获得了广泛的政治支持，为商业秘密提供了额外的保护。这背后最主要还是功利主义的经济政策原因，即商业秘密是现代经济的重要组成部分，也是越来越常见的遭到盗窃的目标。然而，与 EEA 一样，DTSA 没有优先于州法律管辖。

二、对《保护商业秘密法》的初思考

1996 年，EEA 成为第一部直接处理侵犯商业秘密行为的联邦刑事法规。然而，EEA 没有为侵犯商业秘密行为提供民事诉讼理由。法律学者和立法者长期以来一直认为，各州法律和 EEA 的拼凑不能为商业秘密提供足够的保护。最主要的一个理由是，EEA 不适用于民事诉讼。

DTSA 未能平衡商业秘密法的两个相互冲突的目标：提供强有力的商业秘密保护和鼓励员工流动与公平竞争。商业秘密案件通常产生于竞争者关系之间、商业交易所产生的关系之间以及企业和员工的雇佣关系之间。在部分州商业秘密法促进员工流动性的情况下，DTSA 提供了另一项法律保护途径选择，在一定程度上可以限制员工流动和公平竞争。因此，DTSA 目前整体上可能会以牺牲员工流动和公平竞争为代价，而加强了商业秘密保护。然而，由于 DTSA 没有优先于州商业秘密法适用，商业秘密法整体对员工流动性和公平竞争还是有正面的政策意义。

这样的法律机制产生了其他形式的知识产权所没有的政策问题：如何使法

律和政策促进创新，但不抑制员工流动性和不妨碍公平竞争？

从政策考虑来说，商业秘密法符合鼓励创新和促进信息披露的经典知识产权法律政策目的。为实现促进创新，商业秘密法像其他类型的知识产权法一样，保护创新者的劳动成果。然而，DTSA 在实现这一目标时，明显会对员工流动性和公平竞争产生影响，且极有可能是负面影响，进而无法顺利实现其促进创新的政策目标。

根据 DTSA，企业的确有机会通过诉讼或威胁进行诉讼，阻止员工为竞争对手工作。因此，强有力的商业秘密保护扩大了员工的潜在责任范围，减少了员工的流动性，进而降低了创新水平，因为强有力的商业秘密保护阻止了员工向外流动，也同样阻止了企业从外部招揽成熟的新员工，不再有新人才携带有价值但不受商业秘密保护的知识。

总的来说，对商业秘密的有力保护可能会阻碍员工的流动性和自由竞争。因此，任何商业秘密法律必须为了促进创新，而进行微妙的平衡：提供强大的商业秘密保护，并且保证公平的竞争和员工流动性。

三、《保护商业秘密法》的重要意义

DTSA 设立了联邦法院在商业秘密民事案件中的初审管辖权，成为自 1946 年《兰哈姆法案》以来联邦知识产权法最重大的扩展。

DTSA 将商业秘密法置于国会的控制之下，这样国会就可以制定具有凝聚力的知识产权政策。由于人们越来越担心商业秘密被国际间谍窃取，DTSA 比州民事商业秘密法具有更大的域外效力。联邦法的支持者希望通过此次联邦立法能使商业秘密法真正统一起来。

DTSA 通过多种方式拓展了现有的商业秘密生态。第一，DTSA 没有优先于州法律管辖，而是增加了一个联邦诉讼渠道。第二，DTSA 定义了商业秘密，以及什么行为构成了更广泛的商业秘密盗用。第三，DTSA 纳入了前所未有强大的补救措施。

同时，DTSA 在几个关键方面改善了 EEA。首先，DTSA 规定了商业秘密联邦民事诉讼，个人可以针对商业机密被盗用问题在联邦系统提出民事诉讼。其次，个人间民事诉讼包括了一项特殊的新补救措施——单方面的民事扣押，允许原告扣押被告的财产。再次，DTSA 增加了"不适当挪用或盗用"和"不当手段"的定义，来自 UTSA 的定义。最后，DTSA 还调整了 EEA 对"商业秘密"的最初定义，以解决 EEA 下产生的路径分割问题。

四、《保护商业秘密法》的形成过程

2016年5月11日，美国第一次颁布关于商业秘密盗用的民事诉讼规则——DTSA。在此前的175年里，各州法律涵盖着美国的商业秘密民事法律原则，最初，是普通法原则，例如《侵权法重述（第一次）》，自1979年以来，主要是UTSA。UTSA是最被广泛采用的法律之一，甚至已被波多黎各、美属维尔京群岛等附属地纳入其法律。虽然许多人认为UTSA中阐述的商业秘密保护原则将继续适用于DTSA，但这并不是一个必然的结论。一个简单的原因是，联邦法院没有义务根据UTSA来解释DTSA。相反，联邦法院可能会首先考虑DTSA的内容，以及国会颁布它的意图。当然，法院也可能会参考其他法律来源来解释DTSA并填补其空白。至于"其他法律来源"是否包括UTSA及其评论，包括了多少，还有待观察。

（一）立法过程

DTSA的起源可以追溯到第112届国会（2011~2012年）。2011年，新当选的特拉华州参议员克里斯·孔斯（Chris Coons）针对一项汇率操纵法案提出了一项修正案。该修正案也将修改EEA，使就盗用商业秘密问题可以在联邦法院提起民事诉讼。孔斯解释说，他的动机是为杜邦这样的美国企业提供更强的商业秘密保护。杜邦公司是参议员孔斯家乡的一个重要企业，最近指控一家韩国公司侵吞其下一代合成纤维凯夫拉（Kevlar）的商业秘密。该修正案将遵循DTSA，为商业秘密盗用提供禁令救济和补偿性损害赔偿，以及惩罚性损害赔偿。惩罚性损害赔偿是针对故意和恶意盗用商业秘密，金额可以超过实际损害赔偿金额，以补偿律师费为主。然而，这项法案最终并没有通过。

第二年，威斯康星州参议员赫伯·科尔（Herb Kohl）和罗得岛州参议员谢尔登·怀特豪斯（Sheldon Whitehouse）提出了一项独立的法案——《2012年保护美国商业机密和创新法案》（*Protecting American Trade Secrets and Innovation Act of* 2012）。该法案在许多方面与参议员孔斯在2011年未能通过的修正案相似，但存在差异。最终，主要是这个版本的法案被纳入DTSA。

2013~2014年，第113届美国国会在商业秘密立法方面取得了更多进展。参议院和众议院司法委员会的小组委员就商业秘密盗用问题和许多证人所主张的联邦民事救济办法的可能性举行了听证会。此后，众议院和参议院提出了几项法案，以修订EEA，允许联邦法院听取私人诉讼理由。在这些提案中，最值得注意的是由参议员孔斯和犹他州参议员欧林·海契（Orrin Hatch）于

2014年4月29日发起的2014年版DTSA。这一提案得到了众议院司法委员会两党成员的支持。2014年版DTSA仿效了参议员孔斯先前的提议，只在它的基础上进行了一些修改。

最终，为商业秘密盗用行为制定联邦民事救济措施的努力，终于在第114届国会（2015～2016年）取得成功。2015年7月，许多曾支持过先前提案的立法者追随了前一届国会提出的建议，最终在参议院和众议院两院提出并通过了相同的法案，即2016年版DTSA的前身。

（二）立法意义

DTSA进一步调整了以EEA为主的现有商业秘密保护制度：（1）如果因某人不当挪用或盗用与在州之间或外国商业中使用或打算使用的产品或服务有关的商业秘密而受到侵害，则允许商业秘密所有者提起民事诉讼；（2）赋予联邦法院对此类民事索赔的初审管辖权，但非专属管辖权；（3）采用UTSA对"不适当挪用或盗用"的定义，并编纂UTSA的注释，即确认了反向工程和独立发明不属于"不当手段"；（4）根据单方面的申请，在符合多项要求的基础上，可为防止商业秘密诉讼标的散播而扣押所必需的财产；（5）允许因错误或过度扣押的法院令而受损害的人提出诉讼，并授权他人对此作出金钱赔偿、支付律师费，以及在不守信用的情况下支付惩罚性损害赔偿；（6）为防止根据法院所认为的合理条件，实际或威胁进行任何盗用，授权法院裁定禁令救济，但该法院令不妨碍某人在避免实际或威胁盗用的条件下接受他人聘用；（7）授权法院裁定类似于UTSA的金钱补救措施，包括盗用行为造成的实际损失的损害赔偿、计算实际损失的损害赔偿中未涉及的盗用行为造成的不当得利损害赔偿，或者作为替代，对盗用者未经授权披露或使用商业秘密的合理授权使用费；（8）如果商业秘密被故意、恶意盗用，则授权法院裁定数额不超过补偿性损害赔偿金3倍的惩罚性损害赔偿；（9）如果当事人①声称盗用是恶意的，②提出或者反对终止强制令的动议，或者③商业秘密被故意、恶意盗用，给予其合理的律师费；（10）提出此类索赔的时效为5年，从实际发现或通过合理谨慎行事本应发现盗用行为开始计算；（11）重申EEA和DTSA不会抢先或取代任何其他根据联邦、州或当地法律对于盗用商业机密的民事或刑事补救措施。但即便如此，此次修订的法律应"广泛适用于保护商业秘密免遭盗窃"。

此次立法还包括一个未编纂但体现国家政策性的条款。它要求司法部长每2年向国会报告一次国外发生的商业秘密盗窃的情况，并提出采取进一步行动的建议，以减少其对美国企业的影响。

(三) 立法完善

2016年1月,参议员们又提交了针对DTSA的多项修正案提案。此次修正案对DTSA作了多处修改,其中也采纳了一些法学教授的意见。

1. 海契与孔斯

具体来说,海契和孔斯主要提出两组修正案。第一组主要规定:①DTSA仅用于盗用行为的民事诉讼;②只有商业秘密的"所有者"才能提起民事诉讼;③将诉讼时效从5年缩短为3年;④惩罚性赔偿倍数从3倍降为2倍;⑤以遵守州法律的多数公决原则,修正了对"商业秘密"和"不正当手段"的定义,以便与UTSA更加一致;⑥给法院在给予禁令、查封财产方面增加了限制和要求。

此外,他们也考虑限制了针对离职员工的禁令救济的使用范围。例如,在雇佣关系方面,DTSA的执行应尽量与州法不发生冲突。这一观点与加州参议员黛安娜·范斯坦(Dianne Feinstein)意见相似,即不应给予会阻碍一个人加入一段雇佣关系的禁令救济。该意见主要是在斯坦福大学法学教授马克·莱姆利(Mark Lemley)和密苏里大学法学教授丹尼斯·克罗齐(Dennis Crouch)的影响下提出的。他们认为,DTSA加强了商业秘密保护,但保护门槛太低,可能会阻碍员工流动性,不仅与加州现行《加利福尼亚州统一商业秘密法》不一致,而且不适合加州地区。

海契和孔斯的另一组修正案对DTSA作了几项独立的修改。首先,将盗用或不适当挪用商业秘密行为增加为《美国法典》第18编《敲诈勒索与行贿组织法》(Racketeer Influenced and Corrupt Organizations Act, RICO)第1961(1)条下所规定的刑事责任的前提罪行。此外,将违反EEA第1832条中规定的盗窃商业秘密行为的刑事处罚提高到支付商业秘密所有者500万美元或3倍被盗商业秘密价值。该价值包含研发、设计等费用。同时,它也要求美国司法部制定可实践的最佳建议,以获取、存储和保护商业秘密类信息,并再次强调了其严密监视美国商业秘密海外盗贼的重要性。

2. 引入"吹哨人"制度

与此同时,艾奥瓦州参议员查尔斯·格拉斯利(Charles Grassley)和佛蒙特州参议员派屈克·雷希(Patrick Leahy)提出的DTSA修正案旨在"保护吹哨人"——为以报告或调查涉嫌违法行为为目的而向执法部门透露商业秘密的举报人提供豁免保护。换言之,员工对企业违法行为的举报,应受到DTSA的豁免。值得注意的是,这一豁免条款与其余DTSA的责任条款不同,意在预先阻止任何违反联邦法律或州法律的行为。

这项提案以加州大学伯克利分校法学院彼得·梅内尔（Peter Menell）教授的一篇文章为基础，提案规定：如果个人仅仅为了举报或调查涉嫌违法的行为而向联邦、州或地方政府官员，或律师直接或间接披露商业机密信息，那么将免除其民事和刑事责任。因为，在商业秘密保护过程中，员工和企业所面临的责任、金融成本和法律风险是完全不对等的，商业秘密保护制度明显更偏爱企业。然而，联邦和州政府在打击组织犯罪和维护公共利益的过程中，同样会因为这套制度而产生无法化解的高成本。因此，需要鼓励"吹哨人"的出现。

此外，除非本人允许作证的情况下，告密者身份也不会被公开，以防后期被报复。这项修正案将允许在诉讼或其他程序中，于所提交的投诉或其他文件中披露商业秘密，条件是提交内容应是密封的。

2016年4月，参议院全体一致投票通过了如上这些DTSA修正内容。众议院随后迅速采取行动，两周后顺利地讨论并呈交了参议，没有进行修改，然后以压倒性多数票数通过了该法案。最终，时任总统奥巴马于2016年5月11日签署DTSA，使其正式成为生效法律。

五、《保护商业秘密法》的影响与争议

DTSA颁布后，在美国产生很大影响和争论。

（一）《保护商业秘密法》对秘密生态的影响

这方面的讨论以圣地亚哥大学法学教授奥利·洛贝尔（Orly Lobel）为代表。她通过对DTSA的梳理和总结，提炼出一些DTSA的意义与潜在影响。

洛贝尔教授认为，DTSA通过修改EEA，纳入联邦民事诉讼理由，扩大了商业秘密的生态系统。传统上，商业秘密法主要是州法律的产物。在DTSA颁布之前，绝大多数州结合当地情况和普通法，通过了UTSA，或使用与UTSA基本一致的法律。因此，在DTSA颁布之前，美国商业秘密法的制度受UTSA影响，相对统一。然而，原被告可能依然缺乏异籍或多元管辖以及独立的联邦诉讼理由。因此被盗用商业秘密的企业只能在州法院寻求补救。1996年颁布的EEA规定了对盗窃商业秘密的刑事处罚和联邦刑事诉讼理由，但并不涉及联邦民事诉讼理由。2016年颁布的DTSA修改了EEA，为遭到盗用的商业秘密所有者，包括个人和公司，创造了个人间的民事诉讼理由。

DTSA的适用并不优先于现行的州商业秘密法，因此，被盗用商业秘密的商业秘密所有者可以根据联邦法律或州法律在联邦诉讼系统或州诉讼系统提起

诉讼。现在，只要存在"与州之间或对外贸易中使用或意图使用的产品或服务有关的"商业秘密盗用行为，商业秘密所有者就可以向联邦法院提起民事诉讼。

洛贝尔教授总结道，DTSA 拓展了商业秘密的保护范围且加强了对商业秘密的保护力度。首先，DTSA 采纳了对"商业秘密"和"盗用或不适当挪用"的宽泛定义。"商业秘密"的宽泛定义允许企业可以对几乎任何类型的知识或信息盗用提起诉讼，只要它能够证明被盗用的知识或信息是秘密的，并采取合理措施保守了该秘密。DTSA 还将"盗用或不适当挪用"宽泛地定义为"知道或有理由知道商业秘密的人在某些条件下通过不正当手段取得另一人的商业秘密，或在未经某人明示或默示同意的情况下透露或使用其商业秘密"。

其次，DTSA 规定的补救措施也同样广泛，包括禁令救济、赔偿损失以及律师费。如果商业秘密是"故意、恶意不适当挪用或盗用"的，法院可以判处惩罚性损害赔偿，赔偿金额是已判定的损害赔偿金的 2 倍（即实际损失的 3 倍）。一旦确认不适当挪用或盗用是恶意的，还可以判处赔偿律师费。此外，在"特殊情况"下，法院可以发布单方面的查封令。商业秘密所有者可以申请该命令，以防止商业秘密的散播。当然，允许法院下达查封令并不意味着单方面的没收。具体在批准查封令前，原告需要证明且法院必须裁定：①临时保护令或其他形式的衡平法救济不充分；②如果没有下令查封，那么将会造成立即和不可弥补的伤害。洛贝尔教授强调说，这是对现有的州商业秘密法的扩展，但这种补救措施可能会在纠纷中对较小的和新的企业产生较大不利影响。

（二）桑丁与西曼归纳的系列理论与观点

哈姆莱大学法学教授莎伦·K. 桑丁（Sharon K. Sandeen）与华盛顿与李大学法学教授克里斯托弗·B. 西曼（Christopher B. Seaman）在《商业秘密法的联邦法律体系》一文中，从正反两面，将业界对 DTSA 的观点进行了详细的归纳和解读，并从多个层面与视角对 DTSA 提出了质疑。

1. 《保护商业秘密法》的支持者及其论据

DTSA 发起人和支持人提出了几点理由，以支持联邦民事诉讼商业秘密盗用问题。首先，正如之前的 EEA 一样，日益严重的、针对美国企业的商业秘密盗窃问题急需解决。特别是鉴于技术发展，尤其是互联网的广泛使用，使从事和隐瞒盗用商业秘密信息变得更加容易。其次，现有的州法在对待商业秘密方面存在显著差异。而且，DTSA 会通过为商业秘密保护建立一个"单一的国家基准线"以协调美国法律。再次，他们声称，DTSA 将使商业秘密所有者受益，因为它以类似于其他形式的知识产权（如专利和著作权）的方式，提供联邦法院这一诉讼途径。最后，支持者们指出，该法案的单方面查封条款，将允许商业秘密所有者迅速获得联邦法院的查封令，授权扣押财产，以防止进一步散播商业秘密，并保留盗用或不适当挪用的证据。

许多大型工业、高科技、制药和医疗设备公司，包括波音、卡特彼勒、康宁、礼来、通用电气、3M、英特尔、强生、耐克、辉瑞、宝洁公司和IBM，以及工业和商业协会，如美国国家航空航天局、美国商会、美国全国制造商协会、美国生物技术产业协会和软件及信息产业协会都是DTSA的支持者。它们中的许多组织也以"保护商业秘密联盟"的名义进行或支持了广泛的游说活动。知名的科文顿·柏灵律师事务所（Covington & Burling）也参与其中，并赞助了至少125万美元支持DTSA。许多其他公司，如微软、孟山都、雅虎也参与了DTSA的游说工作。并且，DTSA也得到了相关知识产权律师协会的支持，其中包括美国律师协会的知识产权法部门和美国知识产权法协会。

2. 反对者及其论点

反对DTSA的声音主要来自一些法学教授。这些学者，包括桑丁教授本人，虽然一致承认有必要保护合法的商业秘密，但对DTSA的几个方面表示有所保留。主要对其更广泛的概念，以及是否有必要为其建立起联邦民事诉讼系统存有不同声音。

在2014年8月的一封信中，30位法学教授回应了当时即将通过的立法提案，敦促国会否决根据1996年的EEA提出的创建新的个人间诉讼理由的立法提案。虽然学者们承认商业秘密需要加强保护，尤其是要防范国内外网络间谍活动，但他们在信中表示，他们不认为拟议中DTSA是解决这些问题的方法，并且它还会造成或加剧更多现有的法律问题。

首先，学者们认为，商业秘密的现行州法律是"健全的"，也"基本上是统一的"。而且，由于新的联邦法不一定遵循现行州法律的先例，对于商业秘密索赔采用并行的联邦法规，尤其是不优先于现行州法律的联邦法规，将会损害法律的统一性和可预测性。值得注意的是，美国最高法院在1938年的伊利诉汤普金斯案（*Erie R. R. Co. v. Tompkins*，简称"伊利案"）中的判决促成了他们的这种担忧。在伊利案中，最高法院明确了，禁止联邦系统创立普通法，尤其是在反不正当竞争法领域，相关法律普通法的部分应该依赖州法。因此，即便是有了联邦法规，在执行层面上，其意义也非常有限。

其次，学者们在信中关切地提出，拟议中的DTSA包含一条单方面查封条款。学者们认为该条款没有必要，因为"联邦法院根据联邦民事诉讼规则已经拥有广泛的酌处权"。而且，商业秘密所有人可能会滥用这一条款，从而损害合法竞争者。

学者们还认为，DTSA 可能会增加意外披露商业机密信息的风险。DTSA 要求，涉案商业秘密需要"与州之间或对外贸易中使用或意图使用的产品或服务有关"。由此，被告可能会对是否存在诉讼标的管辖权（subject matter jurisdiction）提出质疑。为此，原告将被迫在诉讼过程早期识别和披露商业机密信息。

最后，学者们提出，联邦立法可能会对创新产生负面影响。因为针对加入竞争对手或自己创业的前雇员的商业秘密盗用索赔威胁，可能会减少技能和知识的传播，进而抑制由分享想法和信息所产生的创新，并限制劳动力的流动和潜在的创新合作。

除了这封信外，还有另一封由其他 42 名法学教授签署的信，重申并扩展了这些论点。他们认为，DTSA 可能会造成对商业秘密不必要的过度保护，从而一方面增加商业秘密诉讼的数量和成本，另一方面会阻碍创新。

此外，他们也同样非常担心 DTSA 法案的单方面查封条款。他们认为，该单方面查封条款存在"不可接受的模糊"，可能会对被指控的盗用者的合法商业活动造成重大损害。综合来看，尽管此次 DTSA 提案比以前提案的保护范围更窄，但仍然有巨大潜在可能会造成严重的反竞争损害，特别是对美国的小企业、初创企业和其他企业的损害。

这封信还表示，DTSA 似乎含蓄地承认了所谓的不可避免泄露原则（Inevitable Disclosure Doctrine, IDD）。该原则较广泛地允许了商业秘密持有者获得对前雇员的强制性救济，即如果一名员工的新工作不可避免地导致他依赖原雇主的商业秘密，那么不可避免泄露原则此时可以被采纳，禁止该员工为新雇主工作。学者们认为，这一原则会通过降低劳动力流动来危害创新。此外，它还会与一些州的现有法律冲突，例如加州。这些州为促进长期和持续性创新，从法律上根本拒绝了这一原则。

3.《保护商业秘密法》后，使用哪个州的法律？

DTSA 的颁布仅意味着出现了一个商业秘密保护的联邦法规，但除此之外，桑丁与西曼表示，并没有什么联邦法理学来指导实践其应用，从而难以实现它统一的目的。

由于 DTSA 模仿了 UTSA，包含了 UTSA 的一些条款，有一些人认为，

第七章 《经济间谍法》与《保护商业秘密法》的颁布及影响

DTSA 和 UTSA 可以在解释和适用方面保持一致。然而，随着"联邦普通法"的发展，尤其是伊利案之后，通过观察联邦法院处理案件的范围、方法及作出的法律解释，可以了解到，这种观点是不可靠的。此外，即使联邦法院确实可以通过现有的州商业秘密法来解释或填补 DTSA 文本中的空白，它们也将面临一个潜在的重大问题，即适用哪一个州的法律。因为，即便各州基本适用和实施了 UTSA，但具体的州商业秘密法在实质上还是有所不同。

4. 是否创立关于《保护商业秘密法》的联邦普通法？

适用 DTSA 的联邦法院将面临两种独立但又重叠的法条解释方法。第一种是我们熟悉的基于法定文本、国会意图、立法历史以及其他法定结构的规则和准则来解释法条。第二种是，当这些法源未能给解释法条提供明晰的答案时，法院可能会求助于其他法源，以解决 DTSA 语言中的模糊之处，并填补相应空白，这一过程被称为"间隙性立法"，从而会产生专门的"联邦普通法"。因此，尽管著名的伊利案确立了"无联邦普通法"原则，但自伊利案以来，联邦法院依然在很多领域发展了"类联邦普通法"，并应用着联邦普通法。在商业秘密问题中，从涉及全面和先发制人的联邦法规的争端，到纯粹的基于州的诉讼理由，都可能会影响到"独特的联邦利益"。因此，不得不承认的是，联邦法院在处理相关法律解释或填补空白时，根本无法一贯谨慎地划定界限，还是会不可避免地创立和使用联邦普通法。

5. 《保护商业秘密法》条款定义的适用性

虽然 DTSA 有条款定义了"不正当""商业秘密"和"盗用或不适当挪用"，但这些条款中的许多其他用以解释这些词汇定义的词语本身并没有定义，例如"一般已知""易于查明""经济价值"和"合理努力"等关键概念。因此，联邦法院在确定 DTSA 中重要词汇含义时，仍可能不得不寻求其他方面的指导。

例如，如果一法条的主体条款显然"借用"于其他法条的话，那么根据"借用的法条规则"这一结构性原则，可能导致法院在解读该法条时，也会适用其他联邦或州相关法条的定义。此外，在填补法规空白时，联邦法院依赖其他法规中的定义也并非闻所未闻。当联邦法直接从其他法条中纳入对 DTSA 词语的定义时，例如联邦法典的许多条款，包括对盗用的定义和补救条款，所借用的法条规则会指示法院去查看、借用带有相关语言的法条，以指导其解读相关语言的含义。

然而，虽然类似的法律语言的定义可能包含于其他联邦法中，但其他联邦法对这些语言的定义通常不适用于其他法规当中，且 DTSA 中的相关定义是根据州商业秘密法发展起来的。这时，更复杂的是，当其他联邦法法条和字典中的定义都无法为 DTSA 中的某些语言提供合理的解释时，联邦法院可能会在州法中寻求相关词汇的定义。然而，州法可能也尚未对某些商业秘密法法条中的词汇发展出明确和一般的含义。总之，联邦法院在适用和解释 DTSA 的时候会遇到很多困难。

6. 借用的法条规则

由于 DTSA 是基于早先采用的 UTSA、联邦商标法和保密法的某些部分和民事诉讼规则。由此，"借用的法条规则"对 DTSA 可谓是非常重要了。这条规则规定，当国会在制定一项法律的内容中借用了另一项法律时，若没有明确的相反声明，那么这一新法也暗含地采用了被借用的法律的解释。此外，如前所述，一项新法仅提及某项法律，与将其具体纳入新法之间有所不同，在后者情况下，现有法条明显对新法影响更大。就 DTSA 来说，被借用的法条规则与来自 UTSA 的语言最相关，并多处被直接纳入 DTSA 中，如对盗用责任的定义，从而 UTSA 对解读 DTSA 的影响也是最大的。

7. 联邦法院的权力缺口

DTSA 的落实需要确定联邦法院有填补法律缺口的权力。这个过程的第一步是由联邦法院决定，它们是否有权制定联邦普通法来填补法条空白。有时，国会在一项联邦法条表明其有意图希望法院填补该法条的空白，并且解释关于其所使用的法律措辞。假设联邦法院有权力填补空白，联邦共同立法程序的第二步就是确定应该用什么来填补相关空白。但这些对于商业秘密法来说，都非常困难。除了伊利案对联邦普通法的限制外，近年来，商业秘密领域有很多涉及基于州法的多样性案件。DTSA 会使联邦法院既缺乏国会的指导，也由于多样化的州法而加大了它们解读 DTSA 的难度。

8. 与联邦利益的重大冲突

联邦法院需要考虑其所在州的法律是否与联邦利益产生重大冲突。首先，联邦法院需要确定其所涉及的联邦利益。联邦法的文本和立法历史通常会表明相关利益内容，但法院也常发现，在没有联邦法的情况下，相关法律问题可能会与联邦利益存在重大冲突。当涉及像 DTSA 这样的联邦法时，法院的分析通常会集中在国会是否打算通过 DTSA 取代州法，以填补空白的州法部分。因为实践中在确定适用哪项法律时，联邦法院常认为，出于国家统一的需要，必须采用联邦法，而不是法院地的州法。

第七章 《经济间谍法》与《保护商业秘密法》的颁布及影响

9. 联邦法占管辖主导地位

桑丁与西曼还担心联邦法院适用法律的倾向——法律的政策由联邦法支配和限制。是否受严格的联邦法约束的重点是，源于宪法、传统惯例或实际需要的、强烈的国家或联邦关切而形成的联邦法的特定管辖区域及程度。从表面上看，根据实际需要而倾向于法院地州法对联邦法的适用和解释也是存在的，但往往出现在联邦法规未成熟的情况下。但通常本质上，这种情况下法院因联邦法会包括涉及因宪法或基于传统或必要性的事项，进而倾向于州法。

10. 决定哪个州是管辖州

一个联邦法院决定适用法院所在州的法律，要么是因为国会指示它这样做，要么是因为它遵循最高法院的偏好。此时，关于适用哪个州的法律又产生了一个单独的问题。这是因为法院所在州的法律选择规则或涉案合同中的约定可能要求其适用另一个州的法律。

填补法条空白的最后一步是决定联邦法律将是什么，即决定使用何种法律取代管辖的法律并制定专门的联邦普通法。具有讽刺意味的是，很可能在联邦法院决定以 DTSA 取代州法之后，可以决定采用某州的法律原则作为联邦普通法，但不一定是该法院所处地州的州法。联邦法院用来制定联邦普通法的法律渊源和法律原则包括其他联邦法律、统一法、在《侵权法重述（第一次）》或其他地方表述的"更合理的"普通法和衡平原则。但是，这些法律资源是否会被使用，最终取决于每个联邦法院认为什么是适当的，以及实际中，律师提出了哪些论点。

对于 DTSA 而言，这一点的重要性在于，如果联邦法院决定不使用 UTSA 作为任何专门的联邦普通法的基础，那么随着时间的推移，DTSA 可能会偏离 UTSA。想象一下，如果法院决定使用纽约州现行法律（非 UTSA），那么无论是在纽约提起的诉讼还是在其他地区提起的诉讼，都会受到现行纽约州商业秘密法的影响。另外，考虑一下如果州法院在审理一起商业秘密案件时，要求将联邦普通法适用于其中，而这些案件与其他根据州商业秘密法提出的索赔案件一起审理，那么该州的商业秘密法将会如何改变？这一切都将取决于联邦普通法是什么。州法和联邦法会导致商业秘密保护问题存在不同的潜在结果和未来。一旦 DTSA 施行，长此以往，要么两套法律趋于一致，要么有两套不同的法律。

通过以上的介绍，可以了解到美国社会各界对 DTSA 的评价各异。但总的来说，DTSA 应该被理解为，在当前市场上为减少专有信息损失而作出政策努

第四知识产权——美国商业秘密保护

力的一部分。美国一直在领导全球性的运动,以加强商业秘密保护、法律建设和法律执行。从效果上看,也的确如此。

在过去的十年里,美国贸易代表处(United States Trade Representative)强烈批评各国,甚至欧盟,因为它们没有强有力的系统来保护商业秘密,并缺少对窃取商业秘密的犯罪行为的威慑性惩罚。并非巧合,在 2016 年 5 月,也就是 DTSA 颁布的同一个月,欧盟通过了一项"关于保护未披露的专有技术和商业信息(商业秘密)免遭非法获取、使用和披露"的新指令。同时,美国也通过以贸易谈判的形式,使中国在 2020 年接纳了高水准的商业秘密保护要求。

第八章　非正式知识产权战略的有效性和效能问题

　　创新、研发、生产和营销需要在企业与员工之间或企业与企业之间交换技术信息。企业的创始人或员工通过使用企业的资源或研发费，创造出技术信息。当新的技术信息未向公众披露前，企业或员工都可以享有对相关信息的控制权。至于控制权在企业或员工的手中，要看谁才是相关信息的创造者。而掌握了对自己所创造的技术信息的控制权后，企业和员工才会进一步选择向彼此披露相关信息。

　　企业为了持续创新和经营，一直都有动机向其员工披露甚至是培训他们使用自己的专有技术信息。然而，这可能会造成这些信息通过员工流动和不可避免的知识溢出，免费地泄露给了公众。因此，有部分经济学、管理学和法学的学者在自己的知识产权战略文章中介绍，企业可以通过专利申请向公众主动披露技术信息，或主动免费提供给公众技术知识。然而，这种单一的知识产权战略方式也遭到了各种批判。现代学术观点是建议企业采用综合的知识产权战略，结合商业秘密、保密合同等方式，对专利策略进行补充。

　　相对使用专利、著作权、商标这些正式的知识产权战略，使用商业秘密、保密合同、同业禁竞合同等方式保护知识和信息被称为非正式的知识产权战略。非正式知识产权战略不仅是对正式知识产权战略的补充，还是企业进行有效和高效知识管理的基础。进行研发投入、培训员工、正式知识产权进行以及申请、布局和授权都属于知识管理范畴的内容。

　　这些问题在学术研究中非常受欢迎，无论是理论研究还是实证研究，很多学者试图研究非正式知识产权战略的应用效能问题，摸清非正式知识产权战略是如何对创新产生影响的。然而，从大多数现有学术成果来看，学界对这些问题还在摸索中。例如，俄亥俄州立大学的安德里亚·康蒂贾尼教授（Andrea Contigiani）与他博士期间的两位导师——宾夕法尼亚大学沃顿商学院的徐大卫教授（David Hsu）和伊万·巴兰科教授（Iwan Barankay）在实证研究中发现,又宽又强的商业秘密保护会对创新质量造成负面影响。这一发现打破了很多传统的商业秘密法理论研究。莱姆利教授认为,商业秘密保护本身会对创新产生相互矛盾的影响。新加坡国立大学的方博亮教授(Ivan Png)在经过多年对相关问题的研究后,干脆建议将商业秘密等非正式知识产权如何对创新产生影响作为一个开放式话题,并得到了一些美国法学学者的认同。

其实,非正式知识产权战略的核心是依赖有效的法律保护,例如合同法、《侵权法重述(第一次)》、《统一商业秘密法》(Uniform Trade Secrets Act, UTSA)、《保护商业秘密法》(Defend Trade Secrets Act, DTSA)等。但遗憾的是,无论采取怎样的非正式知识产权策略,相关的法律保护不总是有效的,尤其是在处理企业和员工之间的问题时。造成这个问题的原因有三方面:第一方面是政策偏好问题,第二方面是商业秘密相关法律执行的不确定性,第三方面是企业和员工之间存在信息不对称。最后两类问题密切相关。

员工和企业之间存在两类不对称信息:第一类,员工总是可以在一个工作环境中,通过自学获得企业的一些专有知识。然而,企业却无法准确捕捉到员工通过自学所掌握的全部内容。第二类,当员工选择不对企业披露其独自开发出的新技术信息、技术和知识时,企业虽然无法掌握这些信息,但因为对员工的创新和创作过程进行了投入,这些信息对于企业来说,是一类沉没成本,也最终沦为一类无谓损失。

这一章就围绕这两类不对称信息,介绍一下非正式知识产权在知识管理和知识产权战略中的效能问题。

第一节 不对称信息的形成

第五章的图 5.1 描述了企业和员工在独立创建和保存一项技术信息之后,这些信息在企业和员工之间以及员工和外界之间是如何流转的。

创新性的技术信息一旦形成,受直接创造人的控制。这个人可以是企业创始人,也可以是员工。当员工将一项信息展示给企业后,企业极有可能根据法律规定,就此获得了对该信息的控制权;当企业将一项信息披露给员工时,员工并不具备对这项信息的控制权,但可能在某些情况下导致企业失去对该信息的控制权。虽然创新信息在企业和员工间的流转可能导致信息控制权的流转或消逝,但这是每家企业在进行创新和经营活动时,必不可少的过程。

第八章 非正式知识产权战略的有效性和效能问题

具体来说,在企业创新和经营过程中,需要两个阶段的信息流转。第一阶段,企业向员工披露和出让知识和信息。这个过程也可以理解为企业对员工的培训,以换取第二阶段的信息流转——员工向企业贡献创新和其他工作成果。

当企业对一项创新的技术信息拥有控制权时,可以选择将其申请成专利、免费置于公共领域或储存为商业秘密。这种控制权某种程度上代表着一项信息对于企业的效用(utility),也许可以为企业增加边际收益,但至少可以为企业带来先导优势。

如果该信息以专利的形式存在,企业对它拥有绝对控制权,也可以避免第一类不对称信息的形成。然而,当专利申请被拒绝或专利保护到期时,专利申请或专利中所嵌入的技术信息就会被动地落入公共领域。自此,信息持有者失去了对信息的控制。

如果该信息由于专利申请失败而被置于公共领域,或企业出于其他考量,例如宣传和合作,而主动将其置于公共领域,那么第一类不对称信息也不存在。这时,企业自己可以使用该信息,并且不介意也无法介意其他人获取并使用。

一旦企业选择不披露该信息,将其存储为商业秘密,企业对这类信息的控制权就并非绝对的了,而是相对的。因为接触过这些秘密信息的员工很可能会故意或无意地泄露这些秘密,尤其是企业未了解的员工自学情况,也就是第一类不对称信息。企业在第一阶段的信息流转中,就应该已经考虑到了这种泄露风险。但现实情况中,小企业遭受这类信息不对称造成的损失最大、问题最多。

当员工对一项创新的技术信息拥有控制权时,他可以选择将控制权转移给企业,以达到上述目标,或继续持有,形成第二类"不对称信息"。此时,对于企业来说,这已然成为一项无谓损失。这项无谓损失的大小因人而异,要考虑企业的研发投入和知识产权管理投入,也与员工本身的知识、经验和技能以及学习能力和意愿有关。

员工可以将该第二类"不对称信息"转让给其他人。如果接收方是企业的竞争对手,那么该信息可能也会被适用于与企业现有产品形成直接竞争关系的产品中。当然,员工也可以选择沉默,不对任何人公开该"不对称信息"。至此,该信息将不再只是企业的无谓损失,而沦为社会的无谓损失。

| 第四知识产权——美国商业秘密保护

第二节 技术信息的战略管理

企业有意愿培训员工,并向员工披露已掌握的技术信息,从而将相关信息用于研发、制造或营销。现代,我们早已经摆脱了家族经营的时代,企业家们不能只是依靠自己和家人们来进行经营和创造,而是需要依赖雇佣关系,积极地调动员工,通过他们来实现企业经营和创新的目的。这就造成了企业家们必须将自己掌握的信息和员工共享,才能使员工替代他们自己完成各类工作。然而,由于员工可能会对外泄露相关信息,企业有可能会失去被泄露信息的控制权。此时,选择合适的知识产权类型和战略对相关信息进行保护至关重要。

一、专利战略

专利法允许专利持有者可以从市场上得到补偿,并且至少会为专利持有者提供先发优势。根据理性人最大化收益这一假设,企业会尽量最大限度地利用创新的技术信息,并从中获益。因此,一般较难期待一家企业免费披露其有价值的技术信息。这也暗示着新技术和新知识对于企业的最大意义是被出售、利润化。从而,提交专利申请、依赖正式知识产权的保护是企业披露其技术信息的主要方式。

因此,为促进创新类技术信息在企业内部被高效使用,企业有足够的动力将这些信息申请为专利。如果一项具有创新性的技术信息受到了专利保护,企业不会禁止反而会加强该信息在企业内部的流转,积极地就相关信息及其应用对员工进行相关的培训。并且从需求角度讲,员工在进行和完成自己的工作时需要使用这些信息。这也就给了企业理由,降低员工学习这些信息的成本。此外,企业通过提交专利申请来保护自己的技术信息不受员工或其他企业外部人员或组织的侵害,这也是一种常见的知识管理策略。这样,无论是企业外部人员是否通过自己的员工了解了相关信息,作为专利持有人的企业可以通过起诉专利侵权来保护这些信息。因此,法律界也有一些声音,例如哈佛大学商学院教授乔希·勒纳(Josh Lerner),建议小型企业完全依赖专利制度,避免使用商业秘密。

然而,专利的保护范围非常有限,受到法律和现实因素等多方面影响。第一,技术信息应当符合专利主题特性。申请专利的信息必须属于"加工、机械、制造或物质组成"这一范围。然而，这个范围在法律语言上并不明确，经常在一些领域中使自我判断满足这一标准的专利申请人遭到专利申请拒绝、专利申请获批后遭到专利无效，从而使与专利申请相关的技术信息掉入公共领域。并且，这个范围明显比商业秘密的保护范围更窄。许多不符合这一要求范围的技术，无法通过专利获得法律保护。第二，专利的申请、维护和诉讼费用高昂。如果一项专利不能为企业带来足够的收入或投资，来抵消专利申请和维护的成本，那么企业，尤其是很多小企业，就会犹豫是否提交专利申请，以保护自己的技术信息。或者，它们宁愿选择商业秘密，也不进行专利申请。第三，专利保护期限相对较短。专利保护期限为20年，超过很多技术有效期和产品寿命，但其他知识产权类型的保护期限更长，例如，商业秘密保护可以是永久的。从而，对于寿命较长的技术信息，企业不只会依赖专利权，也更愿意使用商业秘密或结合其他类型的知识产权去保护。第四，企业不会利用专利来保护还未被披露的有价值的发明。现实中，可以观察到，很多先进技术都被企业通过商业秘密来进行保护。

二、非正式的知识产权战略

对于被选择不对公众披露从而以商业秘密形式留存的技术信息，企业可以即刻在现有的产品中或在生产、经营过程中使用，用来生产第一代产品或者开发第二代产品。即使不在产品中或生产和经营过程中使用，眼下没有即刻使用的目标，也没有任何眼前的经济价值或商业价值，也可以先留存起来，作为知识产权部署的一部分。比如，日后可以作为商业手段进行宣传，用来威慑或误导对手，或用来吸引合伙伙伴或投资人。

有些观点认为，商业秘密的建立和维护成本明显低于专利。这样的观点虽不尽然准确，但确实是成为一些预算紧的企业选择商业秘密的理由。有很多学者通过实证研究表明，企业，尤其是中小企业，更偏好和频繁使用商业秘密，而不是专利。

然而，商业秘密和其他的非正式知识产权保护手段相对专利而言，是否能使企业获得有效的法律保护，就要视情况而定了。企业需要事先了解相关的法律风险，进行利弊平衡，再行制定非正式的知识产权战略。

（一）企业要在培训员工和知识溢出效应之间找到平衡

当一项有价值的秘密技术信息外溢时，会为现有竞争对手增加优势，或创造出企业直接或潜在的竞争对手。因此，从知识贡献企业的角度来看，知识溢出造成了损失，至少也会增加其机会成本。

然而，知识溢出是不可避免的。员工在企业间的流动和员工参与的对外交流活动都可能会引发一定的知识溢出。员工培训或对员工进行信息披露增加了知识溢出和扩大机会成本的风险。因此，由于知识溢出效应，公司可能在保密方面作出过度的投资，拒绝进行高质量的员工培训，阻止员工获得企业任何未公开发表过的技术信息，或至少采取严密的物理保密措施。

针对员工获取信息而采用的物理保密措施成本高昂，例如，锁门、雇用信息保卫专员、要求员工佩戴安全徽章来标记涉密级别和类别。严苛的物理保护手段甚至会禁止企业向员工透露任何技术信息。然而，就算通过物理保护和法律保护可以减少知识外溢，知识溢出依然是不可避免的。

但知识溢出绝不是罪恶的。知识溢出被立法者和政策制定者认定为公共利益和企业所作出的社会贡献。所有的企业都会从其他企业的知识溢出中获益，要么从行业领头企业雇用优秀的技术员工，要么通过学习和使用其他企业的知识溢出而紧跟技术和市场的发展。

基于对企业短期机会成本与创新市场的长期发展的平衡考虑，将商业秘密定义为知识产权的先驱——莱姆利教授，采用了知识产权创新理论对相关问题进行了考虑。他认为，对商业秘密的法律保护比物理保护的保护效能更高，能够促进创新。在美国，保护非正式知识产权的主要法律包括合同法、《侵权法重述（第一次）》、UTSA 和 DTSA 等。相应的法律途径包括使用保密协议、同业禁竞合同以及受法律保护的商业秘密。

有了保密协议和同业禁竞合同的保障，企业愿意就自己掌握、未公开的技术信息对员工进行培训。保密协议或相关条款禁止员工在未经企业授权的情况下披露秘密信息；同业禁竞合同明确禁止离职员工在指定期限内入职指定地域和技术领域的新岗位，与原企业进行竞争，实现了限制员工流动的目的。这些方式在一定程度上降低了知识溢出至竞争对手这一风险。

除了使用合同对员工的行为进行限制，保密协议和一些州商业秘密法直接禁止了商业秘密溢出至竞争对手，也通过不可避免泄露原则（Inevitable Disclosure Doctrine，IDD），间接地限制了员工流动。根据商业秘密法，员工可能更愿意稳定地留在一家企业内。因为他们知道，自己在离职之后，不能再使用受商业秘密法保护的技术信息。因此，在预防向员工泄露技术信息的措施方面，法律限制明显会比物理限制更有效，也可以进一步促进企业对员工的内部培训。这也是为什么有研究发现，商业秘密保护强度与大型企业的研发投入呈正相关，尤其是在高科技行业。

（二）非正式知识产权法律保护存在局限和不确定性

美国法院对保密协议、同业禁竞合同以及商业机密法的执行都有限制。在19世纪后期普通法发展成为独立的商业秘密法之前，商业秘密主要受到与同业禁竞合同和保密协议有关的合同法的保护。随着商业秘密法的发展，当今法律环境下，这三类非正式知识产权的使用相辅相成，但在应用层面依然存在各种不确定性。

首先，美国法院会根据两个要素选择执行或拒绝执行同业禁竞合同：执行同业禁竞合同的必要性和同业禁竞合同中限制的合理性。第一个因素，在美国是相对统一的。必要地有权得到同业禁竞合同保护的主题只有商业秘密、秘密信息和商誉。第二个因素——同业禁竞合同的合理性，是一个普通法因素，因法院和各州而异。此外，美国有一些州有反同业禁竞合同法规，不赞成或限制同业禁竞合同的使用以规范公平竞争和自由就业，例如加州、伊利诺伊州和俄勒冈州。相比之下，一些州有支持同业禁竞合同的法规，特别授权同业禁竞合同的使用，例如马萨诸塞州、密歇根州、北卡罗来纳州和得克萨斯州。然而，在这些地方，企业起草同业禁竞合同时仍需遵守严格的限制，例如执行的地点范围和时间范围，且那些支持同业禁竞合同法规也并不能保证同业禁竞合同在法庭上可以被顺利执行。

与很多州公共政策所背离的同业禁竞合同相比，保密协议在全美的使用相对比较一致。律师、企业法务、专家也经常向企业建议启用保密协议，且将相关保密条款加入雇佣合同中这一现象在今天更常见。根据美迈斯律师事务所律师对州商业秘密案件的统计发现，法院会经常引用保密协议来确定企业是否采取了合理的商业秘密保护措施。然而，统计结果也显示，保密协议不意味着一定可以创造可受保护的商业秘密。如果机密信息本身不构成商业秘密，那么可能保护它的保密协议也将不再具有约束力。换言之，签署保密协议只是明确确立员工对商业秘密存在知情权的一种手段和充分条件，而非必要条件。因此，当法院只依赖普通法进行审判时，对保密协议的解释通常过于狭隘，很多保密协议无法执行，也使企业无法得到充分的保护。

同样地，商业秘密法也仅用于处理商业秘密不适当挪用或盗用问题，它的不确定性也在第四章介绍过了。

（三）非正式知识产权保护的无效问题

除了所讨论的非正式知识产权保护的法律不确定性之外，非正式知识产权这类法律保障方式的有效性因另外三个原因而不同。首先，法院可能出于政策原因，拒绝执行一些非正式知识产权，例如限制员工流动自由和知识溢出的合同条款。最贴切的政策理由是，这两项都属于公共利益范畴。

以保密协议为例，它可能是创新的双刃剑：一方面，保密协议在一定程度上粉碎了创业企业的一些竞争对手，阻止它们肆意挖取人才及其所掌握的企业机密信息；另一方面，保密协议也威慑了企业从行业领先企业雇用有才能的员工，以免涉嫌商业秘密盗用问题。

其次，由于存在两类信息不对称，合同法和商业秘密法都可能无法有效保护未公开的技术信息。关于第二类不对称信息，员工的才智及其所产生的技术信息对他们自己和雇主而言价值是不等的。通常，对于前者来说，除了有经济价值，还存在寻求社会认可价值等认知价值。这往往难以具化衡量。即便只比较经济价值，企业也常常会低估其员工创造力和创造产物的价值。对于后者来说，信息的价值取决于企业在其业务中如何操纵它。同时，企业会考虑自己培训员工的成本，再与员工的贡献进行衡量，最终支付给员工的薪酬相对他们在外界可获得的酬劳相比较低，用以冲抵之前的培训成本。

从而，企业很多时候无法及时给予创造出新技术信息的员工应有的认可，以及合理或理想的经济补偿。因此，员工有足够的动机，选择向企业隐瞒他们所创造出的技术信息，并将相关信息转让企业外界的其他组织和机构。相比之下，其他组织和机构可能会为获得相关技术信息而向开发它的技术人员支付比他当前雇主更高的报酬，或者在部署或进一步开发该技术信息方面更积极、有效。而员工总是在学习和收取酬劳之间不断进行权衡，也正是这样的权衡，促进了员工的流动。如果员工掌握很多第二类不对称信息，企业无法通过法律手段获取对这些信息的控制权，那么员工的流动性就会很高。

最后，企业始终通常需要很长时间才能意识到，它们的商业秘密被（离职）员工盗用了。迟缓地采取法律应对措施也给实施有效的商业秘密保护造成了困难。关于第二类不对称信息，企业只能被动地等待员工主动进行披露，再对相关信息进行评估和应用。然而，员工在进行披露前，对相关信息拥有绝对控制权。若他选择不向企业披露，那么企业即便对相关信息有所投资并希望通过非正式知识产权相关法律来进行维权，在现行法律框架下，也会遭遇到无法克服的困难。

总的来说，虽然存在这么多的法律不确定性和法律无效性问题，导致原告维权难，但在现实中，大多数初创企业申请专利也是为了规避商业秘密诉讼风险，避免卷入相关诉讼案件中。

第三节　未公开技术信息披露损失的理论基础

一、可能损失的构成

当企业依赖于非正式的知识产权保护时，它们可能会由于员工流动或背叛造成哪些损失呢？专利或公有领域的信息向公众开放，因此，无论员工如何泄露，都不会使企业丧失控制或增加损失。然而，当员工离开或背叛一家企业时，企业就面临了永久失去商业秘密以及两类不对称信息的风险。

在图8.1中，用虚线圈与实线圈及它们之间的重叠区域对可能涉及非正式知识产权的信息进行分类，形象地展示了人力资源类损失和由人力资源产生的潜在信息披露风险。其中，实线圈代表企业所产生出的技术信息，这些技术信息通过购入获得，或由创始人或其他员工开发，面积大小由企业的创新程度和水平决定。虚线圈代表员工所掌握的知识、技能和经验（knowledge，skills，experience，KSE），也是企业潜在的人力资源资本流失。在这些知识、技能和经验中，部分是由企业培训而成，部分由自己在企业外部习得，部分是在企业期间，通过自己的学习能力和思考逐渐形成的。

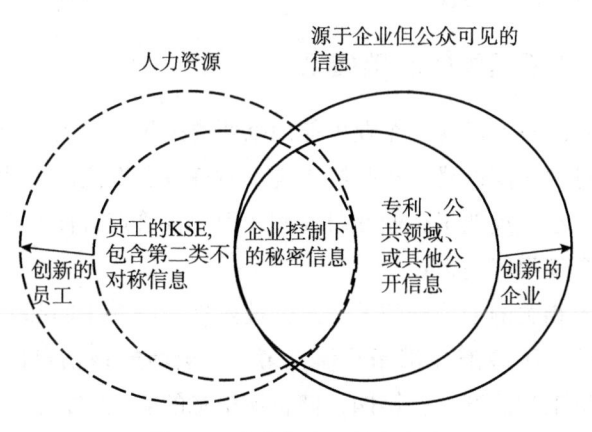

图8.1　企业与员工的信息域

员工流动或背叛增加了向外界暴露虚线圈内信息的风险。在一名员工选择

| 第四知识产权——美国商业秘密保护

离职或背叛企业时,他不再为企业效力,企业也将整个失去与该员工关联的知识、技能和经验。虚线圈这部分的面积由员工自己的创新水平和学习能力决定。这里的创新水平是指员工与公司之间进行技术信息交易的数量和质量。与创新能力较弱的员工相比,创新能力较强的员工也对公开知识有更好的理解和应用。创新型员工拥有更多的一般和未被业界广泛了解的知识、技能和经验。这些知识、技能和经验可以在就业前获得,也可以在就业期间形成。

实线圈中信息与员工所掌握的知识、技能和经验有交叉的部分,交叉的程度与该员工的专业领域密不可分。受企业培训、受雇期间通过自学获得的、自创后转让给企业的这三类在企业控制下未发布的技术信息由实线圈和虚线圈之间的重叠区域代表,其中包括第一类不对称信息。

第二类不对称信息被包含于图中显示于虚线圈内、实线圈外的部分。忠诚的员工可以通过透露具有创新性的想法或信息来缩小这部分,将信息的控制权转移至企业下,从而扩大实线圆面积所代表的企业所掌握的或对公众公开的信息。

企业总是希望将一些仅在虚线圈中的知识、技能和经验转入实线圈内。然而,由于双重不对称信息的存在,企业根本无法准确估计虚线圆的大小或窥探清内部都有些什么。此外,由于未对外公布技术信息的法律保护的局限性,企业可能无法对离职或背叛它的雇员追责,从而获得对虚线圈中知识、技能和经验的权利,即便企业对相关信息作出了投入和贡献也同样如此。这就是企业由于不对称信息所遭受到的损失。

二、估计预期损失的基础理论

关于未公开的技术信息,企业可能面临两类损失。一类是企业自己留存的未公开技术信息的泄露,另一类是第二类不对称信息造成的无谓损失。而这些损失的程度和大小,反映了企业在研发和知识产权管理方面的效能。相关损失的估计受如下**定理规则**约束:

与人力资源相关的未公开技术信息的披露损失取决于四部分:第一,持有该信息而获得的当下或潜在市场价值;第二,会泄露该信息的员工的创新水平;第三,该员工的忠诚度;第四,储备该信息的安全方式。

根据这则定理,一名员工就未公开的技术信息会给企业所造成的期望损失可以用四个要素来表达:①企业的创新产出;②员工的创新与学习水平;③员工的忠诚度;④企业的安保文化和安保水平。企业的创新产出与其研发投入息息相关。企业的创新产出是以自己的研发投入为基础，可以直接或间接增加的营业收入。员工的创新与学习水平是个人效用，一方面与自己的教育、工作背景和学习、智力能力有关，另一方面与自己学习的意愿有关。员工的忠诚度是企业效用的一部分，也会直接影响员工主动或故意泄露未公开的秘密信息。企业的安保文化以企业所采用的物理或法律安保方式为基础，但有别于这些方式，既可以预防由于系统或员工疏忽和过失造成的秘密泄露，也可以一定程度上阻碍员工主动恶意地泄露秘密信息。企业可以对员工进行内部培训，使他们具有保密概念，或通过外部安全监控系统来改进自己的安保系统。监控系统包括安保检查或安保提醒的管理程序，企业有机会透过这些程序发现安保漏洞，并以适当的物理或法律安保方式修补漏洞。因此，在采用外部安全监控系统时，员工与相关程序开发会评估人员就监控程序进行沟通，也需要具有信息安全的概念，以避免为了加强信息安保，反而造成了疏忽或过度泄露。

在这四个要素的基础上，企业承担着员工们故意或过失泄露其所知道的全部技术信息的风险，包括公开信息、由于自己的工作内容和权限而获取到的企业商业秘密以及两类不对称信息。该损失最大可达到最大可能损失（maximum probable loss, MPL）。

四个要素之间的任何一个要素的变化都会导致企业期望损失的变化，且这四个要素之间的损失弹性是不均匀的。这四个要素在管理上存在一定的一致性，但又不能相互替代。同时，估计损失的计算也是需要建立在一系列的假设和条件之上的。

假设1：员工只能访问他们工作所必需的技术信息。企业在信息管理上设有物理限制，或通过员工手册对员工获取信息的权限加以限定，以防止向不相关的内部人员过度表达技术信息。

假设2：员工在接受培训、自学、隐藏或披露技术信息的选择和行为上存在一致性。由于理性员工期望个人效用最大化，因而在最大可能损失达到均衡时，他们能够在不同的非正式知识产权战略下向外界披露未公布的技术信息。

假设3：员工的创新与学习水平与他能够获得信息的数量和质量呈正相关。

假设4：员工忠诚度与员工故意向外部人员泄露秘密技术信息的可能性呈负相关。

假定5：企业的安保文化与员工疏忽地向外部人员泄露秘密技术信息的可能性呈负相关。

第四节 泄露秘密技术信息的损失分析

一、雇佣关系中信息披露风险的分担

图 8.2 描绘了针对不同的物理和法律保密措施下，企业所面临的信息泄露风险（y 轴）和员工所面临的法律风险（x 轴）分布。员工忠诚度和企业安保水平对企业的秘密泄露风险造成的影响与员工的法律风险一致。

```
y
高
    A.弱合同&窄商业秘密法          B.弱合同&不定商业秘密法
        (低,高)                        (高,高)
    1.无可执行的NDA或CNC          1.NDA或CNC无效
    2.无商业秘密                  2.无可执行的商业秘密
    3.IDD不可用                   3.法律不一致

    C.无合同或商业秘密法          D.强合同&宽商业秘密法
        (低，低)                       (高,低)
    1.员工无接触信息              1.有可执行的CNC或NDA
    2.受专利保护                  2.UTSA和DTSA
    3.公有领域                    3.IDD可用
低                                                        高  x
```
员工面临的法律风险、员工忠诚度、企业安保强度

图 8.2 企业及员工的风险分担分布

注：NDA 指保密协议，CNC 指同业禁竞合同，IDD 指不可避免泄露原则。

企业可以通过物理保密手段和法律保密手段，调整员工的创新与学习水平、忠诚度以及企业自身的安保文化和安保水平，实现控制自身的秘密泄露风险。无效的法律保护或缺乏法律保护意味着高泄露风险，相应地，员工因为泄露秘密信息所承担的法律义务和风险也很低。在强法律保护下，例如有可执行的保密协议或同业禁竞合同、在 UTSA 和 DTSA 下可执行的商业秘密或在可适用不可避免泄露原则的司法环境下执行商业秘密或其他相关合同约定时，员工会面临较高的法律风险，但企业面临的泄露风险相对较低。然而，当法律保护具有较高不确定时，一方面员工面临着较高的法律责任，另一方面企业会面临较高的泄露风险。这虽然是企业和员工都不想面临的情况，但现实却经常如此。当然，企业也可以选择以非法律方式来控制自己的泄露风险，例如，适用物理方式控制员工对技术信息的接触，或自愿以专利或公有领域的形式向公众披露这些信息。

二、非正式知识产权保护措施下的披露成本曲线

图8.3显示了4种非正式商业秘密保护状态下，企业的秘密技术信息一旦泄露，员工创新和学习水平（x）与企业所面临的最大可能损失（MPL）的关系。这是保险学中常见的一种策略评估手段，通过比对最大可能损失，而对不同的策略进行比较和选择。无论是哪种非正式知识产权保护方式，员工创新和学习水平越高，企业所面临的最大可能损失也就越高。虽然实践中，这些曲线不一定平滑，但整体的趋势是递增的。

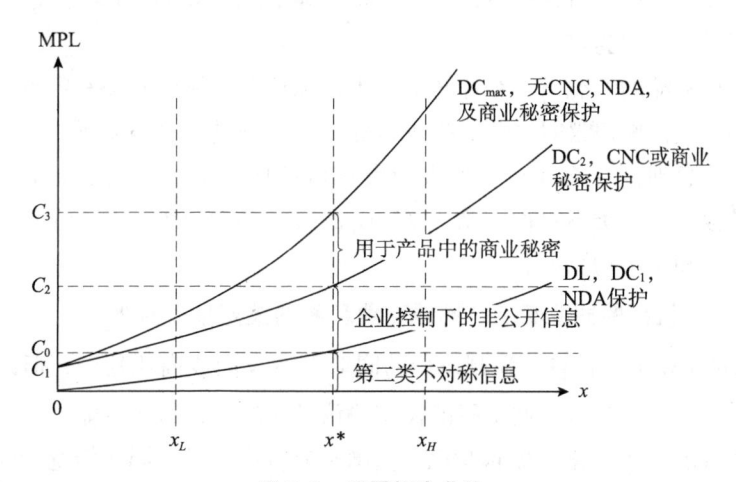

图8.3 泄露损失曲线

（一）无谓损失（deadweight loss，DL）曲线

DL曲线表示由于第二类不对称信息的存在企业最大可能损失的变化。DL曲线单调递增。如果有一名员工的创新和学习水平为x^*，则员工x^*所持有的第二类不对称信息可造成的最大无谓损失为C_0。创新型员工的离职或背叛可能引发高DL。

DL曲线的导数值变化是不确定，也是不可预测的。一方面，光滑的DL曲线斜率可能随着x的增加而增加，创新型员工可能拥有越来越多企业不知道的有价值第二类不对称信息；另一方面，DL曲线可能并不平滑，可以根据竞争对手是否能通过企业员工接触到所泄露的信息而进行调整。此外，随着员工忠诚度的提高，DL曲线的边际值也会降低（斜率变小）。与背弃企业的员工

相比，忠诚员工手中的第二类不对称信息相对较少，向企业透露他们发明和想法的可能性和比例相对更大一些。有一个极端的情况，即不存在第二类不对称信息，此时，DL 曲线是一条直线，斜率为零。

（二）有可执行的保密协议时的披露损失曲线

DC_1 曲线表示在有可执行且可涵盖每项技术信息的保密协议情况下，最大可能损失随着员工创新和学习能力变化的情况。当然，这是一个极端的假设。一旦员工泄露了任何他可以接触到的未公开技术信息，保密协议保护会被立即触发，企业不会因此遭受到任何多余损失。然而，即便如此，第二类不对称信息也是无法通过保密协议有效预防或消除的。因此，DC_1 曲线和 DL 曲线重合。如果不存在第二类不对称信息，则 DC_1 曲线和 DL 曲线一样也将会是一条截距为零的直线，斜率为零。

在这种极端的情况下，企业知道员工在岗位上所形成的每一项新思路和新成果，并通过保密协议对这些成果进行保护，限制员工对外泄露。从而，企业不会由于信息泄露，而面对任何人力资源所造成的损失，例如员工流动。然而，如果存在第二类不对称信息，则 DC_1 曲线的导数值的变化和 DL 一致，同样是不确定和不可预测的。

（三）可执行的同业禁竞合同或商业秘密的披露损失曲线

DC_2 曲线表示，在有可强制执行的同业禁竞合同或商业秘密，但缺少足以覆盖每项技术信息且可强制执行的保密协议的情况下，最大可能损失随着员工发明与学习能力的变化情况而变化。美国学界曾评论过，同业禁竞合同对商业秘密的保护可以达到 UTSA 的效果，但也有很多强烈的声音，希望由商业秘密法彻底取代同业禁竞合同。

由于保密协议的缺陷问题，该曲线截距为 C_1，总是存在无法被消化的最大可能损失。这是由于同业禁竞合同和商业秘密法保护范围的局限性而决定的。虽然离职员工和背叛员工所掌握的某些未公开技术信息会被同业禁竞合同和商业秘密法限制，但总有他们可获取的、未公开却不符合同业禁竞合同或商业秘密法保护的技术信息。而且，由于没有保密协议加以限制，员工们可能更容易获取这些信息。这些信息一旦被外界掌握，尤其是企业的竞争对手掌握，就会为企业造成损失。例如，DTSA 即便存在不可避免泄露原则，对企业有较强的商业秘密保护，但依然设置了"吹哨人"保护制度，允许员工披露企业所持有的有价值但会伤害公共利益的特定信息。

在 DC_2 曲线上，员工的创新和学习水平对最大可能损失的影响比 DC_1 曲线上的变化更敏感。一名创新和学习能力强的员工 x_H 可以在企业就业期间，获得比创新和学习能力较弱的员工 x_L 更多的未公开披露的技术信息，并在离职后有可能持续使用相关信息。排除第二类不对称信息存在这一因素，即便有同业禁竞合同和商业秘密法对企业的保护，创新水平高的员工会造成的最大可能损失也总是比创新和学习水平为零的员工会造成的最大可能损失更高的，且随着员工的创新与学习能力逐步增长，即 DC_2 曲线总是递增的。

此外，由于第二类不对称信息的存在，DC_2 曲线也总是高于 DC_1 曲线的，并以不低于 DC_1 曲线斜率的程度随员工创新和学习水平递增。如果保密协议无法有效对每一项未公开信息实现保护，则很可能也会被拔高至 DC_2 曲线水平。

（四）缺少法律保护时的泄露损失曲线

如果缺少可强制执行的同业禁竞合同、保密协议和商业秘密，员工们就可以毫无顾忌、自由地向外界及企业的竞争对手们泄露他们从企业可获得的任何技术信息。DC_{max} 曲线就是代表在这样的情况下，最大可能损失随着员工创新和学习能力的变化规律。DC_{max} 曲线截距与 DC_2 曲线截距一致，但弹性要高于 DC_1 曲线和 DC_2 曲线。

在没有任何法律保障的情况下，可被泄露的企业未公布技术信息的范围可以无限扩大，最大限度为员工可获得的全部相关信息（即图 8.1 中实心圈与虚线圈之间的重叠区域）。因此，员工 x^* 在受到同业禁竞合同或商业秘密法的限制时，可能会为企业造成额外的秘密泄露损失。

和其他的最大可能损失曲线类似，DC_{max} 曲线可能也不是平滑的。比如，它会受到被泄露信息接收方的身份影响，员工是否向企业的竞争对手泄露相关未公开的技术信息会影响 DC_{max} 曲线的弹性。这时，企业的竞争对手除了最大限度地利用企业员工所持有的第二类不对称信息所造成的最大可能损失外，还会剥夺企业通过其所控制的未公开信息而获得独家收益。因此，如果员工所获取的未公开信息没有流入公司的竞争对手，DC_{max} 曲线的斜率可以被调整到一个较低水平，但仍然高于 DC_2 曲线的斜率。这是由于缺乏同业禁竞合同或商业秘密法的保护必然的最大可能损失增加。

| 第四知识产权——美国商业秘密保护

第五节 低效能的安保策略

一、降低员工创新能力的安保策略

如果企业针对员工泄露未公开的技术信息进行风险控制，以减少其研发和管理投入的期望损失，则相关风险控制极有可能在操作层面损害企业的创新。根据本章前文讨论过的用于估计未公开技术信息披露损失的理论性原则，企业可以通过降低研发成果的转化率或研发成果的经济价值、降低员工的创新水平、提高员工忠诚度或加强企业的安保文化，来减少企业由于员工泄露秘密信息而造成的期望损失。换一个角度来看待这套逻辑，减少泄露秘密信息的概率和最大可能损失可以减少企业与信息泄露相关的期望损失，但这个过程也可能会削弱员工的创新和学习能力。

削弱员工的创新和学习能力有至少三种途径，其中每一种都会造成企业的低效管理。第一，企业可以选择只雇用缺乏创新能力的员工。这些人在进入企业之前就没有什么创新能力，学习能力也很弱。因此，他们也不具备产生有价值的第二类不对称信息的能力。然而，雇用这类员工，恰恰正是经济学上信息不对称会造成的反向选择，也是企业不希望看到的。第二，企业可以拒绝对员工进行培训，防止他们接触任何企业所持有的未对外公布的技术信息。我们假设，这项预防工作可以消除由于自学而产生的第一类不对称信息，但是，依然会降低企业管理的效能，且使企业对社会贡献的效能也非常有限。因为在这样的管理策略下，尽管员工培训成本得以降低或消除，但由于缺乏足够的信息，员工无法有效地代理企业在岗位上对必要的信息和知识进行部署，从而总会无法顺利进行和完成工作。第三，一味使用法律手段威慑员工由于离职和泄露保密信息会承担巨大的法律风险，可能会阻碍他们接受培训或自学的积极性。无论是否会降低他们的创新意愿，都会降低他们的创新质量和效率。

同业禁竞合同、保密合同和商业秘密法可以保护甚至促进企业进行研发投资，但不一定能促进创新。因为商业秘密保护是一项事前行为，但对商业秘密盗用的补偿却是事后的，具有一定的不确定性。根据同业禁竞合同、保密协议或者商业秘密法，员工在离职后可能被禁止继续使用企业的秘密技术信息，以减少企业由于离职员工泄露未公布的技术信息造成的期望损失。这些法律保护和对员工的限制可能给企业信心，以增加研发投资，并积极培训员工，并可能涉及使用很多未公开的技术信息培训员工。然而，过强的法律限制或过大的法律风险可能会削减员工学习新知识的动机和激情。此时，企业所增加的研发投入和培训投入大多是无效的。这也会导致企业的创新和知识管理效能低下，从而不能支持企业进行持续创新。

此外，一味加重员工的法律风险从表面上看来，可以降低企业的秘密信息泄露风险，但会加剧信息不对称性，加重企业的沉没成本和无谓损失。因为非正式知识产权保护手段无法对由不对称信息造成的企业损失进行完美保障。保密协议和商业秘密法不能总有效地禁止泄露这些信息。同业禁竞合同也不能禁止员工在企业工作后向其他城市或行业泄露信息。尤其是，这些保护手段无一可以保护企业不因为第二类不对称信息的泄露而受到损失。因此，法律不确定性和无效的合同意味着企业始终面临着不可避免的道德风险，并会降低员工的忠诚度，形成非正式知识产权保护无效的恶性循环。

由于信息不对称的存在，企业无法准确估计员工的创新和学习能力，以及他们所能创造出的价值。在法律风险下，员工能够预料到他们为企业贡献自己创新想法的后果。如果他们无法得到合理或者期待的补偿，法律风险的功能是威慑他们不向企业披露或转让他们所创造出的、还不被企业所掌握的创新信息或成果。从而，员工有动机累积不对称信息，以规避自己面临的法律风险。如果不将自己的创新成果披露给企业，他们很有可能在法律上一直持有相关成果的控制权。而他们，也恰恰是最了解自己发明价值的人，很有可能会在明确知道无法通过企业内部获得合理或期待补偿的情况下，或自身高估了相关信息价值的情况下，促成第二类不对称信息的形成或对外转移，彻底沦为企业的沉没成本和无谓损失。

二、仅使用保密协议的效能

由于非正式知识产权保护手段的缺陷，例如不可避免的信息不对称性、法律不确定性，对企业而言，仅使用保密协议一类非正式知识产权保护手段，意味着低效能的知识管理和创新实现手段。法院可以缺少受法律保护的商业秘密或以知识外溢和员工择业自由等公共利益为由，驳回保密协议的执行申请。在无法有效执行的保密措施下，企业所面临的信息披露风险和员工所面临的法律风险都很高。这意味着高昂的安保成本和对公司创新的损失，换言之，是低效能的知识管理方式。

第四知识产权——美国商业秘密保护

保密协议的无效性和低效能是不可避免的,但是可以通过企业的管理策略来优化。保密协议的性质就决定了它无法解决信息不对称问题。由于信息不对称的存在,企业对员工施以的委托和代理责任一直无法非常明确,更别提从员工处获取第二类不对称信息了。在保密措施仅有保密协议但保密协议无法执行的情况下,企业的最大可能损失不能被最小化。这意味着仅使用保密协议这种管理手段效率或效能低下。

相比之下,企业可以通过定期评估员工的创新能力和水平,以及及时调整他们的技术定级,来刺探是否存有信息不对称。当然,这样一个尽职调查的流程和机制的设立成本和维护成本都很高。然而,一旦通过这样一轮尽职调查,是有可能发现两类不对称信息的。在发现信息不对称的情况后,企业可以与员工合作或重新就保密协议或相关保密条款谈判,实现对保密协议的优化、提升企业安保文化的目的,甚至也可以实现提升员工忠诚度这一管理目标。即便重新谈判下所生成的新保密协议也无法完美保护全部的未公开技术信息,或彻底消除信息不对称性问题,但可以加强企业和员工之间的代理委托关系,在对员工创新积极性造成较少负面干预的情况下,加强员工的法律责任,并提升触发商业秘密法保护相关信息的可能性。

三、通过商业秘密法保护来调整低效能的同业禁竞合同

同业禁竞合同和商业秘密法可以提高使用保密协议进行非正式知识产权保护的效率或效能,因为这两种途径对保密协议的法律有效性进行了补充。本质上,这两种法律保护都是一种政策奖励。这个思路将在下一章详细介绍。

通过比较同业禁竞合同和商业秘密法的效能,方博亮教授曾提到过,严格执行的同业禁竞合同可以取代商业秘密法。斯坦福大学的罗纳德·吉尔森(Ronald Gilson)教授和莱姆利教授显然不认为这样一条思路有太大意义。在他们看来,相反,应该由商业秘法取代同业禁竞合同。事实上,这个结论是吉尔森教授对完全禁止同业禁竞合同的硅谷和适用同业禁竞合同的波士顿 128 号公路产业孵化园进行对比后得出的结论。这么多年后,连波士顿所在的马萨诸塞州都开始逐步动摇之前与强执行同业禁竞合同有关的法律政策。

的确如此,虽然同业禁竞合同的安保成本远低于商业秘密法,但同业禁竞合同的使用效能并不高。首先,同业禁竞合同只能在短时间内在特定的地理区域内有限地被执行,用以对抗特定类型的信息泄露和所泄露信息的特定接收者。换句话说,即使同业禁竞合同可能在一定程度增加了员工忠诚度,也不能

保护未发布的技术信息以及相关信息将产生的收入，更不能降低信息泄露的风险。其次，企业使用同业禁竞合同可能产生的一个严重后果是阻碍创新。这一点在方博亮教授的实证研究中得到了印证。同业禁竞合同限制了员工的流动性，增加了他们找工作的成本。这可能会减少他们学习和创新的动机，或者会导致形成一个经典的经济学现象——反向选择，即企业雇来的和留下的都是一些毫无激情的"打酱油"员工。

在一个强执行同业禁竞合同的法律文化环境中，虽然员工的流动性得以降低，但招聘成本却会增加，并在提升企业创新的效能问题上形成恶性循环。企业无法从行业龙头处雇到优秀人才，为自己创造出更多更有价值的技术信息。而已经拥有优秀人才的企业了解到员工受同业禁竞合同的限制，也无法尊重人才，给他们合理的报酬，结果也只能雇来创新和工作能力越来越弱的员工，最后也削弱了企业自身的创新能力。

在降低企业未公开信息的泄露风险并维持企业持续创新方面，与同业禁竞合同相比，商业秘密对企业来说效能较高。为了实现有效的商业秘密法律保护，企业需要采取合理的安保措施，对自认为有价值的商业秘密进行保护。有了物理安保措施和法律的双重保障，企业才敢放心使用自己的未公开技术信息来培训员工。这样的信息保护方式，未必会降低或限制员工的创新能力，也就不会损害企业的持续创新。此外，UTSA、DTSA等商业秘密法的法律保护要求也指导和迫使企业采取适当应对信息泄露的预防措施，在此过程中，企业的安保文化得以提升。尽管商业秘密法不能彻底解决弱安保文化下员工过失而造成的秘密信息泄露问题，却可以不断地熏陶和引导企业加强相关的管理和防护工作。

当然，至于商业秘密法的效能是否可以促进创新，就难说了。这是由于在商业秘密法的体系下，法律保护的适用和执行存在限制和不确定性。只有当商业秘密的经济价值能抵消企业为其付出的安保成本时，商业秘密对企业才产生效能。否则，企业会为了保护相关技术信息而选择申请专利，或者将信息置于公有领域。有时候，安保成本太高，却收不回合理回报，因为知识外溢总是不可避免的。苏黎世联邦理工大学的托比亚斯·施密特教授（Tobias Schmidt）甚至干脆建议企业都进行开放式创新，彻底抛弃商业秘密保护这一途径，以节省安保成本。

四、结合管理方式提升非正式知识产权的法律保护效能

除了通过法律途径预防和解决故意或过失泄露未披露的技术信息问题，企

业应积极通过人才管理来减少或甚至消除两类不对称信息。仅仅通过各种非正式知识产权，通过施加信赖义务和法律风险给员工，虽然可以在一定程度上避免企业所持有的未披露技术信息被员工泄露，但也在一定程度上造成遏制创新的不良后果。

企业在创新部门，可以像高校那样，组织定期的内部研讨会，组建学习平台，鼓励员工发挥创造性思维，彼此交流专业信息，并提高自身创新水平。在这样的交流活动中，企业为员工提供公开和交流自己的创新想法的机会。一方面，这让企业有机会及时评估员工的创新水平，对现行安保措施进行调整，例如，及时部署新的安保物理措施、及时调整对员工的涉密级别的定级、对员工进行适当又及时的安保培训、时刻维持并加强他们的信息安保意识、及时签署新的保密协议或调整保密协议的内容。另一方面，这样的定期交流，也可以使企业对员工的创新和学习水平进行定期评估，对他们的创新成果及时进行合理补偿。这样，员工可以在表达和收集反馈意见的过程中得到了团队对他的认可或在自我提升上的帮助，也会让他们感受到被公平对待，从而帮助企业实现持续创新的作用。即使员工及时表达出的创新想法没有得到其他同事或企业的认可，这样的交流和人才管理模式依然可以避免第二类信息不对称性存在而造成的社会无谓损失。

比如，谷歌量子计算的顶级专家约翰·马蒂尼斯教授（John Martinis）在和团队领导通过交流发现，他们在技术发展方向上存在巨大分歧。虽然马蒂尼斯教授最后选择离开了谷歌，选择了回到加州大学圣地亚哥分校按自己的思路继续进行相关研究，但他表示，愿意在谷歌认同自己的思路时重回谷歌。

长此以往，这样的氛围和人才管理方式，除了可以弥补合同和商业秘密法在执行有效性上的缺陷，在企业内部也会形成良性的安保文化，既不伤害员工的创新动机，也不阻碍员工通过学习或获取工作和进一步创新相关的必要知识，达到培训员工甚至是培训人才的效果，并可以激励员工持续创新。

第九章 非正式知识产权保护的法律效能

美国作为商业秘密捍卫者的先驱,与其他国家相比,具有相对较强的商业秘密法。为满足社会需求,它还在不断对内和对外施加更强的商业秘密保护。

自20世纪90年代以来,随着法经济学的觉醒、不断发展以及它与功利主义对知识产权法的影响不断加强,美国法学界已经普遍认识到商业秘密法律效能的重要性。通常,学术界在讨论商业秘密法效能时,都涉及商业秘密保护与创新能力之间的关系。但商业秘密保护力度与创新之间具体是怎样的关系,一直存在争议。

第一节 什么是非正式知识产权保护的法律效能

在讨论保护的非正式知识产权法律效能或我们称为非正式知识产权法的效率时,通常会从企业层面和社会整体层面去考虑,对企业和社会的成本和效益进行比较分析。这也是法与经济学研究的一种经典方法和思路,在美国被学者、法律和政策制定者及执行者广泛应用。在制定和执行商业秘密相关的法律和政策时,要考虑的正是保护非正式知识产权如何在高昂的个体成本和社会成本与所带来的创新收益之间实现最佳平衡。正如第八章介绍过非正式知识产权的概念,商业秘密是最典型的一类非正式知识产权。很多时候我们也可以广义地称非正式知识产权为商业秘密,用以与专利、著作权等正式知识产权相区分。

有时候,少数企业付出的成本,却可能带来更大的社会收益。然而,如果法律和政策选择成就企业的选择,那么可能会对社会大环境造成长期的伤害。这时候,牺牲少部分的企业以成全社会,符合功利主义对知识产权法中商业秘密相关法律发展的期待。然而,即便牺牲了这些企业是否可以达到促进社会发展的目的,也是不确定的。这样的逻辑造成了商业秘密法在发展和执行过程中，必然会由于效能问题，让我们备感困惑和纠结。

例如，《统一商业秘密法》(Uniform Trade Secrets Act，UTSA) 和《保护商业秘密法》(Defend Trade Secrets Act，DTSA) 都要求商业秘密持有者先采取合理的安保措施。这些安保措施可能为企业带来高昂的成本。但与 UTSA 和 DTSA 所带来的法律保护相比，企业完全依靠物理措施保护商业秘密的成本一定会更高。

再如，DTSA、不可避免泄露原则 (Inevitable Disclosure Doctrine，IDD)、同业禁竞合同在一定程度上，是通过降低员工的流动性来实现促进企业创新的。消除了部分知识外溢的可能性及拥有对有价值的信息的独占权，会给企业带来信心，加大对研发的投入。当员工认清，他们无法为获得更高对价将从企业获得的或使用企业资源所产生的有价值的信息带给外界机构或组织，例如企业的竞争对手，他们宁愿选择留下来，也许会积极地帮助企业稳定地进行创新和发展。然而他们也许会由于被雇主低估创新能力和工作价值，而丧失创新的激情和动力，从此变得消极怠工。知识外溢作为一种公共利益，对每家企业的创新和成长都是必要的。失去由新员工带来的外部知识，企业完全依赖独立发明，即便提升了研发投入，本质上却反映了造成巨大社会浪费的这一结果。

这些例子可能会让人认为，专利机制相对商业秘密法或其他非正式知识产权类型的社会效用更好，既鼓励企业公开自己的创新成果，又可以在一定时间内对相关成果具有独占权。然而，就像我们在前面章节中反复比较和强调的那样，专利的种种局限，使很多企业会主动拒绝向公众披露有价值的技术信息和经营信息。此时，若没有一套非正式知识产权机制来为这些企业和员工及外部合作人员就这些信息的交流提供保障，那么企业会选择使用价格高昂的物理措施进行保护，从而使它们彻底无法进行有效的技术和商业转化，为社会和人类服务。

当然，即便有了非正式知识产权的加持，企业也不见得对自己所认定的商业秘密有绝对的控制权。无论是同业禁竞合同和保密协议的失效，或商业秘密保护的瑕疵，都可能造成企业丧失其对相关信息的控制权，相应所丧失的包括却不只先导优势和垄断利润，却为社会贡献了溢出知识。对于适用实用主义和功利主义来判定知识产权案件的法院来说，在判定相关合同的有效性和商业秘密有效性时，难点就在于，如何配置企业利益和公共利益，例如寻求公平竞争、公平就业、持续创新等问题的平衡点。这些问题对于立法者来说就更加重要了，是必须考虑的问题。

第二节 商业秘密法和合同管辖的商业秘密保护

保护商业秘密的主要法律有合同法、《侵权法重述（第一次）》、《不正当竞争法重述（第三次）》、商业秘密刑法［《经济间谍法》（*Economic Espionage Act*, EEA)、州刑法］和商业秘密民法（UTSA 和 DTSA）。主要管理信息安全的合同有同业禁竞合同和保密协议。同业禁竞合同是以员工为基础的，保密协议是以信息为基础的。这两类合同主要受普通法管辖，但也受到各州法规的限制。它们都可以用于防止员工流动而造成的知识溢出。在19世纪末英美法系开始制定商业秘密法之前，企业和法院仅仅依靠这两类合同来保护商业秘密。至今，企业仍然使用这两类合同作为获得商业秘密法保护的一部分条件，或商业秘密法保护的补充。

一、同业禁竞合同的适用局限及法律不确定性

使用同业禁竞合同可以鼓励企业向员工传递未公开的技术和经营信息。尽管同业禁竞合同不是直接被用来处理商业秘密相关的问题，但企业可以通过同业禁竞合同来留住人才，减少员工的流动性，从而保持竞争优势。要知道，员工流动是知识溢出的主要原因。

法院对适用同业禁竞合同的限制会考虑两个方面：①执行同业禁竞合同的必要性；和②同业禁竞合同限制的合理性。可以为保护企业的合法商业利益，尤其是商业秘密、秘密信息和商誉执行同业禁竞合同。但执行同业禁竞合同必须受到地域和时间范围的限制，从而不会对人们的就业产生过分约束，或对企业造成过度保护。

比如，得克萨斯州要求，有效的同业禁竞合同必须包含明确的时间和地点限制。纽约州法院在执行同业禁竞合同时，会比较员工离职所遭受到的相关限制和缺少同业禁竞合同限制下企业的损失，对企业所遭受损失的补偿不能超过对员工就业范围的限制。佐治亚州法律规定，同业禁竞合同只能用于限制"关键员工"。在威斯康星州，一个可执行的同业禁竞合同范本如下所示：

本协议终止后，［员工］不得以任何方式，直接或间接地，通过直接或间接的所有权、雇用或其他方式，参与为期一年的与［雇主］在精细化学、药品和电子元件领域制造和/或销售的相同或类似的产品或服务进行交易或有关

的任何业务。此外，[员工]须停止与[雇主]的任何现有或潜在客户及其供应商的一切接触，但[员工]可在不与[雇主]直接或间接竞争的业务中保持这种接触。

在美国，同业禁竞合同基本不存在被无条件执行的时候，即使符合了上述的那些条件，也未必能执行。据美国媒体《PBC新闻》2016年的报道，大约40%的美国人签署了同业禁竞合同，但只有大约20%的同业禁竞合同具有约束力。关于同业禁竞合同是否能被允许适用的具体相关法条和判例在第六章表6.3中有详细的介绍。

有一些特别注重公平竞争和自由就业的州会出台"反同业禁竞合同"法规，反对或严格限制同业禁竞合同的使用，如加州、伊利诺伊州和俄勒冈州。倒不是说同业禁竞合同在这些州尽然无效，但有效、可被执行的同业禁竞合同通常有很强的局限性。

相比之下，有一些州的法律和政策允许使用同业禁竞合同，例如马萨诸塞州、密歇根州、北卡罗来纳州和得克萨斯州。然而，这并不意味着同业禁竞合同在这些州的法庭上就一定能执行，同样在加以限制的基础上，还会面临各种现实的不确定性。比如说，马萨诸塞州法院在执行同业禁竞合同的问题上并不连续。此外，尽管密歇根州有法条保护雇主，但法院所适用的普通法并不支持同业禁竞合同。在其他没有明确法律规定同业禁竞合同有效或无效的州，法院出于对公共政策的考虑，仍然可以拒绝执行同业禁竞合同，比如纽约州。

二、执行保密协议的局限与问题

除同业禁竞合同外，保密协议也是企业用来预防员工对外泄露秘密技术或经营信息的常用手段。除了可以约束企业外部人员对所接触到的企业技术信息进行保密，保密协议最常用于雇佣关系中，约束内部人员与他人的信息交流范围和方式。如今，雇佣合同通常包括一条保密条款，企业的办公桌上最常放的就是一本保密手册。换句话说，保密协议通常是在建立雇佣关系之初就已经签署了，平时需要继续维持。因此，从理论上来讲，在受雇期间，员工所产生的任何工作成果，都可能会受到雇佣之初所签署保密协议的约束。

与同业禁竞合同相比，保密协议与商业秘密法的关系更密切，但这种密切关系并不意味着会加强非正式知识产权的保护。商业秘密法的基础是商业秘密的"隐私权"或企业的保密权。如大法官霍姆斯所建议的，如果一家企业不

第九章 非正式知识产权保护的法律效能

能守护住自己的技术秘密信息,那么商业秘密法也不能禁止其员工向其他人透露这些信息。加州大学伯克利分校的法学教授帕米拉·萨缪尔森(Pamela Samuelson)遵循了霍姆斯的观点。她提出,商业秘密法的本质是惩罚违背信任或使用不正当手段获取商业秘密。因此,在商业秘密法的原则下,保密协议不一定能保护商业秘密。

一方面,如果一项秘密信息不构成商业秘密,则保密协议或相关的保密条款可能不具有约束力。如果保密协议中没有明确什么信息是保密的,企业很难通过法院有效执行这样的保密协议。莱姆利教授就曾批评说,法院可能对于保密协议解释得过于狭隘,以至于在法院只依赖普通法的情况下,保密协议通常无法被执行以保护企业利益。

另一方面,法院可能出于政策原因对一份保密协议的执行进行裁决。因此,同意或拒绝执行一份保密协议总是存在不确定性。这些政策原因包括但不限于促进创新、降低商业秘密盗用的预防成本、保护隐私以及维护商业道德标准。

无法有效执行保密协议可能会形成企业进行商业秘密保护的"安全漏洞",进而导致商业秘密法也无法对企业进行有效的保护和补偿。

三、其他法律对合同保护的补充及不足

劳动法和人力资源相关法律也可以像保密协议和同业禁竞合同一样,通过加强企业对员工贡献的控制,来发挥企业保护自己未公开的技术或经营信息的作用。例如,根据加州劳动法,企业可以对任何在雇佣期间员工产生的任何信息声称"财产权"。在美国合金钢集团诉罗斯案(*American Alloy Steel Corp. v. Ross*)中,美国加州第二上诉法院裁定,商业秘密、秘密信息以及员工通过这些方式获得的知识,都是企业所拥有的财产,员工在离职后不能使用相关信息。当然,一个基本的共识是,企业不对一般技术信息拥有财产权,但当某项技术信息属于商业秘密时,企业就对相关信息获得了可对抗外界的财产权,可对其进行专有使用。

基于2011年的斯坦福诉罗氏案(*Board of Trustees of the Leland Stanford-Junior University v. Roche MolecularSystems*),加州大学圣地亚哥分校法学教授奥利·洛贝尔(Orly Lobel)提出,雇佣关系本身就意味着,员工默示着将对自己发明的所有权持续转移至企业。不过,这样的观点最大的问题是,对员工是否公平。这也是除了在财产权理论以外,劳动法、合同法最关注的问题之

一。因此，无论是在哪一个法律理论框架下讨论非正式知识产权的保护问题，都存有争议和一定的不确定性。

四、适用商业秘密法的优缺点

除了涉及刑事问题的 EEA，被大多数州广泛接受的商业秘密民事保护标准起源于普通法，并于 1939 年正式纳入《侵权法重述（第一次）》。这套普通法标准实质上与后来 1979 年的 UTSA 对商业秘密的定义和保护规则相同，但 UTSA 的形式是成文法。在实践中，逐渐地州法院在商业秘密民事纠纷中经常援引 UTSA，很少援引《侵权法重述（第一次）》。2016 年后，联邦颁布了与 UTSA 非常接近的 DTSA，正式插手商业秘密民事问题。

除了北卡罗来纳州和纽约州，截至 2020 年，所有的州都自愿制定了适用 UTSA 的商业秘密法。北卡罗来纳州的商业秘密法与 UTSA 非常接近，纽约州于 2020 年也正式提出议案，准备正式接纳 UTSA。当然，在此之前，纽约州还在适用普通法。

（一）优点

虽然相对其他正式的知识产权法，商业秘密法的适用非常复杂，但它对社会的意义和贡献从来都没有被忽略过。商业秘密法普遍被认为是在商业秘密保护中，对合同保护和物理保护的有效补充甚至是替代。第一，在商业秘密问题中仅适用普通法存在缺陷。在普通法下，对保密本身的价值和意义的认定是有争议的，有些先例和法院直接不承认商业秘密的价值。第二，商业秘密法与侵权行为理论相一致，对不法行为能起到威慑作用。第三，商业秘密法可以避免企业对秘密进行物理保护的过度投资，也给了企业对内（员工）和对外（合作方和投资人）就有价值的未公开信息交流的机会，以创造更大价值。第四，频繁地根据同业禁竞合同和保密协议提起诉讼，在普通法评价体系上被视为是低效能的。

因此，有学者向法院建议，如果在判定是否执行这些合同的问题上犹豫不决，那么应该考虑参考商业秘密法。相应地，如果企业担心这些合同的有效性，则可以考虑主要依靠商业秘密法获取保护。

（二）缺点

UTSA 结构下的商业秘密法也存在不可回避的缺陷和问题。根据 UTSA 和 DTSA 提起保护商业秘密的民事诉讼，原告必须证明存在商业秘密和对商业秘密的不适当挪用或盗用。广义上来看，这两个要件的判定在实质上与《侵权

第九章 非正式知识产权保护的法律效能

法重述（第一次）》不冲突。但是，当州法院和联邦法院套用 UTSA 和 DTSA 时，对这两个要件的解读和基于这两个要素对事实的判定存在差异和不确定性。

1. 不确定性

第四章详述过商业秘密法的不确定性，这里我们再简单地回顾一下。为确立第一个要件，一项信息必须具有新颖性、独立的经济价值和合理的保密性，才可以成为受法律保护的商业秘密。虽然独立的经济价值并不是阻碍企业获得保护的主要问题，但就这一项问题，判定方法和标准就很多。俄克拉何马州立大学的法学教授埃里克·约翰逊（Eric Johnson）从 5 种对独立经济价值的判定方法中总结出它们的一致部分：商业秘密具有"可转让的、客观的和积极的价值"。同时，所谓新颖性的定义也非常宽泛，即"一般已知"或"易于查明"的信息不能作为商业秘密受到保护。

2. 保护范围不一

除了 UTSA 和 DTSA 中这些宽泛的语言会强化商业秘密法的执行不确定性，在立法阶段，各州针对适用 UTSA 所颁布的商业秘密法，可以进一步对商业秘密保护的范围进行调整。比如，加州对商业秘密的定义扩大了 UTSA 的边界，排除了对"易于查明"信息的保护限制。

另外，立法者和执法者可能也会由于政策原因和出于公共利益的考量，为了促进创新、公平竞争、自由就业等目的，使商业秘密的保护范围更加狭隘。比如，在高科技行业中可适用商业秘密保护的范围可能相对其他领域更窄一些，知识外溢一般很难成为法院支持的保护范围，处于前期的"概念式发明"不得享有商业秘密保护，受企业培训而获得的一般知识、技能、能力和经验不是商业秘密。

然而，无论保护范围宽还是窄，真正重要的问题在于，法院在决定这些问题时，就如何判定所谓的"概念式发明"和一般知识、技能、经验等总出现裁决不一致的现象。这样的不一致性，让有意依赖商业秘密法保护的企业左右为难。

3. 判决不连续

同样地，在判定是否采取了合理保密手段的问题上，累积多年的案例显示，法院表现出了不连续性。保密协议既不是建立商业秘密的充分条件，也不是它的必要条件。相反，保密协议的介入增加了判定是否违反保护义务的不确定性，而不是简化了法院对这一问题的判断。

即便原告可以证明自己有受法律保护的商业秘密，法院在判定商业秘密保护的第二法律要件时，也会遇到类似问题。比如，被告通过"不当手段"获得，或经过使用"不当手段"的人来获得一项商业秘密。虽然从基本原则上来看，"不当手段"包括但不限于违反保密义务等犯罪和侵权行为，但实践中，如何界定什么是"不当手段"呢？法院对政策及公共利益的考量再一次导致它们在这个问题的判定上产生了摇摆。

有时，员工通过企业对他们的培训而了解信息，也会由于违反保密义务，而被确定为通过"不当手段"获得信息。如何界定保密义务呢？这方面的问题，已经在执行保密协议的不确定性部分讨论过了。总的来说，即便满足了商业秘密保护的第一要件，在判定第二要件的过程中，法院和企业也会面临很多的不确定性。

4. 保护力度不确定

除此之外，商业秘密保护除了可以应对真实的损害，是否可以被用来预防潜在或有威胁的损害？在这个问题上，同样是出于对政策的考虑，法律的制度和执行往往在很多区域存在很大的不一致和不确定性。

UTSA 和 DTSA 在语言上表示，可以禁止实际或威胁的盗用。IDD 正是反映了对存有盗用威胁的保护。"不可避免的泄露或披露"是指，由于企业的商业机密在员工离职并在其他企业受雇期间有被盗用的威胁，因此在没有实际伤害的情况下，法院仍然可以发布禁令，通过适用 IDD 限制员工的流动。但是，出于对公共政策和公共利益的考量，并不是每个州都认同 IDD 的适用。在百事公司诉雷德蒙德案（*PepsiCo. Inc. v. Redmond*）后，有 21 个州适用了 IDD，例如密苏里州和新泽西州。还有明确不适用 IDD 且严厉反对 IDD 的州，比如加州。

不仅仅是各州对 IDD 的认可和接纳程度不一，即便是在接纳了 IDD 的州，立法者和法院的思路也会存在不一致性，法院在不同情境下的判定也存在不一致性。比如，佛罗里达州、印第安纳州和伊利诺伊州虽然适用 IDD，但适用缺乏一致性。

因此，即便商业秘密法相对其他类型的非正式知识产权在保护信息和促进创新方面有优势，其自身依然存在很多问题，不只给法院裁判增加了难度。相关法律执行的不确定性不仅给企业增加了诉讼成本，也使考虑依赖它保护的企业增加了几分顾忌。

第三节　在雇佣关系中泄露技术信息的风险

员工的流动和背叛会造成企业信息披露的边际损失增加。虽然企业即便将其所持有的一些知识和信息传递给员工甚至是公众，都不会增加它的损失，但员工离职和背叛所带走的将不仅仅是这些知识和信息，还有其他一旦泄露会导致企业受损的信息，以及作为企业创新和发展的必要资源——人才。为企业提供非正式知识产权保护的意义绝不是为了帮助企业禁锢人才，而是在人才流动、知识流动的过程中，保障商业道德、公平竞争和劳工的基本就业权利，以实现促进社会创新的目的。如果能直接激发企业进一步进行研发投入和创新活动，就更好了。当然，政策理想和实践总是有差距的，一旦出现代理的情况，例如雇佣员工，之后的员工流动和背叛就会不可避免地出现，进而企业必然会由于失去对部分有价值信息的控制，而正在或可能遭受损失。

至于这些损失要如何通过非正式知识产权法律体系获得补偿，法院会考虑和平衡商业道德、合理就业、竞争优势的保持、企业的社会责任等问题。面对这些因素导致的事后补偿的不确定，企业无论是否依赖非正式知识产权的法律保护，至少应基于对这个体系的认识和了解，以保持创新和竞争性甚至是获得竞争性为目标，提前进行风险规避。

第八章我们讨论过企业规避员工泄露未公布的技术信息而采用的非正式知识产权战略，尤其是图8.2直观地描绘了在不同的战略下，企业的泄露风险和员工所面临的法律风险分布。企业可以通过对员工施以物理或法律限制，降低泄露秘密信息的风险及可能性，但无论如何都不可避免的是，由于法律不确定的高泄露风险。在这一部分，我们就详细来了解一下，这些风险规制策略是如何通过具体的法律手段和原理实现的。

一、关于泄露风险与法律风险的分担

如果没有任何针对信息披露或泄露的强制性合同约束或法律限制，那么员工无论离职还是和企业外部的任何人就相关信息交流，都不具备任何法律风险。此时，在三种情况下，企业可以不被动地由于员工无法律约束而肆意交流相关信息而伤害。

第一，如果企业期望独占某些信息，那么它们可以通过使用专利对相关信

息进行保护。因为在申请专利时，企业必须主动披露这些信息。在此之后，一旦专利申请获批，任何人在专利有效期内对相关信息的使用都需要获得企业的许可，并付出合理的对价。而企业也不会因为大家在彼此交流专利的信息而受损失，反而会给它们带来更多的合作机会。

第二，如果企业放弃独占权，但希望依然享有披露这些信息的一些好处和利益，那么它可以选择主动披露这些信息，将这些信息置于公有领域，吸引合作者，达到有效宣传和低成本建立新合作关系的目的。这时候，依然是外界对相关信息的讨论和使用越多，对企业越有利，而不是造成更高的损害。

第三，企业严格拒绝员工以任何方式获取相关未披露信息。除非遇到恶意的商业秘密盗贼，谨慎的物理保护方式可以非常有效地降低企业泄露商业秘密的风险。然而相应的两个坏处是：企业要担负巨额的安保成本；而员工也学不到相关有价值的信息，从而阻碍了企业的创新发展，也无法在未来的某一天实现对社会有价值的知识外溢。

除此之外，如果企业希望继续不披露相关信息，则还可以通过一种方式来降低自己通过员工所造成的信息泄露风险——将风险转移给员工，提高他们的法律风险。

此时，企业可以结合使用各种非正式知识产权保护方式，例如制订可执行的同业禁竞合同和保密协议，并确保被保护的信息可以作为商业秘密在 UTSA 和 DTSA 下接受保护。广泛的商业秘密保护范围，例如加州知识产权法和 IDD，都可以进一步帮助加强员工的法律责任和提高违反保密义务而造成的法律风险。

同业禁竞合同和保密协议本质上帮助企业和员工之间建立起代理委托关系，从而使员工对企业负有相关法律责任。然而，问题的关键是，这些合同是否明确地建立起明确且合理的法律责任，从而可以落实和执行。否则，即便员工签署了相关合同，他们依然不履行相关责任，使企业不自知地面临高泄露风险。

因此，当采取了无效的非正式知识产权保护策略时，企业转移自身泄露风险至员工的法律风险这一计划将以失败告终。这样的情况，在遭遇恶意窃取商业秘密的问题时将会更加严重。恶意窃取商业秘密的员工会在衡量自身的风险和盗窃并泄露相关商业秘密的风险后，作出抉择。此时，将泄露风险转嫁至员工的法律风险这一策略将失去其意义。

二、对秘密信息的无效法律保护

即便企业有意通过合同或商业秘密法对员工施加保密责任和义务，有两种情况，企业也很可能会无能为力。即我们在第八章讨论过的两类不对称信息：员工在企业的环境中未经授权而自学到的信息，和员工自己创造出、还未对企业披露的信息。在这两种情况下，企业无法通过合同针对员工就这些问题施加明确的法律责任。关于第一类不对称信息，法院极有可能无法认定相关内容为商业秘密，即便认定了，也可能会根据商业秘密法认定企业未付出合理的努力来保护它。关于第二类不对称信息，企业根本就无法根据商业秘密法声称对其具有权利。当然，同业禁竞合同对这两类不对称信息的泄露有一定的阻碍作用，但已经反复讨论过，同业禁竞合同的执行有颇多的限制和局限性。在一些地区和领域，同业禁竞合同根本无法执行。

根据劳动法、人力资源法或专利法，企业可以享有对一些不对称信息的所有权。虽然在过去，根据盛行过一段时间的洛克劳动沙漠理论，劳动者具有对他们生产成果的产权，但当下立法和执法所流行的，是以促进社会创新为目标的功利理论。因此，劳动法或专利法有时会将一些第二类不对称信息的产权划分给雇主，这是合同法和商业秘密法所做不到的。即便这些法律理论上可以在一定程度上加剧员工的法律风险，但具体在实践中，对员工的威慑作用也非常有限。我们总能观察到，离职员工创业后，不断地申请专利，以避免前雇主针对两类不对称信息，提出专利侵权和商业秘密盗用等问题。并且，企业也会由于这些法律领域的法律不确定性而招致高昂的诉讼成本，也许最终依然无法实现保护两类不对称信息的目标。例如，员工可以声称那些信息属于公有领域。

即便我们所讨论的信息不属于这两种类型，执行对非正式知识产权的法律保护的不确定性也是客观存在的。我们将第八章的图 8.2 的企业与员工的风险分布和第五章的图 5.1 中的企业未披露技术信息的类别结合得到图 9.1，来具体了解一下非正式知识产权策略的无效性。

有时，企业认为持有一项商业秘密，但也许它仅是一项秘密信息，无法构成受法律所保护的商业秘密，受到相关的保护。比如，对于其他类型的未公开技术资料（即开发第二代产品所需的资料、阻吓和误导竞争对手的信息或用途未知的秘密技术资料），非正式知识产权保护有时难度比较大。首先，它们可能难以建立起法律意义上的商业秘密，从而可能无法受到商业秘密法的保护。其次，即使存在保密协议，若保密协议处理的是非商业秘密的秘密信息，

第四知识产权——美国商业秘密保护

则保密协议可能无法执行。最后，针对竞争对手的同业禁竞合同也不能完全保护它们，因为这些类型的信息可能对企业的非竞争对手比竞争对手更具有吸引力。

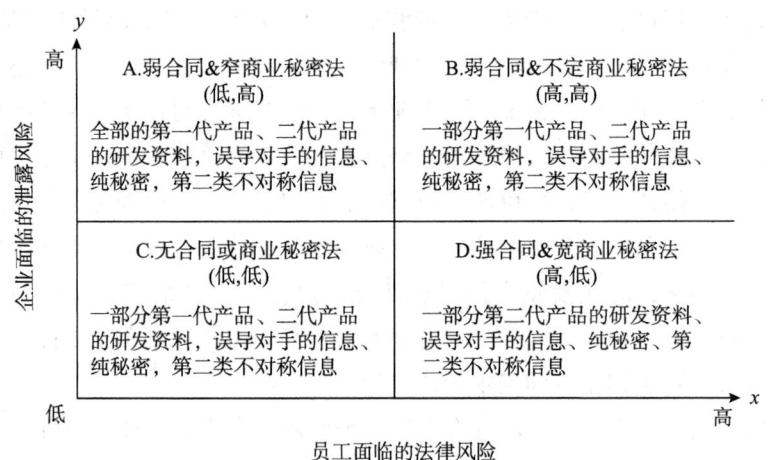

```
                    y
                    │
              高    │
                    │  A.弱合同&窄商业秘密法      B.弱合同&不定商业秘密法
                    │       (低,高)                    (高,高)
企                  │
业                  │  全部的第一代产品、二代产品    一部分第一代产品、二代产品
面                  │  的研发资料、误导对手的信息、  的研发资料、误导对手的信息、
临                  │  纯秘密，第二类不对称信息      纯秘密，第二类不对称信息
的
泄                  │
露                  │  C.无合同或商业秘密法        D.强合同&宽商业秘密法
风                  │       (低,低)                    (高,低)
险                  │
                    │  一部分第一代产品、二代产品    一部分第二代产品的研发资料、
                    │  的研发资料、误导对手的信息、  误导对手的信息、纯秘密、第
                    │  纯秘密，第二类不对称信息      二类不对称信息
              低    │
                    └─────────────────────────────────────→ x
                   低                                  高
                            员工面临的法律风险
```

图 9.1　根据信息类型划分的风险分布

相对这些信息，同业禁竞合同、保密协议和商业秘密法可以用以保护企业在其现有产品（第一代产品）中或生产现有产品时使用的未公开技术信息。但使用同业禁竞合同最基本的局限是，它限于针对竞争对手的保护。依赖保密协议和商业秘法的问题是，虽然这类信息更容易符合法律所保护的商业秘密的要求，但实践中，依然要面临种种的不确定性。例如，促进知识溢出、确保员工自由就业等政策原因可能会致使法院偏向不保护企业的某些秘密信息；而维护商业道德标准、降低企业的预防成本等政策原因可能会导致法院偏向给予企业更强更广泛的保护。

总的来说，虽然优秀的企业法务和法律咨询专家可以为企业尽力制订一份相对稳固的法律保护预案，但即便再强大的法律团队，在现行法律框架下，一直也都难以制订出完美的非正式知识产权保护策略。更何况企业通常需要很长时间，才能认识到自己的商业秘密被员工或离职员工盗用。这给企业后续希望通过司法途径实施商业秘密保护和补偿带来了进一步的困难。

虽然依赖民法系统对非正式知识产权进行保护有诸多不确定性，但 EEA 可以使企业通过刑法加强对商业秘密的保护和威慑作用，进一步提高泄密者的法律风险，以辅助降低企业的商业秘密泄露风险。然而，泄密一旦发生，即便是刑法下的事后惩罚和补偿，也于事无补。比如，在近两年，硅谷著名的

Waymo与其前创始人之一安东尼·莱万多夫斯基之间的商业秘密盗用案。虽然以莱万多夫斯基在刑事案部分认罪和交罚金告终，但Waymo因为莱万多夫斯基遭遇了近4年的漫长诉讼（第五章介绍了这个案件的细节）。

这场官司让Waymo和优步都吃了很多苦头。一方面，即使有下载相关资料的行为，原告Waymo依然难以证明商业秘密盗用；另一方面，被告优步担心，一旦商业秘密盗用罪名成立，自己要面临经济和名誉的双重损失。最终，两家硅谷自动驾驶巨头选择了和解，但Waymo依然深陷与莱万多夫斯基的商务仲裁苦战和刑事控告。

由于民事案件和解，而非判定商业秘密盗用成立，莱万多夫斯基一开始对刑事控告信心满满。但负责此案的联邦检察官们反复表示，这个案件在商业道德问题上对社会造成了恶劣影响，必须严肃处理。最后，在坚持了一年后，莱万多夫斯基选择认罪，对谷歌道歉，短期入狱18个月（受2020年新型冠状病毒肺炎疫情影响而被宽大处理），赔偿谷歌75.7万美元，并缴纳罚款9.5万美元。否则，他将面临至少41亿美元的罚金和多年的牢狱之灾。

虽然这个闹剧经历了近4年，但谷歌和Waymo还是幸运的。因为，通常企业需要很长的时间才发现自己遭遇了商业秘密不适当挪用或盗用问题，并难以找到相关证据。

第四节 平衡合同法和商业秘密法的执行

根据非正式知识产权的战略管理与创新之间的关系，法院应在执行非正式知识产权的过程中，在企业的研发投入动机、知识外溢、员工流动性、员工的创新积极性等促进社会创新的政策因素间寻求平衡。立法者和执法者都应该意识到，各类非正式知识产权法律的保护范围和执行强度除了直接对这些政策顾虑产生影响，也会对社会起到一定的引导作用，深远地影响整个环境中创新的进程。

一、对是否实施保密合同的考量

企业及时签署保密协议这一保密措施未必能有效减低企业所承担的披露风险，因为并非所有秘密资料都受在可执行的保密协议的保护之下。即便企业可以就所有未公开的技术和经营信息与员工签署了保密协议或某些保密条款，法院也可能会为了鼓励知识溢出和社会创新而拒绝实施这些保密协议条款。法院这样的裁判思路有利也有弊：

好处是，在拒绝实施保密协议时，法院可以帮助企业筛选出效率或效能低下的秘密信息，并采用将这些信息纳入市场的方式，通过市场竞争，提高这些信息的使用效能，促进社会创新，实现功利主义的非知识产权机制的目的。

坏处是，企业内部的非正式知识产权效能低问题已经形成，法院却没有对它进行校正或补偿。在此法院判定保密协议无效之前，企业所采取的相应安保措施可能已经让企业承担了较高成本，并对创新效果形成了一定的负面影响。

二、商业秘密的奖励作用及平衡商业秘密保护的政策考量

有时，商业秘密法的保护范围可能不及保密协议。根据 UTSA 和 DTSA，缺乏新颖性或独立的经济价值的信息，不得享有商业秘密保护。针对具体情况，在某些州，易于为公众查明的信息会被认定为缺少新颖性，从而失去受到商业秘密法保护的资格。并且大多数法学家们认为，新颖性的要求是合理的。如果完全不向外界透露一项秘密信息，那么企业很难独自评价它的新颖性和经济价值。在这样的要求下，对于研发中的一些过程产物甚至是最终产物，如果企业对它们的新颖性和价值信心较低，那么很可能会主动公开这些资料。这一方面可以降低企业不必要的安保成本，另一方面可以促进知识外溢，使公众从中受益。

在某些环境或情况下，商业秘密法的保护范围可以超过保密协议的覆盖范围，或可以修复一些会导致保密协议无效的问题。比如，在保护范围较广泛的商业秘密体系下，例如《加利福尼亚州统一商业秘密法》和IDD，商业秘密法可以弥补企业对保密协议使用的不足。一些无法被保密协议有效覆盖的第一类不对称信息可能在商业秘密法的保护范围中。因此，广泛的商业秘密保护在雇佣条件下，可以视为对企业培训员工、研发投入、安保投入的一种奖励或补偿，鼓励它们继续在受保护的情况下，向员工披露更多创新和业务中所需要的知识和其他信息，并进一步扩大创新。

然而，创新并不是企业对员工的培训这个单向的信息转移，更是员工将生产资料与自己的智慧、知识、经验相整合后，再交换给企业的过程。目光短浅的企业只在乎自己是否会损失对员工培训而使用的秘密信息，却忽略了员工会产生新信息这一部分。对企业来说，这些新产生的信息既可能非常有价值，也可能对其现在的业务和经营并没有直接的意义或帮助。当这些新成果与企业现

有业务密不可分时，企业相对于外部其他组织和机构来说，可能更有效地使用它，并针对它进一步匹配资源、持续创新；但也可能，市场竞争可以促成更高效的使用和分配它的方式。如果这些信息与企业现有业务关联性并不强，那么极有可能由外部其他组织更高效地使用它。这时，它作为一种知识外溢，会对社会产生更大贡献和意义。

然而，无论是保密协议还是商业秘密法，都没有给员工就这些信息再与企业谈判的机会。劳动者原本在雇佣关系中就作为议价能力较弱的一方，可能无法就其新的劳动产出获得合理的补偿。再加上缺少法律和政策的支持以及只有违约会造成的法律风险，第二类不对称信息的存在只会越来越多、越来越普遍。企业自然不会轻易放过任何获得补偿的机会。过于广泛的商业秘密保护，可能使企业滥用这一法律保护途径，以抑制与一些由离职员工所设立的初创公司的竞争，而不是修复商业秘密盗用为其造成的损害。因此，商业秘密法的过度保护也可以被理解为一种法律机制对企业的过度补偿或奖励。

因此，为了公共利益的平衡，杜克大学商学院的詹姆斯·安东教授（James Anton）和哈佛大学的丹尼斯·姚（Dennis Yao）等经济学家建议法院慎重执行保密协议和商业秘密法的双重保护。强有力的商业秘密法和其广泛的保护范围可能会损害市场竞争。根据这样的逻辑，法院在裁决商业秘密盗用案件时，不仅要考虑的是谁才应该是涉案商业秘密的所有人，也要从功利的角度考虑，怎样才能更高效地配置该商业秘密。

三、同业禁竞合同的奖励作用

在一个强且广泛的商业秘密法体系下，立法者对同业禁竞合同的容忍及法院对同业禁竞合同的执行可以理解为社会对企业的奖励和补偿，补偿它们对培养人才所作出的投资和其他付出。为防止将秘密信息泄露给竞争对手，尤其是生产中所使用的信息，实施同业禁竞合同意味着一种安保成本相对较低的非正式知识产权保护方式，也可以理解为法律机制对企业安保成本的补偿。相对同业禁竞合同，商业秘密法所要求的保密条件和相关成本可不仅仅是签署一份合同这么简单。在同业禁竞合同的严格保护下，很多时候，企业是不必要特别依赖其他非正式知识产权的。

在这种模式的保护下，受到保护的不仅是商业秘密或其他涉密信息，还有企业的稳定发展。员工的稳定性，尤其是核心研发员工的稳定性，是确保第二代产品开发成功的一项重要因素。在同业禁竞合同的限制下，受保护的不仅有企业用于培训员工的信息，还有两类不对称信息。这些不对称信息，尤其是第二类不对称信息，可以非常具有潜力和价值。掌握这些信息可能会有利于企业现有产品和未来产品的竞争。员工稳定性高也意味着高忠诚度，执行同业禁竞合同也可以据此被理解为对企业无谓损失的一种补偿。

但是，当企业不确定自己是否可以通过同业禁竞合同获得奖励时，使用同业禁竞合同的效能是低下的。一方面，仅使用同业禁竞合同是无法确保信息的保密性的；另一方面，在同业禁竞合同的限制下，员工找工作的成本增加，可能会缺乏斗志进行学习和创新，并且，逆向选择问题也会造成员工缺乏创新和学习能力，从而长期影响企业的创新能力和效果。因此，无论两类不对称信息存在与否，同业禁竞合同比较难将这些不对称消息应用于企业的创新中。

立法者和法院是否通过执行同业禁竞合同给予企业奖励？给予奖励的程度又要如何控制呢？从宏观来看，加强同业禁竞合同执行的法律文化对公众没有好处。人才以及随着人才流动而造成的知识溢出，有利于促进竞争。第二类不对称信息在员工自己的初创企业或新雇主中的应用，可以实现知识的有效再配置或再分配。但是，同业禁竞合同会创造出"反知识溢出文化"，阻碍社会各界通过由人才流动实现知识溢出而获得好处。

这种文化也可以被解释为对企业的过度补偿，尤其是大型企业和行业领先企业。这种文化帮它们减轻了市场竞争。这样的补偿不是免费的，而会减少它们通过持续创新而创造的利润和增长作为代价。每家企业都需要从更高的平台和其他行业领先企业中挖掘人才，但在"反知识溢出文化"下，这一目的难以实现，进而难以产出更多有价值的创新成果。

此外，这样的文化下可能导致反向选择，企业最终只留有了一群不积极创新的员工。创新型人才在离职后，为规避同业禁竞合同会带来的法律问题，可能会选择加入其他城市或行业。此时，知识可能会向其他城市或行业外溢，不利于本地区内创新的高效发展。

因此，当立法者制定关于同业禁竞合同的法律与当法院在决定是否执行一项同业禁竞合同时，不应将它视为一个独立的合同问题，而应结合当地的劳动力市场和市场竞争考虑。否则，同业禁竞合同的执行将意味着不仅是阻碍自由就业这一项公共利益，而且还有对部分企业的不当过度奖励和损害区域创新。

曾有研究在通过对禁止同业禁竞合同的硅谷和偏好同业禁竞合同的128号公路两个科技园区进行比较后，认为同业禁竞合同在促进创新方面效率低下。

虽然没有直接的证据显示，禁止同业禁竞合同是促成硅谷成功的因素之一，但这无疑是这个全球最成功的创新园区的特征之一。美国政策制定者和学者也一贯认同，打破科技巨头对自身知识和技术信息的严格垄断，构建一个可以促成彼此合作的法律环境，是美国超越英国，奠定其国际科学与技术发展地位的关键。

四、《经济间谍法》与员工忠诚问题

即便企业采取法律手段，希望将信息泄露风险以法律风险的方式转移至员工身上，员工仍有可能在企业不知情的情况下与外部人士就相关信息交流达成交易，或将它应用于自己的初创公司。在这样的情况下，第二类不对称信息不会形成社会的沉默成本和无谓损失，但依然是投资于它的企业的沉默成本和无谓损失。然而，外部组织和机构是否可以更高效地部署这些信息，在对第二类不对称信息的归属进行明确规定或裁判时，政策制定者、立法者、法院需要考虑。

有可能，在前期投资于这些信息的企业对决定其价值问题上，判断力更强一些，而其他组织对其使用和配置也未必可以更高效。企业可能会因为出于实际需求，或对创新员工的欣赏和支持，对他们的新想法进行进一步投资和支持，提升企业现有创新状况，或以子公司的形式，围绕这些知识和想法开创衍生产品。若企业没有机会来选择是否有权使用相关信息，那么它可能会彻底失去这些早期投资而产生的知识和信息。但是，企业不能强迫员工完全对自己公开和转让他们全部的想法和智慧。忠诚的员工可能更积极地向企业透露一些有价值的或创新的想法，信息不对称程度较低。

第八章介绍过如何通过管理措施提高员工的忠诚度，但在商业秘密案件中，法院如何看待员工忠诚度仍存在争议。法律和法院对非正式知识产权问题的处理方式，例如法律和裁判的不连续性，可能会直接加剧信息不对称问题并降低员工忠诚度。

出于对员工忠诚度或保密关系的重视，法院在没有商业秘密的情况下可能会强制执行员工对企业的信托义务，例如保密、忠诚、善意等。或者，强有力的财产权理论可以取代保密关系，引导法院确认企业拥有对由其投资所形成的任何信息的所有权。然而，这一强财产权思路一直受到学界的批评。在实践中，财产权理论主要被用于解决专利问题，而很少被采纳于商业秘密案件中。

但是，法院可能在涉及商业秘密盗窃的刑事案件中，解读 EEA 时，采纳

第四知识产权——美国商业秘密保护

广义的财产权理论，对员工的不忠行为进行刑事制裁。一方面，这也是为了实现刑法的威慑作用，以阻止恶意商业秘密盗窃和员工忠诚度的下降；另一方面，刑法关注涉及员工的商业秘密盗用问题中的道德危机。

第十章 美国商业秘密保护的扩张

在美国，政府、立法者、司法人员、法律学者、企业均已认同，商业秘密属于一类知识产权，与专利、著作权、商标并重的第四知识产权。在相对完备的商业秘密保护机制下，企业广泛依赖各种包括商业秘密法在内的非正式知识产权法律保护，如各州的《统一商业秘密法》（*Uniform Trade Secrets Act*, UTSA），规制侵权问题和合同问题的普通法，以及《经济间谍法》（*Economic Espionage Act*, EEA）、《保护商业秘密法》（*Defend Trade Secrets Act*, DTSA）这些联邦法等。相关的法律救济，尤其是商业秘密法下的法律救济，已经成为企业在商业活动中，频繁使用并获得知识产权法律救济的重要手段。

美国商业秘密保护已从美国国内走向国际，这已成了不争的事实。美元在全球经济结算体系的地位、美国知识产权发展的成熟度及美国在世界经济组织中的地位与影响力，决定了商业秘密法这类知识产权法长臂管辖对世界贸易的影响，特别是对新兴经济体的影响。在国际贸易中，美国企业也从传统上的主要寻求"301条款"下对产品制造成本的法律救济，逐渐转向至重视寻求"337条款"下对研发、设计、制造产品全过程中知识产权的法律救济。

商业秘密保护在美国发展历史长久，正由法源和法理的不一致逐渐走向一致，并将进一步进行深化与改革。了解商业秘密保护在美国发展、培育、实践过程对于发展中国家，特别是新兴经济体，在世界贸易新格局中的健康可持续发展具有重要的战略意义。

第一节 从产品制造成本转向产品设计和制造全过程的法律救济趋势

国际贸易法有两个并存的法律框架：国际法意义上的国际贸易制度和各国制定的国内贸易制度。后者包括负责谈判、执行、遵守和落实国际贸易制度的

第四知识产权——美国商业秘密保护

规则,以及规范国际贸易体制之外的法律。

第二次世界大战后,全球建立了《关税及贸易总协定》的贸易体制。从《关税及贸易总协定》出发,WTO成为协调国际贸易的主要法律机构,并通过TRIPS第39条,确立了保护商业秘密这一要求。

TRIPS第39条第1款与第2款规定:

1. 各成员在保证依照《巴黎公约》第10条之二的规定提供反不正当竞争的有效保护中,应当根据本条第2款保护未公开的信息,根据本条第3款保护向政府或政府机构提交的数据。

2. 自然人和法人应当有可能制止他人未得其同意,以违反诚实的商业做法的方式,将其合法控制下的信息向他人公开,或者获得或使用此种信息,只要这种信息符合下列条件:(a)符合这样意义的保密,即该信息的整体或其各部分的确切排列和组合,并不是通常从事有关这类信息的人所普遍了解或容易获得的;(b)由于是保密信息而具有商业上的价值;和(c)合法控制该信息的人已经根据情况采取了合理措施予以保密。

在美国制定的国内贸易法律制度中,就国际贸易问题进行管理的一个非常重要的组成部分是贸易救济法,早于基于WTO的国际贸易体制制裁方案。美国贸易救济法律已经存在了近一个世纪。贸易救济包括允许实施针对进口的限制,以应对负面的国际贸易经济影响。其中,最重要部分有,反倾销法(Antidumping Law)和反补贴税法(Countervailing Duty Law)、1974年贸易法第301条(19 U.S.C. §2411)以及1930年关税法第337条(19 U.S.C. §1337)。这些法律旨在保护美国企业免受外国企业通过国际贸易手段造成破坏,解决由贸易引起的外国战略威胁,被认为是有力的国际贸易监管工具。

反倾销和反补贴税的相关法律是对"不正当"国际贸易行为作出的正当且适当的回应,旨在查明和打击违反国际贸易惯例的贸易行为。除美国外,许多其他国家也有类似的法律,并且近年来,发展中国家对它们的使用也有所增加。

一、贸易救济

美国贸易救济的实施程序通常是由一家美国企业提出申请而启动的,该企业有理由认为它因某些国际贸易而受到了损害。虽然相应联邦监管机构可以自行展开调查,但通常大多数调查是由企业提交的业界请愿书而启动的。

反倾销税是美国对外国进口产品征收的额外关税。这些进口产品对美国本土产业造成了实质性损害,或者有威胁将对美国本土产业造成实质性损害。倾销是指外国生产商在美国本土市场上,以低于该市场销售价格的价格出售产品,或者以低于生产成本的价格,即低于"公平价值"的价格出售产品。对这样的情况,美国会征收相当于"倾销幅度"的附加关税,即美国国内市场价格或成本与进口商品价格之间的差额。

反补贴税是对受益于政府补贴的外国进口产品征收的额外关税。类似于反倾销税的目的,这些外国政府补贴对处于相互竞争状态下的美国本土生产商造成了实质性损害,或实质性损害的威胁。征收关税是为了抵消外国政府提供的不公平补贴的数额。

反倾销或反补贴税审查的启动一般都是由美国企业提出请愿,因为它有理由相信自己的合理市场活动因国际贸易而受到损害。请愿书不能由代表自己的一家企业提出,而是必须得到"行业或代表行业"的支持,更像是集体诉讼。虽然联邦监管机构——美国商务部国际贸易管理局(International Trade Administration,ITA)也可以自行展开调查,但通常大多数案件是由这些企业提交的行业请愿书发起的。调查将会由ITA来完成,其中在程序上分为两部分:认定倾销或非法补贴的事实和认定相关进口产品对国内生产者造成了实质性损害或损害威胁。

2015年后,根据《执行与保护法》(*Enforce and Protect Act*),美国海关也可主动发起相关调查,为境内贸易多加一层保障。1974年贸易法第301条是对"不正当"贸易密切相关的监管回应。第301条规定,美国贸易代表办公室(United States Trade Representative,USTR)有责任和权力针对一些外国贸易活动发起调查和采取制裁行动,以保护美国权利。任何利益相关人,例如美国的生产商,都可以向美国贸易代表办公室提交启动"301调查"的申请,美国贸易代表办公室也可以在美国利益相关方未申请时主动调查任何事宜。或者,由于某些国家没有提供或实施合理的知识产权保护,会被美国标记为"特殊301""优先指定国家",并在此后的30天内由美国贸易代表办公室对该国发起"301调查"。当贸易协议遭致违反,或外国政府的行为、政策或惯例存在不正当的情况,且加重了美国商贸活动的负担或限制了美国商贸活动,美国贸易代表办公室必须采取行动,进行制裁。

其中,制裁的一系列手段包括:①施加义务或进口限制;②放弃或中止协议优惠;或③与外国政府达成协议以取消相关活动或以贸易优惠的方式弥补美国的利益。其中,美国贸易代表办公室应率先考虑施加以关税为形式的义务。

自1974年贸易法颁布以来,至2020年底美国共发起过130起"301调查"。在1995年WTO建立之前，301条款的作用是消除贸易壁垒，为美国企业海外出口扫平障碍。WTO成立之后，WTO的争议解决机制使这一目的难以实现，相应地，使用301条款的频率也相应有所降低。1995年至今，美国贸易代表办公室仅发起过35项"301调查"。但一项"301调查"的影响是深远的。截至2020年12月中旬，由于"301调查"，中国企业向美国多缴纳税额722亿美元，距2017年底时世界企业向美国补税额还多了近1倍。

1930年关税法第337条同样也是应对"不正当"竞争行为的监管机制和贸易救济法规。但"337条款"关注的不仅是进口美国的产品，而且会关注相关产品的生产或获取过程，是否构成"不正当"竞争。这里涉及的"不正当"竞争主要包括专利、著作权、注册商标、掩膜作品（或被称为集成电路布图设计、电路布图、布图设计、拓扑图）等知识产权侵权问题，或通过相关知识产权侵权行为，进一步对美国本土贸易进行了伤害或威胁伤害，阻碍了相关产业在美国的建立和发展，甚至限制或垄断了相关业务在美国的贸易与商务的活动。

二、贸易救济对商业活动进行补偿的有限效能

如上这些美国贸易救济法不足以作为美国企业在全球贸易环境下的补救措施。虽然根据贸易救济法，在保护本土企业的各种经济和政治理由下，对"不正当"贸易作出的监管反应是合理的，但是，许多法学家和经济学家谴责这种贸易保护主义基础，并经常公开主张废除贸易保护主义。其中，既有规范性和实证性的批评，也有对具体法律缺陷的描述性说明，将贸易救济法描述为一个维护美国企业执行自身在全球贸易下获利过程中固有缺陷的手段。

首先，尽管美国贸易救济法可能永远不会被废除，但一些具体法律的实际使用范围和影响会在WTO及WTO争议解决机制的影响下而被缩小。WTO各小组和WTO上诉机构多次以美国不符合WTO义务为由，拒绝接受反倾销或反补贴税法规下美国所采取的措施或制裁。由于WTO的决定影响，美国已经从根本上改变了"301条款"的使用方式。目前，"301条款"已经主要被用作美国行业集团向美国贸易代表办公室请愿，再由美国出面在WTO对其他国家提起争议或促成国际贸易争端的一种和解手段。在这种模式下，减少了美国企业寻求补救的直接参与。

其次，反倾销或反补贴税诉讼往往既昂贵、耗时，又低效。关于实施反倾销或反补贴税，除了国际贸易管理局的行政审查外，这些行政审查结果可能还会被提出质疑，从而需要经过美国国际法院和联邦法院的司法审查。并且，业

界和学界都批判过反倾销或反补贴税诉讼的司法审查，认为这些裁判结果缺乏一致性和可预测性。

再次，反倾销或反补贴税的实施具有局限性。采取反倾销或反补贴税的补救措施本质上仅限于由外国进口竞争造成的损害，无论是针对倾销还是非法补贴。然而，贸易问题和非贸易问题之间的根本区别并不总是很清楚。例如，芝加哥肯特法学院的赵盛骏教授（Sungjoon Cho）就曾写过多篇文章，抨击反倾销或反补贴税由于本身文字的缺陷和现实的局限性，可能会被美国滥用，对其他国家及其企业施以不当惩罚。

最后，也是最重要的，反倾销法、反补贴税法、和"301条款"都没有提供真正的个人诉讼权。尽管个人有权向美国政府请愿，但美国政府仍有权选择采纳或拒绝执行这些贸易补救法律，因为它本身是一个实行美国政府与其他国家政府间基本承诺的机制。

相对于反倾销法、反补贴税法和"301条款"，目前被应用最频繁和最稳固的就是"337条款"了。"337条款"规定了美国企业享有禁止外国企业在美国进口和销售侵犯其知识产权的产品的私人诉讼权。

由于"301条款的各种局限性"，"337条款"已经成为美国企业面对全球针对知识产权问题和威胁的强有力的维权工具。这表明美国企业的国际贸易救济已从传统的"301条款"过渡到"337条款"，从关注生产成本到关注生产全过程。

各种贸易补救措施之间的相互关系如表10.1所示。

表10.1 美国各种贸易补救措施之间的关系

类型	目标	责任行政部门	公共救济	私人救济
反倾销税	不公平价格下的产品销售	国际贸易委员会	附加关税	限制性存在（仅限国内产业支持）
反补贴税	出口货物的非法补贴	国际贸易委员会	附加关税	限制性存在（仅限国内产业支持）
"301条款"	不公平的外国贸易	美国贸易代表办公室	各种（包括附加关税、限制进口、暂停贸易优惠、重新拟定贸易协议）	无（由美国贸易代表办公室发起）
"337条款"	知识产权侵权和不正当竞争	国际贸易委员会	禁止侵权商品进入美国；民事处罚	存在

第四知识产权——美国商业秘密保护

第二节　全球贸易中美国知识产权保护的影子影响

由于美国在国际贸易中的地位和影响，美国企业早已不满足于仅针对国内的贸易制度救济，正在寻求广泛的国际贸易法救济。利用国际贸易法、延伸国内适用的贸易救济机制，已成为美国宏观法律战略的一部分，以保护美国企业的全球商业和投资利益。而实际上，全球各国也的确从 TRIPS 的制定，到受到美国贸易救济法实施的约束，在美国的贸易保护和知识产权保护的影子下制定贸易和法律规则。

在众多美国企业看重的利益中，最重要的一类利益是企业创新和经营涉及的商业秘密，例如富有高价值的技术专有信息。保护商业秘密，是美国企业在全球化环境下确保全球业务发展的基础。对美国企业来说，潜在的商业秘密损失对全球业务和资产会构成实质性的伤害或威胁。而关于知识产权保护，尤其是商业秘密保护，最有力的美国贸易救济法就是"337 条款"了。

"337 条款"是根据 1930 年的关税法制定的，也就是所谓的《斯穆特-霍利关税法案》(The Smoot-Hawley Tariff Act)。与其他贸易救济法不同，"337 条款"规定了对个人提起诉讼的直接根据。尽管"337 条款"已存在了 90 年，但最早的 40 多年来，几乎没有被使用。后来，国会在 1974 年颁布贸易法时，对 1930 年关税法第 337 条款也进行了进一步修改，就是为了加强社会对这种救济办法的使用。在那之后，"337 条款"主要被用于打击外国进口产品或进口行为的专利侵权问题，直到近年来，才被用作打击外国商业秘密盗用问题的有力工具。对于在美国境外发生的商业秘密盗窃案件，"337 条款"提供了一条补救途径，因为它可以用来阻止使用被盗窃的商业秘密生产的商品进入美国。

一、"337 条款"助力实现美国长臂管辖权

长臂管辖权是指美国法律和法院可以对外国公民、企业及其活动行使管辖的一套机制。虽然美国有丰富的贸易救济法种类，确立着美国企业在国际贸易问题上如何寻求法律救济，以及它们与外国政府和国家行为之间的关系，但美国依然使用长臂管辖这种强制他人接受美国司法体系的制裁手段。

美国在贸易问题上对长臂管辖的实现，是由两个相互关联的途径或手段推

动的——域外管辖权（extraterritorial jurisdiction，或称为"治外法权"）和多元管辖权（diversity jurisdiction）。利用域外管辖权，美国政府可以将其管辖权投射到国家边界以外。通过多元管辖权这类真正意义上的司法管辖权，美国联邦法院可以对涉及不同国籍的当事人的案件进行审判，并实现在判例和联邦商贸规则发展的一致性。这两种手段可以帮助美国企业通过法律渠道，保护它们的全球商业利益。同时，这些管辖途径和手段也提高了美国对国际商业贸易进行规制的合法性、连贯性和稳定性，也使美国相关的商业贸易法律标准受到世界的关注。

实际应用中，美国企业主要依赖"337条款"，实现事实上的长臂管辖目的。它已经成为美国企业应对来自全球知识产权威胁的有力维权手段和工具。美国企业对"337条款"的使用，表明全球贸易监管体系日益多极化和多元化。

二、"337条款"的发展

在1974年贸易法颁布时，美国国会对关税法第337条的程序部分进行了大幅度修订，其中，包括对337调查的调查期限实行严格的时间限制，允许美国国际贸易委员会禁止进口货物在美国境内进行分销，并授权美国国际贸易委员会在无美国总统批准的情况下，直接采取救济措施。

在1988年《综合贸易与竞争法》（Omnibus Foreign Trade and Competitiveness Act）颁布之际，美国国会对"337条款"进行了进一步修改，以降低其实施成本，促进美国企业通过此途径进行知识产权保护。最重要的是，这次修改放宽了提起"337调查"的门槛和要求，一方面取消了提起调查的一项初步证据——侵犯知识产权对美国当事人造成了损害，另一方面也放宽了对所保护的"产业"的定义。

1995年，美国为了践行对乌拉圭谈判成果的认可，美国国会对"337条款"又进行了几项程序性修改。这些程序上的变化包括：缩小美国国际贸易委员会发布一般驱逐令（general exclusion order）的条件；取消完成审查的严格时限要求；以及要求联邦地区法院（即联邦初审法院）在发起"337调查"时，暂停诉讼程序，直到美国国际贸易委员会对同一纠纷作出最后裁决。

三、"337条款"的意义

根据"337条款"，美国国际贸易委员会有权主动或在个人或企业的请求

第四知识产权——美国商业秘密保护

下,审查涉及进口货物的不公平或不正当贸易行为。美国个人或企业可以提出两种不同的权利主张。第一类主张依赖了"337条款"的法律条文。该条文明确禁止在美国进口和销售侵犯有效且可执行的专利、著作权或商标这些传统知识产权的产品。通过"337条款",美国企业甚至整个产业可以保护自己的知识产权不受外国企业和个人的侵犯。在应用中,专利侵权成为美国企业提起"337调查"的主要理由。第二类主张是关于其他类别的"不正当竞争方法和不正当行为",例如侵犯商业秘密或外观设计专利等其他知识产权类型、进行虚假广告、垄断行为等。

根据"337条款",任何个人或企业,其中企业包括任何在美国有业务的美国本土企业或外国企业,只要符合上述要求,就可以向美国国际贸易委员会提出申诉,要求进行调查。之后,由美国国际贸易委员会调查任何违反"337条款"的指控,并确定是否存在违法行为。337调查由美国国际贸易委员会的行政"法官"主持,并负责作出初步裁决。一旦判定存在不正当竞争行为,美国国际贸易委员会会通过美国海关,根据"337条款"进行"边境执法",将涉案外国产品拒之美国门外。此目的类似于针对外国企业倾销或补贴的其他"不正当"贸易行为对本国企业的补救办法。对裁决结果不满的一方可就裁决结果在联邦上诉巡回法院提起上诉。

"337条款"为企业提供了许多法律优势,以打击海外人员或企业的知识产权不当行为,包括商业秘密盗用。首先,"337条款"最大的好处,是美国国际贸易委员会有权阻止被指控侵犯知识产权的企业或个人在美国销售有争议的商品,并从中获利。美国国际贸易委员会可以禁止侵犯知识产权的产品进口至美国,并发布禁令,禁止违反"337条款"的人或企业在美国进口、销售、提供销售、采购、分销或以其他方式转让有关产品。其次,与联邦地区法院相比,美国国际贸易委员会对外国当事人拥有更广泛的管辖权,因为它拥有全国性的管辖权。最后,"337条款"的第三个优势是可以迅速解决问题。即使现行第337条款取消了对"337审查"的时间限制,美国国际贸易委员会通常也在16个月内会解决一份337诉讼,从而使发起"337调查"成为一种有吸引力的争议解决形式。

虽然美国国际贸易委员会仅给予禁令,不给予任何金钱损害赔偿,但这样的救济措施是保护商业秘密等知识产权的合法所有者免受不正当竞争的有力工具,是一种对美国企业直接而有力的保护方式。

"337条款"已成为针对海外企业或人员知识产权侵权的一个具有吸引力

的事后回应。因此，企业会根据关注的知识产权类型，不必花费过多精力提前将其纳入自己各类商业战略上。由于部分国家缺乏知识产权、侵权行为或合同法的法律补救措施，"337条款"已成为美国公司在全球范围内保护其商业秘密的一种有吸引力的手段。尤其是，为解决外国雇员和商业伙伴侵占商业秘密问题，美国企业已逐步开始重视"337条款"，将其纳为救济措施的一部分，并将该条款作为执行全球商业秘密保护的基础，最大程度地维护自己的利益和市场地位。鉴于商业秘密作为一项需要预防而受保护的知识产权，美国企业，以及其他在美国经营并符合适用"337条款"的外国企业，必将积极地将"337条款"纳入其商业战略中，以预防外国员工或合作方盗用商业机密所引起的特定商业风险。

四、"337条款"的国际影响

美国利用"337条款"在全球范围内保护商业秘密等知识产权，引发了一个深刻的问题：适用美国贸易救济措施来规范外国人的离岸行为是否适当？在商业的各个领域，美国法律越来越多地被用来规范美国以外与商业有关的行为。"337条款"管辖权的全球扩展，是国际商业规则中正广泛出现的现象之一。世界上有120个国家和地区已经效仿美国，采纳类似机制，其影响力远远超过其他的国家贸易监管机构。然而，与此同时，美国的监管机构美国国际贸易委员会已经寻求将它们的权力扩展到全球——通过"337条款"实现了域外管辖权的应用扩张。

域外管辖权或治外法权被定义为将国内法扩展到国家领土以外的活动。根据国际公法原则，美国国际贸易委员会等管理机构行使域外权力属于规范性管辖范围。使用"337条款"处理侵犯外国商业秘密的行为是"直接"域外管辖的一个例子：国内管辖或通过美国对管辖国的影响，或通过美国与管辖国的联系，直接适用于国际行为人与国际活动中。

"337条款"的使用和扩张表明，国际贸易法正变得越来越多元化和多极化。虽然美国国际贸易委员会在规范域外管辖权的过程中，对"337条款"的法定权限范围以及国家主权在国际商业规则中的作用引发了一系列更广泛的理论和公共政策考虑，但是，在国际法中，所确立的法律规范和规则由各国家和地区相互协商、创建、解释和执行，而不是由管理各自领土的主权国家的单一、统一的法律权威来决定。

长臂管辖为美国境内企业提供了利用贸易救济法律保护其全球商业资产的

战略机会。然而，这种越来越具有域外效力的监管环境也引发了系统性的担忧。很多美国企业把"337 条款"作为商业救济的兜底措施。美国正通过"337 条款"，在事实上实现长臂管辖，对世界其他国家和地区的企业行为和法律施加巨大的矫正权力。这必须引起世界各贸易国和地区的高度重视。

参考文献

[1] AGARWAL R, GANCO M, ZIEDONIS R. Reputations for toughness in patent enforcement: implications for knowledge spillovers via inventor mobility [J]. Strategic management journal, 2009, 30 (13): 1349 – 1374.

[2] AKERLOF G. The market for "lemons": quality uncertainty and the market mechanism [J]. The quarterly journal of economics, 1970, 84 (3): 488 – 500.

[3] ALMELING D. A practical case for federalizing trade secret law [J/OL]. Law360, [2021 – 03 – 02]. https://www.law360.com/articles/106724/a – practical – case – for – federalizing – trade – secret – law.

[4] ALMELING D. Four reasons to enact a federal trade secrets act [J]. Fordham intellectual property, media and entertainment law journal, 2009, 119: 769 – 798.

[5] ALMEIDA P, KOGUT B. Localization of knowledge and the mobility of engineers in regional networks [J]. Management science, 1999, 45 (7): 905 – 17.

[6] ALMELING D. Seven reasons why trade secrets are increasingly important [J]. Berkeley technology law journal. 2012, 27: 1091 – 1118.

[7] ALMELING D, SNYDER D, SAPOZNIKOW M, et al. A statistical analysis of trade secret litigation in federal courts [J]. Gonzaga law review, 2010, 45 (2): 291 – 334.

[8] ALMELING D, SNYDER D, SAPOZNIKOW M, et al. A statistical analysis of trade secret litigation in state courts [J]. Gonzaga law review, 2010, 46 (1): 57 – 101.

[9] ANTON J, YAO D. Expropriation and inventions: appropriable rents in the absence of property rights [J]. The American economic review, 1994, 84 (1): 190 – 209.

[10] ANTON J, YAO D. Little patents and big secrets: managing intellectual property [J]. RAND journal of economics, 2004, 35 (1): 1 – 22.

[11] ANTONIO M. Proximity and knowledge gatekeepers: the case of the polytechnic university of Turin [J]. Journal of knowledge management, 2008, 12 (5): 34 – 51.

[12] ARUNDEL A. The relative effectiveness of patents and secrecy for appropriation [J]. Research policy, 2001, 30 (4): 611 – 624.

[13] BAMBAUER D, Secrecy is dead—long live trade secrets [J]. Denver law review, 2016, 93: 833 – 836.

[14] BARNEY J. Firm resources and sustained competitive advantage [J]. Journal of management, 1991, 17 (1): 99 – 120.

[15] BARTON W. A study in the law of trade secrets [J]. University of Cincinnati law review, 1939, 13: 507 – 558.

[16] BARTUSEVICIENE I, SAKALYTE E. Organizational assessment: effectiveness v. efficiency [J]. Social transformations in contemporary society, 2013 (1): 45 – 53.

[17] BAUGHN C, DENEKAMP J, STEVENS J, et al. Protecting intellectual capital in international alliances [J]. Journal of world business, 1997, 32 (2): 103 – 17.

[18] BECKER, GARY S. Human capital: a theoretical and empirical analysis with special reference to education [M]. 3rd ed. Chicago: The University of Chicago Press. 1994.

[19] BELLINGER III J. Shortening the long arm of the law [EB/OL]. (2010 – 10 – 08) [2021 – 03 – 02]. https://www.nytimes.com/2010/10/09/opinion/09iht – edbellinger.html.

[20] BHATTACHARYA S, GURIEV S. Patents vs. trade secrets: knowledge licensing and spillovers [J]. Journal of the European economic association, 2006, 4 (6): 1112 – 1147.

[21] BISHARA N. Fifty ways to leave your employer: relative enforcement of covenants not to compete, trends, and implications for employee mobility policy [J]. University of Pennsylvania journal of business law, 2001, 13: 751 – 795.

[22] BOEKER W. Executive migration and strategic change: the effect of top manager movement on product – market entry [J]. Administrative science quarterly, 1997, 42 (2): 213 – 236.

[23] BOGERS M, BEKKERS R, GRANSTRAND O. Intellectual property and licensing strategies in open collaborative innovation [M] //Open innovation at firms and public administrations: technologies for value creation. IGI Global, 2011: 37 – 58.

[24] BONE R. A new look at trade secret law doctrine in search of justification [J]. California law review, 1983, 86 (2): 241 – 314.

[25] BOZICEVIC K. The "reverse doctrine of equivalents" in the world of reverse transcriptase [J]. Journal of the patent and trademark office society, 1989, 71: 353 – 373.

[26] BREALEY R, MYERS S, ALLEN F, et al. Principles of corporate finance [M]. 11th ed. McGraw – Hill Education, 2013.

[27] BRESCHI S, LISSONI F. Knowledge spillovers and local innovation systems: a critical survey [J]. Industrial and corporate change, 2001, 10 (4): 975 – 1005.

[28] BROWN N. The rise of high frequency trading: the role algorithms, and the lack of regulations, play in today's stock market [J]. Appalachian journal of law, 2012, 11: 209 – 230.

[29] BRUNS B. Criticism of the defend trade secrets act of 2016: failure to preempt [J]. Berkeley technology law journal, 2017, 32: 467 – 502.

[30] BUCKLER M, JACKSON B. Section 337 as a force for "good"? exploring the breadth of unfair methods of competition and unfair acts under § 337 of the tariff act of 1930 [J], Federal circuit bar journal, 2014, 23: 513-561.

[31] CAPALDO A, PETRUZZELLI A. Origins of knowledge and innovation in R&D alliances: a contingency approach [J]. Technology analysis and strategic management, 2015, 27 (4): 461-83.

[32] CARRUTH A, DICKERSON A, HENLEY A. What do we know about investment under uncertainty? [J]. Journal of economic surveys, 2000, 14 (2): 119-154.

[33] CASTELLANETA F, CONTI R, KACPERCZYK A. Money secrets: how does trade secret legal protection affect firm market [J]. Strategic management journal, 2017, 38: 834-853.

[34] CHAVA S, NANDA V, XIAO S. Lending to innovative firms [J]. The review of corporate finance studies, 2017, 6 (2): 234-289.

[35] CHESBROUGH H. The market for innovation: implications for corporate strategy [J]. California management review, 2007, 49 (3): 45-66.

[36] CHEUNG S. Property rights in trade secrets [J]. Economic inquiry, 1982, 20: 40-53.

[37] CHIAPPETTA V. Myth chameleon or intellectual property Olympian? a normative framework supporting trade secret law [J]. George mason law review, 2000, 8: 69-165.

[38] CHO S. Anticompetitive trade remedies: how antidumping measures obstruct market competition [J]. The North Carolina law review, 2009, 87: 357-424.

[39] CHO S. Remedying trade remedies. [EB/OL]. [2021-03-02]. https://law.stanford.edu/wp-content/uploads/sites/default/files/event/266730/media/slspublic/Cho_Remedying_Trade_Remedies.pdf.

[40] CLARK F. Criteria of marketing efficiency [J]. The American economic review, 1921, 11 (2): 214-20.

[41] CLEVELAND H. The knowledge executive [M]. Dutton, 1985.

[42] COFF R. Human capital, shared expertise, and the likelihood of impasse in corporate acquisitions [J]. Journal of management, 2002, 28 (1): 107-28.

[43] COHEN B, RENAUD M, MINTZ N, et al. Explaining the defend trade secrets act [J]. American bar association: business law today, 2016 (9): 78.

[44] CONTIGIANI A, BARANKAY I, HSU D. Trade secrets and innovation: evidence from the "inevitable disclosure" doctrine [J]. Strategic management journal, 2018, 39 (11): 2921-2942.

[45] CRASWELL R. Efficiency and rational bargaining in contractual settings [J]. Harvard Journal of Law & Public Policy, 1992, 15: 805-837.

[46] CROUCH D. What you need to know about the amended defend trade secrets act. [EB/

OL]. (2016 - 01 - 31) [2021 - 03 - 02]. https://patentlyo.com/2016/01.

[47] CUNDIFF V. Maximum security: how to prevent departing employees from putting your trade secrets to work for your competitors [J]. Santa Clara high technology law journal, 1992, 8: 301 - 334.

[48] CUNDIFF V. Reasonable measures to protect trade secrets in a digital environment [J]. IDEA: the journal of law and technology, 2009, 149: 359.

[49] DASS N, NANDA V, XIAO S C. Intellectual property protection and financial markets: patenting vs. secrecy. SSRN [EB/OL]. [2021 - 03 - 02]. https://doi.org/10.2139/ssrn.2517838.

[50] DAVIS L. Intellectual property rights, strategy and policy [J]. Economics of innovation and new technology, 2004, 13: 399 - 408.

[51] DEMOTT D. Breach of fiduciary duty: on justifiable expectations of loyalty and their consequences [J]. Arizona law review, 2006, 48: 925 - 56.

[52] DENICOLò V, FRANZONI L. Patents, secrets, and the first - inventor defense [J]. Journal of economics and management strategy, 2004, 3 (3): 517 - 38.

[53] DIXON A. Leading practices to protect trade secrets [EB/OL]. (2016 - 11 - 01) [2021 - 03 - 02]. http://patentblog.kluweriplaw.com/2016/11/01/leading - practices - to - protect - trade - secrets/? print = pdf.

[54] DRATLER J. Trade secret law: an impediment to trade in computer software [J]. Santa Clara computer and high - technology law journal, 1985, 27: 44 - 45.

[55] DRATLER J. Trade secrets in the united states and japan: a comparison and prognosis [J]. Yale journal of international law, 1989, 14 (1): 68 - 117.

[56] EISENBERG R. Patents and the progress of science: exclusive rights and experimental use [J]. The university of Chicago law review, 1989, 56: 1017 - 1086.

[57] EPSTEIN M, LEVI S. Protecting trade secret information: a plan for proactive strategy [J]. The business lawyer, 1988, 43: 887 - 914.

[58] ERKAL N. On the interaction between patent and trade secret policy [J]. Australian, economic review, 2004, 4: 427 - 435.

[59] ETHERINGTON D, CONGER K. Uber's Anthony Levandowski invokes fifth amendment rights in Waymo suit. Techcrunch [EB/OL]. [2021 - 03 - 02]. https://techcrunch.com/2017/03/30/ubers - anthony - levandowski - invokes - fifth - amendment - rights - in - waymo - suit/.

[60] FANG V W, NOE T H, TICE S. Stock market liquidity and firm value [J]. Journal of financial economics, 2009, 94 (1): 150 - 169.

[61] FELDMAN M. Toward a clearer standard of protectable information: trade secrets and the employment relationship [J]. High technology law journal, 1994, 9 (1): 151 - 183.

[62] FISHER III W. OBERHOLZER – GEE F. Strategic management of intellectual property: an integrated approach [J]. California management review, 2013, 55 (4): 157 – 183.

[63] FISHMAN J, VARADARAJAN D. Similar Secrets [J]. University of Pennsylvania law review, 2019, 167: 1051 – 1114.

[64] FLOWERS M. Facing the inevitable: the inevitable disclosure doctrine and the defend trade secrets act of 2016 [J]. Washington and Lee law review, 2019, 75 (4): 2207 – 2263.

[65] FOREMAN – PECK J. Effectiveness and efficiency of SME innovation policy [J]. Small business economics, 2013, 41: 55 – 70.

[66] FOSFURI A, RØNDE T. High – tech clusters, technology spillovers, and trade secret laws [J]. International journal of industrial organization, 2004, 22 (1): 45 – 65.

[67] FRANCO A, MITCHELL M. 2008. Covenants not to compete, labor mobility, and industry dynamics [J]. Journal of economics and management strategy, 2008, 17 (3): 581 – 606.

[68] FRIEDMAN D, LANDES W, POSNER R. Some economics of trade secret law [J]. The journal of economic perspectives, 1991, 5 (1): 61 – 72.

[69] FROMER J. Claiming intellectual property [J]. The University of Chicago law review, 2009, 78: 719 – 796.

[70] FUDENBERG D, TIROLE J. Moral hazard and renegotiation in agent contracts [J]. Econometrica, 1990, 56: 1279 – 1319.

[71] GILSON R. The legal infrastructure of high – technology industrial districts: silicon valley, route 128, and covenants not to compete [J]. New York University law review, 1999, 4: 575 – 629.

[72] GODFREY E. Inevitable disclosure of trade secrets: employee mobility v. employer's rights [J]. Journal of high technology law, 2004, 38: 161 – 179.

[73] GOLDMAN E, LEVINE D, SANDEEN S, et al. Professors' Letter in Opposition to the Defend Trade Secrets Act of 2015 (S. 1890, H. R. 3326) [EB/OL]. [2015 – 11 – 17]. https: //cyberlaw.stanford.edu/files/blogs/2015%20Professors%20Letter%20in%20Opposition%20to%20DTSA%20FINAL.pdf.

[74] GORDON W. A property right in self – expression: equality and individualism in the natural law of intellectual property [J]. Yale law journal, 1993, 102: 1533 – 1609.

[75] GRADY M. A positive economic theory of the right of publicity [J]. UCLA entertainment law review, 1994, 1: 97 – 126.

[76] GRAVES C. Trade Secrets as Property: Theory and Consequences [J]. Journal of intellectual property law, 2007, 15: 39 – 52.

[77] GRAVES C, TIPPETT T. UTSA preemption and the public domain: how courts have overlooked patent preemption of state law claims alleging employee wrongdoing [J]. Rutgers law

review, 2012, 65 (1): 59 –108.

[78] HALL B, SENA V. Innovation, IP choice, and productivity: evidence from UK firms [R/OL]. [2021 – 03 – 02]. https://www.bancaditalia.it/pubblicazioni/altri – atti – seminari/2012/Hall.pdf.

[79] HALL B, HELMERS C, ROGERS M, et al. The choice between formal and informal intellectual property: a review [J]. Journal of economic literature, 2014, 52 (2): 375 – 423.

[80] HANA U, LUCIE L. Staff turnover as a possible threat to knowledge loss [J]. Journal of competitiveness, 2011, (3): 84 –98.

[81] HANSEN M, NOHRIA N, TIERNEY T. What's your strategy for managing knowledge? [M] //The knowledge management yearbook 2000 – 2001, Butterworth – Heinemann, 2000: 55 –69.

[82] HART O, TIROLE J. Contract renegotiation and coasian dynamics [J]. The review of economic studies, 1988, 55 (4): 509.

[83] HART O, MOORE J. Incomplete contracts and renegotiation [J]. Econometrica, 1988, 56 (4): 755 –85.

[84] HASEN R, MCADAMS R. The Surprisingly Complex Case Against Theft [J]. International review of law and economics, 1997, 17 (3): 367 –378.

[85] HATCH N, DYER J. Human capital and learning as a source of sustainable competitive advantage [J]. Strategic management journal, 2004, 25 (12): 1155 –78.

[86] HEALD P. A transaction cost theory of patent law [J]. Ohio state law journal, 2005, 66 (3): 473 –509.

[87] HILTON W. What sort of improper conduct constitutes misappropriation of a trade secret [J]. IDEA: the journal of law and technology, 1990, 30: 287 –308.

[88] HNATH G. Section 337 investigations at the us international trade commission provide a powerful remedy against misappropriation of trade secrets [J]. Intellectual property and technology law journal, 2010, 22 (6): 1 –7.

[89] HRDY C. The general knowledge, skill, and experience paradox [J]. Boston college law review, 2019, 60 (1): 1 –66.

[90] HUGHES J. Copyright and incomplete historiographies: of piracy, propertization, and Thomas Jefferson [J]. Southern California law review, 2006, 79: 993 –1084.

[91] IWAMOTO M, OHTA K. Security notions for information theoretically secure encryptions. IEEE international symposium on information theory proceedings [EB/OL]. [2021 – 03 – 02]. https://doi.org/10.1109/ISIT.2011.6033854.

[92] JACKSON J. The world trading system: law and policy of international economic relations [M]. 2d ed. The MIT Press, 1997.

[93] JAFFE A, TRAJTENBERG M, Henderson R. Geographic localization of knowledge spillovers as evidenced by patent citations [J]. The quarterly journal of economics, 1993, 108 (3): 577-98.

[94] JOHNSON W. Remedies in trade secret litigation [J]. Northwestern university law review, 1978, 72: 1004-1031.

[95] JOHNSON E. Trade secret subject matter [J]. Hamline law review, 2010, 33: 545-81.

[96] JORDA K. Patent and trade secret complementariness: an unsuspected synergy [J]. Washburn law journal, 2008, 48 (1): 1-32.

[97] KAHNKE R, BUNDY K, LIEBMAN K. Doctrine of inevitable disclosure [M]. Faegre & Benson LLP., 2008.

[98] KLITZKE R. The uniform trade secrets act [J]. Marquette law review, 1980, 64: 277-282.

[99] KHAN B. Property rights and patent litigation in early nineteenth - century America [J]. The journal of economic history, 1995, 55 (1): 58-97.

[100] KITCH E. The law and economics of rights in valuable information [J]. The journal of legal studies, 1980, 9 (4): 683-723.

[101] KITCHING J, BLACKBURN R. Intellectual property management in the small and medium enterprise (SME) [J]. Journal of small business and enterprise development, 1998, 5 (4): 327-35.

[102] KUNTZ R. How not to catch a thief: why the economic espionage act fails to protect American trade secrets [J]. Berkeley technology law journal, 2013, 28: 901-933.

[103] KRAATZ M, MOORE J. Executive migration and institutional change [J]. The academy of management journal, 2002, 45 (1): 120-43.

[104] LAFFONT J, TIROLE J. Adverse selection and renegotiation in procurement [J]. The review of economic studies, 1990, 57 (4): 597.

[105] LANDES W, POSNER R. An economic analysis of copyright law [J]. The journal of legal studies, 1989, 18: 325-363.

[106] LEDERMAN E. Criminal liability for breach of confidential commercial information [J]. Emory law journal, 1989, 38: 921-1004.

[107] LEMLEY M. The economics of improvement in intellectual property law [J]. Texas law review, 1997, 75: 989-1054.

[108] LEMLEY M. The surprising virtues of treating trade secrets as IP rights [J]. Stanford law review. 2008, 61 (2): 311-353.

[109] LERNER J. Patenting in the shadow of competitors [J]. Journal of law and economics, 1995, 38: 463-95.

[110] LERNER J. Using litigation to understand trade secrets: a preliminary exploration [EB/OL].

[2021-03-02]. https://papers.ssrn.com/sol3/papers.cfm?abstract_id=922520.

[111] LERNER J. The importance of patent scope: an empirical analysis [J]. RAND journal of economics, 1994, 25: 319-333.

[112] LEVAL P. The long arm of international law. Foreign affairs [EB/OL]. (2013-03-04) [2021-03-02]. https://www.foreignaffairs.com/articles/united-states/2013-02-05/long-arm-international-law.

[113] LEVANDOWSKI A. Ex-Google engineer sentenced for theft [EB/OL]. (2020-08-05) [2021-03-02]. https://www.bbc.com/news/world-us-canada-53659805.

[114] LEVINE D, SICHELMAN T. Why do startups use trade secrets? [J]. Notre dame law review, 2019, 94 (2): 751-820.

[115] LEVINE D. Secrecy and unaccountability: trade secrets in our public infrastructure [J]. Florida law review, 2007, 59: 135, 151-155.

[116] LINTON K. The importance of trade secrets: new directions in international trade policy making and empirical research [J]. Journal of international commerce and economics, 2016: 1-17.

[117] LIPPOLDT D, SCHULTZ M. Uncovering trade secrets-an empirical assessment of economic implications of protection for undisclosed data. OECD trade policy papers [EB/OL]. [2021-03-02]. http://www.oecd-ilibrary.org/trade/uncovering-trade-secrets-an-empirical-assessment-of-economic-implications-of-protection-for-undisclosed-data_5jxzl5w3j3s6-en.

[118] LOBEL O. The new cognitive property: human capital law and the reach of intellectual property [J]. Texas law review, 2015, 93 (4): 791-851.

[119] LOBEL O. Symposium keynote: The DTSA and the new secrecy ecology [J]. The business, entrepreneurship and tax law review, 2017, 1 (2): 368-382.

[120] LOW J. The value creation index [J]. Journal of intellectual capital, 2000, 1 (3): 252-62.

[121] MALACKOWSKI J. The intellectual property marketplace: past, present and future [J], The John Marshall review of intellectual property law, 2006, 5: 605-611.

[122] MARX M. The firm strikes back: non-compete agreements and the mobility of technical professionals [J]. American sociological review, 2011, 76 (5): 695-712.

[123] MASON D, MOSSINGHOFF G, OBLON D. The Economic Espionage Act: federal protection for corporate trade secrets [J]. The computer law, 1999, 16: 14-16.

[124] MAWDSLEY J, SOMAYA D. Employee mobility and organizational outcomes: an integrative conceptual framework and research agenda. Journal of management [J]. 2016, 42 (1): 85-113.

[125] MCGURK M, LU J. The intersection of patents and trade secrets [J]. Hastings science

and technology law journal, 2015, 7: 189 –213.

[126] MENELL P. Tailoring a public policy exception to trade secret protection [J]. California law review, 2017, 105: 1 –64.

[127] MERGES R. One hundred years of solicitude: intellectual property law, 1900 –2000 [J]. California law review, 2000, 88: 2187 –2240.

[128] MERGES R. Intellectual property in the new technological age [M]. 3rd ed. Aspen Publishers, 2012.

[129] MERGANTZ R. Technology management: developing and implementing effective licensing programs [M]. New York: Wiley, 2002.

[130] MOTTA M, RONDE T. Trade secret laws, labour mobility and innovations [C]. C. E. P. R. discussion papers, 2002.

[131] MOUZAS S. Efficiency versus effectiveness [J]. Journal of business research, 2006, 59 (10 –11): 1124? 1132.

[132] Omnibus Trade and Competitiveness act of 1988, Pub. L. no. 100 –418, § 1342, 102 stat. 1107, 1212 –16 (1988) (coded 19 U. S. C. § 1337 (2012)).

[133] PACE C. The case for a federal trade secrets act [J]. Harvard journal of law & technology, 1995, 18 (2): 427 –469.

[134] PAGNATTARO M, PARK S. The long arm of section 337: international trade law as a lobal business remedy [J]. American business law journal, 2015, 52 (4): 621 –671.

[135] PAINE L. Trade secrets and the justification of intellectual property: a comment on Hettinger [J]. Philosophy & public affairs, 1991, 20: 247 –263.

[136] PARRISH A. Reclaiming international law from extraterritoriality [J]. Minnesota law review, 2009, 93: 815 –874.

[137] PHILBRICK F. Changing conceptions of property law [J]. University of Pennsylvania law review, 1938, 86: 691 – 732.

[138] PHILLIPS F. Noncompete reform continues in England: Maine, New Hampshire, and Rhode Island all pass new laws. [EB/OL]. [2021 –03 –02]. https://www.fisherphillips.com/Non – Compete – and – Trade – Secrets/noncompete – reform – continues – in – new – england – maine.

[139] PNG I. Evidence from the uniform trade secret act [J]. Strategic management journal, 2017, 38: 834 –853.

[140] PNG I. Law and innovation: evidence from state trade secrets laws [J]. Review of economics and statistics, 2017, 99 (1): 167 –179.

[141] PNG I. Secrecy and patents: theory and evidence from the uniform trade secrets act [J]. Strategy science, 2017, 2 (3): 176 –193.

[142] PNG I. Trade secrets, non – competes, and mobility of engineers and scientists: empirical

evidence. SSRN [EB/OR]. (2012 – 01 – 18) [2021 – 01 – 19]. https://doi. org/10. 2139/ssrn. 1986775.

[143] POWELL W, KOPUT K, SMITH – DOERR L. Interorganizational collaboration and the locus of innovation: networks of learning in biotechnology [J]. Administrative science quarterly, 1996, 41 (1): 116 – 45.

[144] PRESCOTT J, BISHARA N, STARR E. Understanding noncompetition agreements: the 2014 noncompete survey project [J]. Michigan state law review, 2016 (2): 369 – 464.

[145] RADINT M. Property and personhood [J]. Stanford law review, 1982, 34 (5): 957 – 1015.

[146] RAO H, DRAZIN R. Overcoming resource constraints on product innovation by recruiting talent from rivals: a study of the mutual fund industry, 1986 – 1994 [J]. Academy of management journal, 1994, 45 (3): 491 – 507.

[147] RASKIND L. Reverse engineering, unfair competition, and fair use [J]. Minnesota law review 1986, 70: 385 – 415.

[148] RISCH M. A failure of uniform laws? [J]. The university of Pennsylvania law review online, 2010, 159: 1 – 19.

[149] RISCH M. Trade secret law and information development incentives [M] //The law and theory of trade secrecy. Northampton Edward Elgar Publishing, 2011.

[150] RISCH M. Why do we have trade secrets? [J]. Marquette intellectual property law review, 2007, 11: 1 – 76.

[151] RITALA P, OLANDER H, MICHAILOVA S, et al. Knowledge sharing, knowledge leaking and relative innovation performance: an empirical study [J]. Technovation, 2015, 35: 22 – 31.

[152] ROSE C. Possession as the origin of property [J]. The university of Chicago law review, 1985, 52: 73 – 88.

[153] ROWE E. When trade secrets become shackles: fairness and the inevitable disclosure doctrine [J]. Tulane journal of technology and intellectual property, 2005, 7 (3): 167 – 226.

[154] ROWE E, MAHFOOD D. Trade secrets, trade, and extraterritoriality [J]. Alabama law review, 2014, 66: 63 – 104.

[155] ROYCE J. The philosophy of loyalty [M]. Nashville: Vanderbilt University Press, 1995.

[156] SAGE A, LEVINE D, SOMERVILLE H. Waymo accepts $245 million and Uber's "regret" to settle self – driving car dispute. Reuters [EB/OL]. (2018 – 09 – 09) [2021 – 03 – 02]. https://www. reuters. com/article/us – alphabet – uber – trial – idUSKBN1FT2BA.

[157] SAMUELSON P. Information as property: do ruckelshaus and carpenter signal a changing direction in intellectual property law? [J]. Catholic university law review, 1989, 38:

365-400.

[158] SAMUELSON P. Principles for resolving conflicts between trade secrets and the first amendment [J]. Hastings law journal, 2007, 58: 777-848.

[159] SANDEEN S. A contract by any other name is still a contract: examining the effectiveness of trade secret clauses to protect databases [J]. IDEA: the journal of law and technology, 2005, 45: 119-64.

[160] SANDEEN S. Debating employee non-competes and trade secrets [J]. Santa Clara high technology law journal, 2017, 33: 440-469.

[161] SANDEEN S. Kewanee revisited: returning to first principles of intellectual property law to determine the issue of federal preemption [J]. Marquette intellectual property law review. 2008, 12: 299-357.

[162] SANDEEN S. The evolution of trade secret law and why courts commit error when they do not follow the uniform trade secrets act [J]. Hamline law review, 2010, 33: 493-543.

[163] SANDEEN S, SEAMAN C. Toward a federal jurisprudence of trade secret law [J]. Berkeley technology law journal, 2018, 32: 829-912.

[164] SANDEEN S, LEVINE D. Trade secrets and climate change: uncovering secret solutions to the problem of greenhouse gas emissions [M] // Research handbook on intellectual property and climate change. Northampton: Edward Elgar Publishing, 2016: 352-368.

[165] SAXENIAN A. Regional advantage: culture and competition in silicon valley and route 128 [M]. Cambridge: Harvard University Press, 1994.

[166] SCHEPPELE K, WALDRON J. Contractarian methods in political and legal evaluation [J]. Yale journal of law & the humanities, 1991, 3: 195.

[167] SCHILLER A. Trade secrets and the roman law: the actio servi corrupti [J]. Columbia law review, 1930, 30: 837-845.

[168] SCHWARTZ A. The corporate preference for trade secret [J]. Ohio state law journal, 2013, 74 (4): 623-68.

[169] SCHWARZENBERG A B. Section 301 of the Trade Act of 1974: origin, evolution, and use [EB/OL]. (2020-12-14) [2021-03-02]. https://fas.org/sgp/crs/misc/R46604.pdf.

[170] SCOTCHMER S, GREEN J. Novelty and disclosure in patent law [J]. RAND journal of economics, 1990, 21: 131-46.

[171] SICHELMAN T, GRAHAM S. Patenting by entrepreneurs: an empirical study [J]. Michigan telecommunication technology law review, 2010, 17 (1): 111-80.

[172] SMITH-GOODSON P. Google's Top quantum scientist explains in detail why he resigned [EB/OL]. (2020-04-30) [2021-03-02]. https://www.forbes.com/sites/moor-insights/2020/04/30/googles-top-quantum-scientist-explains-in-detail-why-he-

resigned/#2e376c736983.

[173] STARR E, SMITH R, FRAKE J. Mobility constraint externalities [J]. Organization science, 2019, 30 (5): 961 – 980.

[174] STEVENSON, R. Corporations and information. secrecy, access, and disclosure [M]. Baltimore: The JohnsHopkins University Press, 1980.

[175] STRINE L, HAMERMESH L, BALOTTI R F, et al. Loyalty's core demand: the defining role of good faith in corporation law [J]. Georgetown law journal, 2010, 98 (3): 629 – 696.

[176] The Defend Trade Secrets Act of 2016 (DTSA). Pub. L. 114 – 153, 130 Stat. 376 (May 11, 2016), codified at 18 U. S. C. § 1836, et seq.

[177] TIAN X, WANG T. Tolerance for failure and corporate innovation [J]. The review of financial studies, 2011, 27 (1): 211 – 255.

[178] TIROLE J. The theory of corporate finance [M]. Illustrated ed. Princeton: Princeton University Press, 2006.

[179] TREADWAY B. An overview of individual states' application of inevitable disclosure: concrete doctrine or equitable tool? [J]. SMU law review, 2002, 55 (3): 621 – 650.

[180] UNIKEL R. Bridging the "trade secret" gap: protecting "confidential information" not rising to the level of trade secrets [J]. Loyola University Chicago law journal. 1998, 29: 841 – 890.

[181] VARADARAJAN D. Trade secret fair use [J]. Fordham law review, 2014, 83: 1041 – 1454.

[182] VARADARAJAN D. The trade secret – contract interface [J]. Iowa law review, 2018, 103: 1543 – 1591.

[183] VECCHIO P, MININ A, PETRUZZELLI A, et al. Big data for open innovation in SMEs and large corporations: trends, opportunities, and challenges [J]. Creativity and innovation management, 2018, 27 (1): 6 – 22.

[184] WALTERSCHEID E. The early evolution of the united states patent law: antecedents [J]. Journal of the patent and trademark office society, 1994, 76 (1): 697 – 715.

[185] WANG R. Judicial reward allocation for asymmetric secrets [J]. Pace law review, 2020, 40: 226 – 287.

[186] WANG R. Information asymmetry and the inefficiency of informal IP strategies within employment relationships [J]. Technical forecasting and social change, 2021, 162.

[187] WHITLOCK W. The law as to trade secrets [J]. Central law journal, 1912, 74: 83 – 85.

[188] WIESNER R. A state – by – state analysis of inevitable disclosure: a need for uniformity and a workable standard [J]. Intellectual property law review, 2012, 16: 211 – 231.

[189] YEH B, Protection of trade secrets: overview of current law and legislation [R/OL],

(2016 – 04 – 22) [2021 – 03 – 02]. https：//fas. org/sgp/crs/secrecy/R43714. pdf.

[190] ZHAO M. Conducting R&D in countries with weak intellectual property rights protection [J]. Management science, 2006, 52 (8)：1185 – 1199.

参考案例

[1] Am. Alloy Steel Corp. v. Ross, 308 P. 2d 494 (1957).

[2] Bd. of Trs. of the Leland Stanford Junior Univ. v. Roche Molecular Sys. 563 U. S. 776 2011.

[3] Boeing Co. v. Sierracin Corp. , 108 Wash. 2d 38, 736 P. 2d 665 (Wash. 1987).

[4] Boulanger v. Dunkin' Donuts, Inc. , 442 Mass. 635 (2004).

[5] Eastman Kodak Co. v. Powers Film Products, Inc. , 179 N. Y. S. 325 (N. Y. app. div. 1919).

[6] E. I. duPont de Nemours & Co. v. Christopher, 431 F. 2d 1012 (5th Cir. 1970), cert denied, 400 U. S. 1024 (1971).

[7] Erie R. R. Co. v. Tompkins, 304 U. S. 64 (1938).

[8] Feist Publications, Inc. , v. Rural Telephone Service Co. , 499 U. S. 340 (1991).

[9] Ghen v. Rich, 8 Fed. 159 (D. Mass. 1881).

[10] Hamilton Mfg. Co. v. Tubbs Mfg. Co. , 216 Fed. 401, 407 (W. D. Mich. 1908).

[11] Haskins v. Ryan, 71 N. J. Eq. 575 (1906), aff' d, 75 N. J. Eq. 623 (1909).

[12] Jarvis v. Peck, 10 Paige Ch. 118 (N. Y. Ch. 1843).

[13] Kewanee Oil Co. v. Bicron Corp. 416 U. S. 470 (1974).

[14] Marine Contractors Co. v. Hurley, 365 Mass. 280, 310 N. E. 2d 915 (1974).

[15] Peabody v. Norfolk, 98 Mass. 452 (1868).

[16] Pepsico, Inc. v. Redmond, 54 f. 3d 1262 (7th cir. 1995).

[17] Shearson Lehman Bros. Holdings v. Schmertzler, 116 A. D. 2d. 216 (1986).

[18] Smith v. Dravo Corp. , 203 F. 2d 369 (1953).

[19] U. S. v. Aleynikov, 785 F. Supp. 2d 46 (S. D. N. Y. 2011).

[20] U. S. v. Genovese, 409 F. Supp. 2d 253 (S. D. N. Y. 2005).

[21] U. S. v. Hsu, 40 F. Supp. 2d 623 (E. D. Pa. 1999).

[22] U. S. v. Krumrei, 258 F. 3d 535 (6th Cir. 2001).

[23] Vickery v. Welch, 36 Mass. 523 (1837).

[24] Waymo LLC v. Uber Techs. , Inc. , No. 3：17 – cv – 00939 (N. D. Cal. Mar. 10, 2017).

[25] Werckmeister v. American Lithographic Co. , 134 Fed. 321 (2d Cir. 1904).

参考法案或法条

[1] Directive (EU) 2016/943 of the European Parliament and of The Council of 8 June 2016.

[2] Economic Espionage Act of 1996 (EEA) . Pub. L. No. 104 – 294, 110 Stat. 3488 (Oct. 11, 1996), codified at 18 U. S. C. § 1831, et seq.

[3] Patent Act of 1790, Ch. 7, 1 Stat. 109-112（April 10, 1790）.

[4] Patent Act of 1836, Ch. 357, 5 Stat. 117（July 4, 1836）.

[5] Restatement（first）of Torts § 757（1939）.

[6] Restatement（first）of Torts, Explanatory Notes § 757 cmt. b（1939）.

[7] Restatement（Second）of Torts § 652（I）, cmt. c（1977）.

[8] Restatement（Third）of Unfair Competition § § 39-45（1985）.

[9] Uniform Trade Secrets Act with 1985 amendments § 1（1985）.

[10] Uniform Trade Secrets Act, prefatory note, 14 U. L. A. 531（2005）.

[11] 18 U. S. C. § § 1831-1839（2012）.

[12] White House Office of the Press Secretary. Executive order – steps to increase competition and better inform consumers and workers to support continued growth of the American economy [R]. Washington D. C. : White House Office of the Press Secretary, 2016.

[13] White House. Remarks on Signing the Defend Trade Secrets Act of 2016 [R/OL]. (2016-05-11) [2021-03-02]. https://obamawhitehouse.archives.gov/the-press-office/2016/05/11/remarks-president-signing-s-1890-defend-trade-secrets-act-2016.

[14] 最高人民法院审判委员会. 最高人民法院关于审理侵犯商业秘密民事案件适用法律若干问题的规定 [R/OL]. (2020-08-24) [2021-03-02]. http://www.court.gov.cn/zixun-xiangqing-254751.html.

附录一 主要缩略词对照

简称	全称
《不正当竞争法》	《反不正当竞争法重述（第三次）》 [Restatement (3rd) of Unfair Competition]
128号公路	128号公路产业孵化园
ABA	美国律师协会 (American Bar Association)
AIA	《美国发明法案》 (Leahy-Smith America Invents Act)
ALI	美国法律协会 (American Law Institute)
CAFC	美国联邦巡回上诉法院 (United States Court of Appeals for the Federal Circuit)
CNC	同业禁竞合同 (Covenant not to Compete)
CUTSA	《加利福尼亚州统一商业秘密法》 (California Uniform Trade Secrets Act)
DL	无谓损失 (deadweight loss)
DTSA	《保护商业秘密法》 (Defend Trade Secrets Act)
EEA	《经济间谍法》 (Economic Espionage Act)
FDA	美国食品药物管理局 (United States Food and Drug Administration)
GATT	《关税及贸易总协定》 (General Agreement on Tariffs and Trade)

第四知识产权——美国商业秘密保护

续表

简称	全称
IDD	不可避免泄露原则 (Inevitable Disclosure Doctrine)
ITA	美国国际贸易管理局 (United States International Trade Administration)
ITC	美国国际贸易委员会 (United States International Trade Commission)
KSE	知识、技能和经验 (knowledge, skills, experience)
MPL	最大可能损失 (maximum probable loss)
TRIPS	《与贸易有关的知识产权协定》 (Agreement on Trade-Related Aspects of Intellectual Property Rights)
TTSCA	《窃取商业秘密澄清法案》 (The Theft of Trade Secrets Clarification Act)
USPTO	美国专利商标局 (United States Patent and Trademark Office)
USTR	美国贸易代表办公室 (United States Trade Representative)
UTSA	《统一商业秘密法》 (Uniform Trade Secrets Act)
WTO	世界贸易组织 (World Trade Organization)
阿列尼科夫案	美国诉阿列尼科夫案 (U. S. v. Aleynikov)
百事案	百事公司诉雷德蒙德案 (PepsiCo. Inc. v. Redmond)
保密协议（NDA）	不使用或披露秘密信息的协议 (Non-Disclosure Agreement)
杜邦案	E. I. 杜邦公司诉马斯兰案 (E. I. DuPont de Nemours Powder Co. v. Masland)
硅谷	硅谷产业孵化园

附录一　主要缩略词对照

续表

简称	全称
凯文尼案	凯文尼石油诉贝克朗案 （Kewanee Oil Co. v. Bicron Corp.）
皮博迪案	皮博迪诉诺福克案 （Peabody v. Norfolk）
维克里案	维克里诉韦尔奇案 （Vickery v. Welch）
伊利案	伊利诉汤普金斯案 （Erie R. R. Co. v. Tompkins）

附录二 《统一商业秘密法》

Uniform Trade Secrets Act

(Drafted by the National Conference of Commissioners on Uniform State Laws, as amended 1985)

§ 1. Definitions

As used in this Act, unless the context requires otherwise:

(1) "Improper means" includes theft, bribery, misrepresentation, breach or inducement of a breach of duty to maintain secrecy, or espionage through electronic or other means.

(2) "Misappropriation" means:

(i) acquisition of a trade secret of another by a person who knows or has reason to know that the trade secret was acquired by improper means; or

(ii) disclosure or use of a trade secret of another without express or implied consent by a person who

(A) used improper means to acquire knowledge of the trade secret; or

(B) at the time of disclosure or use knew or had reason to know that his knowledge of the trade secret was

(Ⅰ) derived from or through a person who has utilized improper means to acquire it;

(Ⅱ) acquired under circumstances giving rise to a duty to maintain its secrecy or limit its use; or

(Ⅲ) derived from or through a person who owed a duty to the person seeking relief to maintain its secrecy or limit its use; or

(C) before a material change of his position, knew or had reason to know that it was a trade secret and that knowledge of it had been acquired by accident or mistake.

(3) "Person" means a natural person, corporation, business trust, estate, trust, partnership, association, joint venture, government, governmental subdivision or agency, or any other legal or commercial entity.

(4) "Trade secret" means information, including a formula, pattern, compilation, program device, method, technique, or process, that:

(i) derives independent economic value, actual or potential, from no being generally known to, and not being readily ascertainable by proper means by, other persons who can obtain economicvalue from its disclosure or use, and

(ii) is the subject of efforts that are reasonable under the circumstances to maintain its secrecy.

§ 2. Injunctive Relief

(a) Actual or threatened misappropriation may be enjoined. Upon application to the court an injunction shall be terminated when the trade secret has ceased to exist, but the injunction may be continued for an additional reasonable period of time in order to eliminate commercial advantage that otherwise would be derived from the misappropriation.

(b) In exceptional circumstances, an injunction may condition future use upon payment of a reasonable royalty for no longer than the period of time for which use could have been prohibited. Exceptional circumstances include, but are not limited to, a material and prejudicial change of position prior to acquiring knowledge or reason to know of misappropriation that renders a prohibitive injunction inequitable.

(c) In appropriate circumstances, affirmative acts to protect a trade secret may be compelled by court order.

§ 3. Damages

(a) Except to the extent that a material and prejudicial change of position prior to acquiring knowledge or reason to know of misappropriation renders a monetary recovery inequitable, a complainant is entitled to recover damages for misappropriation. Damages can include both the actual loss caused by misappropriation and the unjust enrichment caused by misappropriation that is not taken into account in computing actual loss. In lieu of damages measured by any other methods, the damages caused by misappropriation may be measured by imposition of liability for a reasonable royalty for a misappropriator's unauthorized disclosure or use of a trade secret.

(b) If willful and malicious misappropriation exists, the court may award exemplary damages in the amount not exceeding twice any award made under subsection (a).

§ 4. Attorney's Fees

If (i) a claim of misappropriation is made in bad faith, (ii) a motion to terminate an injunction is made or resisted in bad faith, or (iii) willful and malicious misappropriation exists, the court may award reasonable attorney's fees to the prevailing party.

§ 5. Preservation of Secrecy

In action under this Act, a court shall preserve the secrecy of an alleged trade secret by reasonable means, which may include granting protective orders in connection with discovery proceedings, holding in – camera hearings, sealing the records of the action, and ordering any person involved in the litigation not to disclose an alleged trade secret without prior court approval.

§ 6. Statute of Limitations

An action for misappropriation must be brought within 3 years after the misappropriation is discovered or by the exercise of reasonable diligence should have been discovered. For the purposes of this section, a continuing misappropriation constitutes a single claim.

§ 7. Effect on Other Law

(a) Except as provided in subsection (b), this [Act] displaces conflicting tort, restitutionary, and other law of this State providing civil remedies for misappropriation of a trade secret.

(b) This [Act] does not affect:

(1) contractual remedies, whether or not based upon misappropriation of a trade secret; or

(2) other civil remedies that are not based upon misappropriation of a trade secret; or

(3) criminal remedies, whether or not based upon misappropriation of a trade secret.

§ 8. Uniformity of Application and Construction

This act shall be applied and construed to effectuate its general purpose to make uniform the law with respect to the subject of this Act among states enacting it.

§ 9. Short Title

This Act may be cited as the Uniform Trade Secrets Act.

§ 10. Severability

If any provision of this Act or its application to any person or circumstances is held invalid, the invalidity does not affect other provisions or applications of the Act which can be given effect without the invalid provision or application, and to this end the provisions of this Act are severable.

§ 11. Time of Taking Effect

This [Act] takes effect on _____, and does not apply to misappropriation occurring prior to the effective date. With respect to a continuing misappropriation that began prior to the effective date, the [Act] also does not apply to the continuing misappropriation that occurs after the effective date.

§ 12. Repeal

The following Acts and parts of Acts are repealed…

附录三 《保护商业秘密法》与《经济间谍法》

18 U. S. Code Chapter 90—Protection of Trade Secrets

18 U. S. Code § 1831. Economic espionage

(a) In General. —Whoever, intending or knowing that the offense will benefit any foreign government, foreign instrumentality, or foreign agent, knowingly—

(1) steals, or without authorization appropriates, takes, carries away, or conceals, or by fraud, artifice, or deception obtains a trade secret;

(2) without authorization copies, duplicates, sketches, draws, photographs, downloads, uploads, alters, destroys, photocopies, replicates, transmits, delivers, sends, mails, communicates, or conveys a trade secret;

(3) receives, buys, or possesses a trade secret, knowing the same to have been stolen or appropriated, obtained, or converted without authorization;

(4) attempts to commit any offense described in any of paragraphs (1) through (3); or

(5) conspires with one or more other persons to commit any offense described in any of paragraphs (1) through (3), and one or more of such persons do any act to effect the object of the conspiracy,

shall, except as provided in subsection (b), be fined not more than $5,000,000 or imprisoned not more than 15 years, or both.

(b) Organizations. —

Any organization that commits any offense described in subsection (a) shall be fined not more than the greater of $10,000,000 or 3 times the value of the stolen trade secret to the organization, including expenses for research and design and other costs of reproducing the trade secret that the organization has thereby avoided.

(Added Pub. L. 104-294, title I, § 101 (a), Oct. 11, 1996, 110 Stat. 3488; amended Pub. L. 112-269, § 2, Jan. 14, 2013, 126 Stat. 2442.)

18 U. S. Code § 1832. Theft of trade secrets

(a) Whoever, with intent to convert a trade secret, that is related to a product or service used in or intended for use in interstate or foreign commerce, to the economic benefit of anyone other than the owner thereof, and intending or knowing that the offense will, injure any owner of that trade secret, knowingly—

(1) steals, or without authorization appropriates, takes, carries away, or conceals, or by fraud, artifice, or deception obtains such information;

(2) without authorization copies, duplicates, sketches, draws, photographs, downloads, uploads, alters, destroys, photocopies, replicates, transmits, delivers, sends, mails, communicates, or conveys such information;

(3) receives, buys, or possesses such information, knowing the same to have been stolen or appropriated, obtained, or converted without authorization;

(4) attempts to commit any offense described in paragraphs (1) through (3); or

(5) conspires with one or more other persons to commit any offense described in paragraphs (1) through (3), and one or more of such persons do any act to effect the object of the conspiracy,

shall, except as provided in subsection (b), be fined under this title or imprisoned not more than 10 years, or both.

(b) Any organization that commits any offense described in subsection (a) shall be fined not more than the greater of $5,000,000 or 3 times the value of the stolen trade secret to the organization, including expenses for research and design and other costs of reproducing the trade secret that the organization has thereby avoided.

(Added Pub. L. 104-294, title I, §101 (a), Oct. 11, 1996, 110 Stat. 3489; amended Pub. L. 112-236, §2, Dec. 28, 2012, 126 Stat. 1627; Pub. L. 114-153, §3 (a) (1), May 11, 2016, 130 Stat. 382.).

18 U. S. Code § 1833. Exceptions to prohibitions

(a) In General. —This chapter does not prohibit or create a private right of action for—

(1) any otherwise lawful activity conducted by a governmental entity of the United States, a State, or a political subdivision of a State; or

(2) the disclosure of a trade secret in accordance with subsection (b).

(b) Immunity From Liability for Confidential Disclosure of a Trade Secret to the Government or in a Court Filing. —

(1) Immunity. —An individual shall not be held criminally or civilly liable under any Federal or State trade secret law for the disclosure of a trade secret that—

(A) is made—

(i) in confidence to a Federal, State, or local government official, either directly or indirectly, or to an attorney; and

(ii) solely for the purpose of reporting or investigating a suspected violation of law; or

(B) is made in a complaint or other document filed in a lawsuit or other proceeding, if such filing is made under seal.

(2) Use of trade secret information in anti-retaliation lawsuit. —An individual who files a lawsuit for retaliation by an employer for reporting a suspected violation of law may disclose the trade secret to the attorney of the individual and use the trade secret information in the court proceeding, if the individual—

(A) files any document containing the trade secret under seal; and

(B) does not disclose the trade secret, except pursuant to court order.

(3) Notice. —

(A) In general. —

An employer shall provide notice of the immunity set forth in this subsection in any contract or agreement with an employee that governs the use of a trade secret or other confidential information.

(B) Policy document. —

An employer shall be considered to be in compliance with the notice requirement in subparagraph (A) if the employer provides a cross-reference to a policy document provided to the employee that sets forth the employer's reporting policy for a suspected violation of law.

(C) Non-compliance. —

If an employer does not comply with the notice requirement in subparagraph (A), the employer may not be awarded exemplary damages or attorney fees under subparagraph (C) or (D) of section 1836(b)(3) in an action against an employee to whom notice was not provided.

(D) Applicability. —

This paragraph shall apply to contracts and agreements that are entered into or updated after the date of enactment of this subsection.

(4) Employee defined. —

For purposes of this subsection, the term "employee" includes any individual performing work as a contractor or consultant for an employer.

(5) Rule of construction. —

Except as expressly provided for under this subsection, nothing in this subsection shall be construed to authorize, or limit liability for, an act that is otherwise prohibited by law, such as the unlawful access of material by unauthorized means.

(Added Pub. L. 104-294, title I, §101 (a), Oct. 11, 1996, 110 Stat. 3489; amended Pub. L. 114-153, §§2 (c), 7 (a), May 11, 2016, 130 Stat. 381, 384.)

18 U. S. Code § 1834. Criminal forfeiture

Forfeiture, destruction, and restitution relating to this chapter shall be subject to section 2323, to the extent provided in that section, in addition to any other similar remedies provided by law.

(Added Pub. L. 104-294, title I, §101 (a), Oct. 11, 1996, 110 Stat. 3489; amended Pub. L. 110-403, title II, §207, Oct. 13, 2008, 122 Stat. 4263.)

18 U. S. Code § 1835. Orders to preserve confidentiality

(a) In General. —

In any prosecution or other proceeding under this chapter, the court shall enter such orders and take such other action as may be necessary and appropriate to preserve the confidentiality of trade secrets, consistent with the requirements of the Federal Rules of Criminal and Civil Procedure, the Federal Rules of Evidence, and all other applicable laws. An interlocutory appeal by the United States shall lie from a decision or order of a district court authorizing or directing the disclosure of any trade secret.

(b) Rights of Trade Secret Owners. —

The court may not authorize or direct the disclosure of any information the owner asserts to be a trade secret unless the court allows the owner the opportunity to file a submission under seal that describes the interest of the owner in keeping the information confidential. No submission under seal made under this subsection may be used in a prosecution under this chapter for any purpose other than those set forth in this section, or otherwise required by law. The provision of information relating to a trade secret to the United States or the court in connection with a prosecution under this chapter shall not constitute a waiver of trade secret protection, and the disclosure of information relating to a trade secret in connection with a prosecution under this chapter shall not constitute a waiver of trade secret protection unless the trade secret owner expressly consents to such waiver.

(Added Pub. L. 104 – 294, title I, §101 (a), Oct. 11, 1996, 110 Stat. 3490; amended Pub. L. 114 – 153, §3 (a) (2), May 11, 2016, 130 Stat. 382.)

18 U. S. Code §1836. Civil proceedings

(a) The Attorney General may, in a civil action, obtain appropriate injunctive relief against any violation of this chapter.

(b) Private Civil Actions. —

(1) In general. —

An owner of a trade secret that is misappropriated may bring a civil action under this subsection if the trade secret is related to a product or service used in, or intended for use in, interstate or foreign commerce.

(2) Civil seizure. —

(A) In general. —

(i) Application. —

Based on an affidavit or verified complaint satisfying the requirements of this paragraph, the court may, upon ex parte application but only in extraordinary circumstances, issue an order providing for the seizure of property necessary to prevent the propagation or dissemination of the trade secret that is the subject of the action.

(ii) Requirements for issuing order. —The court may not grant an application under clause (i) unless the court finds that it clearly appears from specific facts that—

(Ⅰ) an order issued pursuant to Rule 65 of the Federal Rules of Civil Procedure or another form of equitable relief would be inadequate to achieve the purpose of this paragraph because the party to which the order would be issued would evade, avoid, or otherwise not comply with such an order;

(Ⅱ) an immediate and irreparable injury will occur if such seizure is not ordered;

(Ⅲ) the harm to the applicant of denying the application outweighs the harm to the legitimate interests of the person against whom seizure would be ordered of granting the application and substantially outweighs the harm to any third parties who may be harmed by such seizure;

(Ⅳ) the applicant is likely to succeed in showing that—

(aa) the information is a trade secret; and

(bb) the person against whom seizure would be ordered—

(AA) misappropriated the trade secret of the applicant by improper means; or

(BB) conspired to use improper means to misappropriate the trade secret of the applicant;

(Ⅴ) the person against whom seizure would be ordered has actual possession of—

(aa) the trade secret; and

(bb) any property to be seized;

(Ⅵ) the application describes with reasonable particularity the matter to be seized and, to the extent reasonable under the circumstances, identifies the location where the matter is to be seized;

(Ⅶ) the person against whom seizure would be ordered, or persons acting in concert with such person, would destroy, move, hide, or otherwise make such matter inaccessible to the court, if the applicant were to proceed on notice to such person; and

(Ⅷ) the applicant has not publicized the requested seizure.

(B) Elements of order. —If an order is issued under subparagraph (A), it shall—

(i) set forth findings of fact and conclusions of law required for the order;

(ii) provide for the narrowest seizure of property necessary to achieve the purpose of this paragraph and direct that the seizure be conducted in a manner that minimizes any interruption of the business operations of third parties and, to the extent possible, does not interrupt the legitimate business operations of the person accused of misappropriating the trade secret;

(iii)

(I) be accompanied by an order protecting the seized property from disclosure by prohibiting access by the applicant or the person against whom the order is directed, and prohibiting any copies, in whole or in part, of the seized property, to prevent undue damage to the party against whom the order has issued or others, until such parties have an opportunity to be heard in court; and

(II) provide that if access is granted by the court to the applicant or the person against whom the order is directed, the access shall be consistent with subparagraph (D);

(iv) provide guidance to the law enforcement officials executing the seizure that clearly delineates the scope of the authority of the officials, including—

(I) the hours during which the seizure may be executed; and

(II) whether force may be used to access locked areas;

(v) set a date for a hearing described in subparagraph (F) at the earliest possible time, and not later than 7 days after the order has issued, unless the party against whom the order is directed and others harmed by the order consent to another date for the hearing, except that a party against whom the order has issued or any person harmed by the order may move the court at any time to dissolve or modify the order after giving notice to the applicant who obtained the order; and

(vi) require the person obtaining the order to provide the security determined adequate by the court for the payment of the damages that any person may be entitled to recover as a result of a wrongful or excessive seizure or wrongful or excessive attempted seizure under this paragraph.

(C) Protection from publicity. —

The court shall take appropriate action to protect the person against whom an order under this paragraph is directed from publicity, by or at the behest of the person obtaining the order, about such order and any seizure under such order.

(D) Materials in custody of court. —

(i) In general. —

Any materials seized under this paragraph shall be taken into the custody of the court. The court shall secure the seized material from physical and electronic access during the seizure and while in the custody of the court.

(ii) Storage medium. —

If the seized material includes a storage medium, or if the seized material is stored on a storage medium, the court shall prohibit the medium from being connected to a network or the Internet without the consent of both parties, until the hearing required under subparagraph (B) (v) and described in subparagraph (F).

(iii) Protection of confidentiality. —

The court shall take appropriate measures to protect the confidentiality of seized materials that are unrelated to the trade secret information ordered seized pursuant to this paragraph unless the person against whom the order is entered consents to disclosure of the material.

(iv) Appointment of special master. —

The court may appoint a special master to locate and isolate all misappropriated trade secret information and to facilitate the return of unrelated property and data to the person from whom the property was seized. The special master appointed by the court shall agree to be bound by a non-disclosure agreement approved by the court.

(E) Service of order. —

The court shall order that service of a copy of the order under this paragraph, and the submissions of the applicant to obtain the order, shall be made by a Federal law enforcement officer who, upon making service, shall carry out the seizure under the order. The court may allow State or local law enforcement officials to participate, but may not permit the applicant or any agent of the applicant to participate in the seizure. At the request of law enforcement officials, the court may allow a technical expert who is unaffiliated with the applicant and who is bound by a court-approved non-disclosure agreement to participate in the seizure if the court determines that the participation of the expert will aid the efficient execution of and minimize the burden of the seizure.

(F) Seizure hearing. —

(i) Date. —

A court that issues a seizure order shall hold a hearing on the date set by the court under subparagraph (B) (v).

(ii) Burden of proof. —

At a hearing held under this subparagraph, the party who obtained the order under subparagraph (A) shall have the burden to prove the facts supporting the findings of fact and conclusions of law necessary to support the order. If the party fails to meet that burden, the seizure order shall be dissolved or modified appropriately.

(iii) Dissolution or modification of order. —

A party against whom the order has been issued or any person harmed by the order may move the court at any time to dissolve or modify the order after giving notice to the party who obtained the order.

(iv) Discovery time limits. —

The court may make such orders modifying the time limits for discovery under the Federal Rules of Civil Procedure as may be necessary to prevent the frustration of the purposes of a hearing under this subparagraph.

(G) Action for damage caused by wrongful seizure. —

A person who suffers damage by reason of a wrongful or excessive seizure under this paragraph has a cause of action against the applicant for the order under which such seizure was made, and shall be entitled to the same relief as is provided under section 34 (d) (11) of the Trademark Act of 1946 (15 U.S.C. 1116 (d) (11)). The security posted with the court under subparagraph (B) (vi) shall not limit the recovery of third parties for damages.

(H) Motion for encryption. —

A party or a person who claims to have an interest in the subject matter seized may make a motion at any time, which may be heard ex parte, to encrypt any material seized or to be seized under this paragraph that is stored on a storage medium. The motion shall include, when possible, the desired encryption method.

(3) Remedies. —In a civil action brought under this subsection with respect to the misappropriation of a trade secret, a court may—

(A) grant an injunction—

(i) to prevent any actual or threatened misappropriation described in paragraph (1) on such terms as the court deems reasonable, provided the order does not—

(I) prevent a person from entering into an employment relationship, and that conditions placed on such employment shall be based on evidence of threatened misappropriation and not merely on the information the person knows; or

(II) otherwise conflict with an applicable State law prohibiting restraints on the practice of a lawful profession, trade, or business;

(ii) if determined appropriate by the court, requiring affirmative actions to be taken to protect the trade secret; and

(iii) in exceptional circumstances that render an injunction inequitable, that conditions future use of the trade secret upon payment of a reasonable royalty for no longer than the period of time for which such use could have been prohibited;

(B) award—

(i)

(I) damages for actual loss caused by the misappropriation of the trade secret; and

(II) damages for any unjust enrichment caused by the misappropriation of the trade secret that is not addressed in computing damages for actual loss; or

(ii) in lieu of damages measured by any other methods, the damages caused by the misappropriation measured by imposition of liability for a reasonable royalty for the misappropriator's unauthorized disclosure or use of the trade secret;

(C) if the trade secret is willfully and maliciously misappropriated, award exemplary damages in an amount not more than 2 times the amount of the damages awarded under subparagraph (B); and

(D) if a claim of the misappropriation is made in bad faith, which may be established by circumstantial evidence, a motion to terminate an injunction is made or opposed in bad faith, or the trade secret was willfully and maliciously misappropriated, award reasonable attorney's fees to the prevailing party.

(c) Jurisdiction. —

The district courts of the United States shall have original jurisdiction of civil actions brought under this section.

(d) Period of Limitations. —

A civil action under subsection (b) may not be commenced later than 3 years after the date on which the misappropriation with respect to which the action would relate is discovered or by the exercise of reasonable diligence should have been discovered. For purposes of this subsection, a continuing misappropriation constitutes a single claim of misappropriation.

(Added Pub. L. 104-294, title I, §101 (a), Oct. 11, 1996, 110 Stat. 3490; amended Pub. L. 107-273, div. B, title IV, §4002 (e) (9), Nov. 2, 2002, 116 Stat. 1810; Pub. L. 114-153, §2 (a), (d) (1), May 11, 2016, 130 Stat. 376, 381.)

18 U. S. Code § 1837. Applicability to conduct outside the United States

This chapter also applies to conduct occurring outside the United States if—

(1) the offender is a natural person who is a citizen or permanent resident alien of the United States, or an organization organized under the laws of the United States or a State or political subdivision thereof; or

(2) an act in furtherance of the offense was committed in the United States.

(Added Pub. L. 104-294, title I, §101 (a), Oct. 11, 1996, 110 Stat. 3490.)

18 U. S. Code § 1838. Construction with other laws

Except as provided in section 1833 (b), this chapter shall not be construed to preempt or displace any other remedies, whether civil or criminal, provided by United States Federal, State, commonwealth, possession, or territory law for the misappropriation of a trade secret, or to affect the otherwise lawful disclosure of information by any Government employee under section 552 of title 5 (commonly known as the Freedom of Information Act).

(Added Pub. L. 104-294, title I, §101 (a), Oct. 11, 1996, 110 Stat. 3490; amended Pub. L. 114-153, §7 (b), May 11, 2016, 130 Stat. 385.)

18 U. S. Code § 1839. Definitions

As used in this chapter—

(1) the term "foreign instrumentality" means any agency, bureau, ministry, component, institution, association, or any legal, commercial, or business organization, corporation, firm, or entity that is substantially owned, controlled, sponsored, commanded, managed, or dominated by a foreign government;

(2) the term "foreign agent" means any officer, employee, proxy, servant, delegate, or representative of a foreign government;

(3) the term "trade secret" means all forms and types of financial, business, scientific, technical, economic, or engineering information, including patterns,

plans, compilations, program devices, formulas, designs, prototypes, methods, techniques, processes, procedures, programs, or codes, whether tangible or intangible, and whether or how stored, compiled, or memorialized physically, electronically, graphically, photographically, or in writing if—

(A) the owner thereof has taken reasonable measures to keep such information secret; and

(B) the information derives independent economic value, actual or potential, from not being generally known to, and not being readily ascertainable through proper means by, another person who can obtain economic value from the disclosure or use of the information;

(4) the term "owner", with respect to a trade secret, means the person or entity in whom or in which rightful legal or equitable title to, or license in, the trade secret is reposed;

(5) the term "misappropriation" means—

(A) acquisition of a trade secret of another by a person who knows or has reason to know that the trade secret was acquired by improper means; or

(B) disclosure or use of a trade secret of another without express or implied consent by a person who—

(i) used improper means to acquire knowledge of the trade secret;

(ii) at the time of disclosure or use, knew or had reason to know that the knowledge of the trade secret was—

(Ⅰ) derived from or through a person who had used improper means to acquire the trade secret;

(Ⅱ) acquired under circumstances giving rise to a duty to maintain the secrecy of the trade secret or limit the use of the trade secret; or

(Ⅲ) derived from or through a person who owed a duty to the person seeking relief to maintain the secrecy of the trade secret or limit the use of the trade secret; or

(iii) before a material change of the position of the person, knew or had reason to know that—

(Ⅰ) the trade secret was a trade secret; and

(Ⅱ) knowledge of the trade secret had been acquired by accident or mistake;

(6) the term "improper means" —

(A) includes theft, bribery, misrepresentation, breach or inducement of a breach of a duty to maintain secrecy, or espionage through electronic or other means; and

(B) does not include reverse engineering, independent derivation, or any other lawful means of acquisition; and

(7) the term "Trademark Act of 1946" means the Act entitled "An Act to provide for the registration and protection of trademarks used in commerce, to carry out the provisions of certain international conventions, and for other purposes [1], approvedJuly 5, 1946 (15 U.S.C. 1051 et seq.) (commonly referred to as the 'Trademark Act of 1946' or the 'Lanham Act')" [1].

(Added Pub. L. 104-294, title I, §101 (a), Oct. 11, 1996, 110 Stat. 3490; amended Pub. L. 114-153, §2 (b), May 11, 2016, 130 Stat. 380.)